運動現象のタキソノミー
分類学

― 心理学は"動き"をどう捉えてきたか ―

吉村 浩一 著

まえがき

"タキソノミー(taxonomy)"とは，"分類学"という意味である．本書では，心理学がこれまで扱ってきたさまざまな運動現象の分類を試みようと思う．第1章から第11章までの章立て自体が，筆者の提案する1つのタキソノミーである．それに加えて，最終章の第12章では，意味性－立体性という2次元上に，第11章までの中で取り上げた主な運動現象を位置づけていく．こうした枠組みのもと，心理学での運動現象への取り組みを概観したい．

[1]「動きを見る」ことは「意味を捉える」こと

心理学で言う"運動視研究"とは，目の前に広がる世界を目で見る働きのうち，特に動く対象物を知覚する心の仕組みを研究する分野である．知覚心理学にとって，"動き"が特別というわけではなく，さまざまな属性，たとえば"形""大きさ""色""奥行"などと並ぶ1つの属性にすぎないと言うべきかもしれない．しかし，本書では，他の属性とは一線を画し，"動き"に特別な位置づけを与えることから始める．"動き"の知覚は，"意味"を捉えることと密接に結びついている．確かに，他の属性，たとえば"色"の知覚も，その色が呼び起こすイメージや感情など，意味性や感情喚起と密接に結びついている．そう考えれば，"動き"の知覚を"色"や"奥行"などから切り離し特別扱いすることには無理があるかもしれない．しかし，"動き"と"意味"の結びつきは，他の属性とは比べ物にならないほど強い．しかもその内容は，知覚心理学の守備範囲に収まらない広がりをもっている．運動現象は，心理学のさまざまな領域で取り上げられている"意味"を担った心の働きなのである．

[2]運動現象を総覧することの意義

知覚を研究する人の中に"運動視"を手がけている人は多い．筆者もその末席を汚す1人に加わろうとしているわけだが，自ら関心をもつ

テーマだけから運動現象全体を見渡そうと思っても，全体像が見えてこない．そこで，運動現象についていろいろ調べ始めてみる．そうすると，扱われているテーマの広大さに圧倒され，ますます全体像が見えにくくなってしまう．

現時点での筆者には，運動視に関して守らなければならない考え方も，義理立てしなければならない理論もないので，少し離れた地点から全体を見渡す余裕がある．強いて言えば，運動視研究以外のところで出会い，共鳴している Irvin Rock という知覚心理学者が主張する，「知覚は問題解決過程」とする考え方を，運動現象の世界で見通してみたいという思いはある．Rockのこのグランド・セオリーは，はたして運動知覚全体にも通用するものなのかを，じっくり見つめていこうと思っている．多岐にわたる運動知覚研究の枠を越え，心理学で扱われている運動現象を広く，公平に眺めていくことは，筆者のそうした目的にも適うものである．

[3] 神経生理学や計算論は埒外におき，現象に焦点を当てる

「脳の世紀」と呼ばれている昨今，ものを見る心の働きも脳活動を通して解明していこうとするパラダイムが勢いづいている．運動視においてもその傾向は著しく，後頭葉視覚野にMT野など運動処理を司るモジュールが発見されて以来，その勢いはいよいよ強まっている．今日では，運動を知覚する脳のメカニズムを解明することを目指して，さまざまな運動刺激が考案されている．

しかし，本書では，脳の中でのメカニズムについて正面から立ち向かうことはしない．というより，なぜそのような見え方になるかを一般性ある理論で説明しようとする試み自体に深入りすることを避けたい．というのは，必ずと言ってよいほど，ある説にはそれを支持する運動現象がある一方で，それに反する現象も存在する．そうした理論の攻防に巻き込まれてしまったのでは，議論中心の展開となり，具体的運動現象への注目から逸れていってしまう．価値ある運動現象は，理論を取り除いてもなお，魅力あるものでなければならない．同じこ

とは，計算論的アプローチに対しても当てはまる．

そうでなくとも，次に述べる事情から，運動現象を動画でなく書物という静止画媒体で扱うことには難しさが伴う．本書に登場する諸現象は，理論との関係に持ち込まなくても，それぞれの運動現象それ自体，掛け値なしに面白い．「なぜ，このような見え方になるのだろうか」と不思議に思うことしきりである．そして，不思議さを解明したいとの思いが，理論的考察へと導いてくれるのだと思う．各人各様の問題意識と興味をもって，それぞれの理論的検討へと進んでいってほしい．それらは，本書の先にある，読者の皆さんの負うべき課題である．そのために必要となる主要な文献は，本書において，適宜，提示していくつもりである．

本書では，ともかく運動視にまつわる諸現象を広く知り，しかるべきところへ位置づけることを目指す．その思いは，章立て自体の中に込められている．そして最終章では，全体を鳥瞰すべき座標軸を提案することになる．それを含めて本書全体が，筆者なりのタキソノミー(分類学)になっている．全体を見渡せば，動きを見ることがいかに広く深い心的機能なのかを実感してもらえると思う．その一方で，それらが意外にも関連し合っていることにもまた，注意を向けてもらいたい．

[4] 動きを扱う書物の歯がゆさ

いくら図をふんだんに使っても，動く映像を書物という静止画媒体で解説することは難しい．取り上げている運動現象を読者がすでに知っていれば，少々杜撰な説明でも容易に伝わる．それに対し，読者の知らない運動現象では，よほどうまく説明しなければ，実際にどのような動きが現象として立ち現れるのか，読んでいる人に伝わらない．それどころか，誤って受けとめられる危険さえある．運動視研究に登場する諸現象には，"常識では想像しにくい見え方"も少なくない．したがって，つたない説明でも読者が補いつつ理解してくれると甘えることはできない．筆者も，運動視に関する文献を読み漁る中，要領を得

ない解説に歯がゆさや腹立たしさを味わった覚えが何度もある．特に，英語論文では，他の領域の文献を読んでいるときより英文読解力が数段，低下した気持ちになり，滅入ってしまうことしきりである．

逆に，優れた説明に出会うと，賞賛というより感謝の気持ちが湧いてくる．よくぞ，想像しにくい運動現象を，かくもうまく表現してくれたと，頭が下がる思いになる．本書でも，そうした表現力に少しでも近づけるよう努めたい．そのために心がけたことは，運動方向を表す矢印を無造作に使わず効果的に使うこと，そして，異なる時点での映像を同一図内で描画する必要のある場合には，同じ時点で提示されるものと誤解されないように描き分ける配慮などをした．さらに，登場する運動図形に対しては，本文を参照しなくても，図の標題を読むだけで，その運動現象の内容が理解できるよう努めた．そのため，本文と重複した冗長な解説になってしまった点は，容赦してもらいたい．

[5]—一般解を求めることの難しさ

上でも述べたように，登場するさまざまな運動現象に反例のない一般解を求めることは難しい．もちろん，科学としての心理学はそのような一般解を追究すべきなのだが，公平にみて，その域に到達できている運動現象は少ない．「運動を知覚することは意味を捉えること」という，冒頭で述べた重要な性質を考えれば，"意味性"を一般的法則として書き表すことは，そもそも難しいことなのである．

ゲシュタルト心理学は，知覚現象を法則的に捉えることを目指してきた．創始者であるWertheimerが1912年に著したゲシュタルト心理学最初の論文は，運動現象と正面から取り組んでいる．そして，その研究の延長上に，"ゲシュタルト法則"が形成されていった．これは，運動視研究における重要な流れであるため，本書でも独立した1つの章として解説する．しかも，Wertheimerの最初の論文1編を解説するために，1つの章を割り当てる．そこには，今日からみても脱帽するほどの工夫が投入されている．Wertheimer(1912)の同時代におけるゲ

シュタルト心理学に関わる諸研究についても，"現象"に重点を置いて，運動知覚全般を見渡す出発点に据えたい．

科学としての心理学が目指すべき理論的問題へは，一通り運動現象を偏見なく眺めてから挑んでもらいたい．支持したい一般解に合致する現象だけを集めてみても，理論を裏づけることにはならない．他の観点からデモンストレーションされている現象に目を向けることによって，理論的検討に耐えうるところまでたどり着けるのだと思う．

[6]本書を書くにあたって特に参照した重要文献への謝意

動きの知覚をめぐる心理学の取り組みは，掛け値なしに広範囲に及ぶ．動くものは〇や□という幾何学図形であっても，その動きを何の動きと捉えるかにより，あるいはどういう意図をもった動きと捉えるかによって，見え方が違ってくる．「動きを捉える」とは，そのような意味の把握まで含み込むものである．

第2章では，ゲシュタルト心理学の創始者であるWertheimerが1912年に書いた記念すべき論文を，彼が発見した運動現象を中心に解説する．当然ながら，核となる文献は，Wertheimer (1912) であるべきだが，ドイツ語で書かれたこの論文を筆者は直接読んでいないし，今日，この論文を実際に読んでいる知覚研究者もほとんどいない．Sekuler (1996) は，その点を指摘した上で，Wertheimer(1912)のこのモノグラフには今日の運動視研究においてもなお，刺激的な諸現象が盛り込まれていたことを賞賛し，「Motion perception: A modern view of Wertheimer's 1912 monograph」と題する論文を著した．本書の第2章の解説は，Sekulerのこの論文があって構成することができた．

また，20世紀のはじめ，Wertheimerと肩を並べ，ユニークな運動現象に取り組んだ人物に，イタリアの知覚心理学者Benussiがいた．彼は，ドイツ語圏で研究活動をスタートさせ，初期のゲシュタルト心理学と一定距離を保ちつつ，後にイタリアに帰り，イタリア知覚心理学の祖として今日まで強い影響力を持ち続けている．彼の行った運動視に関する研究は，ドイツ語かイタリア語でしか発表されていないため，

手軽に読むことはできない．だが幸いにも，その内容を日本語で解説した資産をわれわれはもっている．昭和初期，日本にゲシュタルト心理学を紹介し，九州帝国大学の心理学研究室を創設した佐久間鼎の著した，『運動の知覚』(1933) である．この書物は取り立てて Benussi に焦点を当てたものではないが，登場する運動現象は半ば，Benussi のもので占められている．『運動の知覚』(1933) が存在しなければ，本書の第2章もまた，存在することはなかった．

○や□などの幾何図形の動きを見たとき，われわれはそれを物理法則に従う物体の動きと見ることもあれば，生き物などの動きと見ることもある．ただし，物理法則に従うと言っても，それは必ずしも正しい物理法則とは限らず，見る者が正しいと思い込んでいる物理法則にすぎない場合もある．それを，心理学では，"素朴物理学"または"直観物理学"と呼んでいる．このテーマをめぐるさまざまな運動現象を解説する第8章と，それをベースに，生き物の動きに関する諸現象を扱った第9章では，Sperber, D., Premack & A.J.Premack (1995) 編集の『Causal cognition』と，Thornton & Hubbard (2002) 編集による『Visual cognition』の特集号を利用した．前者の文献はさらに，"素朴物理学"や"直観物理学"の発生過程，すなわち乳児において素朴物理学がどの程度，内化されているかを解説するところでも大いに参考にした．

第10章では，「運動知覚は"heuristics"である」との見解が解説される．"heuristics"とは，直訳すれば「発見的方法」という意味だが，知覚研究以外の心理学で重視されてきた概念である．心理学用語としては，あえて日本語に訳さず，「ヒューリスティックス」と片仮名表記するのが一般である．ヒューリスティックスを取り上げた第10章の議論を組み立てるにあたっては，Braunstein (1976) の枠組みに助けられた．

さらに，特定の章に限定することはできないが，Palmer (1999) の『Vision science』と題された大著は，本書のさまざまな局面で見通しを与えてくれることになった．この書物は，「視知覚は知的な過程であ

る」との考えを基本に据えていて，先程の"ヒューリスティックス"とも通じるものである．そして，筆者の共鳴する Irvin Rock の「知覚は問題解決過程」（吉村, 2001) との主張とも直接，関わる文献である．Palmer は，この本を書くにあたり，Rock とディスカッションを重ねたことからも推察できるように，この本には2人の議論の成果が色濃く反映されている．Palmer は，この本の執筆に，1990年から10年間を費やした．残念ながら，2人のディスカッションは，1995年，Rockの突然の死によって終結した．本書を書くにあたって筆者が大いに参考にした「運動と事象の知覚」の章は，この本の終盤近くに配されているため，Rock との議論が十分に行われなかったかもしれない．この点は惜しまれるが，本書でも，知覚と思考の関係を見つめる章を設けて，Rock や Palmer の見解を反映させていくことにする．

　ここに紹介した諸文献は，本書を書くにあたって格別の役割を果してくれたものばかりである．引用箇所で逐一言及しないが，本書を始めるに当たり，これらの文献の著者・編者に対し，心より感謝の意を表したい．

2005年9月1日
吉村　浩一

目　　次

まえがき i

はじめに 1
　[1]veridicalという言葉：恒常性と錯視 1
　[2]なぜ，錯視的な動きに注目するのか 3
　[3]本書の構成 4

第1章　動く刺激を生み出す装置さまざま 9
　1-1.　Wertheimerの用いた刺激提示装置 11
　1-2.　Michotteの因果・事象知覚研究での運動提示装置 14
　1-3.　Johanssonの運動提示装置 19
　1-4.　実際運動の提示法：アナログとデジタル 20
　1-5.　映画の仕組み 23
　1-6.　テレビとビデオ：NTSC方式とCRTディスプレイ 26
　1-7.　液晶，プラズマ・ディスプレイの運動表示特性 28

第2章　ゲシュタルト心理学の金字塔＝Wertheimer(1912)再考 35
　2-1.　Wertheimerは何をしなかったか 37
　2-2.　仮現運動は眼球運動で説明できるか 38
　2-3.　実際運動と仮現運動の比較 41
　2-4.　3つの時相の変わり目に起こること 43
　2-5.　α運動から始まるWertheimerの仮現運動の類型 44
　2-6.　注意をどこに向けるかにより仮現運動内容は変わる 46
　2-7.　知覚的慣性：ヒステリシスの振るまい 49
　2-8.　脳生理に基づく説明 51
　2-9.　知覚的体制化に対するWertheimerの立場 55

第3章　Benussiから始まるイタリア知覚心理学 59
　3-1.　触覚における仮現運動 60
　3-2.　純粋φに対するBenussiの姿勢 62
　3-3.　運動軌道は最短距離とは限らない 63

- 3-4. ベクトルによるモデル化を示唆する現象 65
- 3.5. τ効果とS効果 68
- 3-6. Grazを去ったBenussi 69
- 3-7. BenussiとMusattiの共同研究：SKEの発見 70
- 3-8. BenussiとMusatti以降のイタリア知覚心理学 74

第4章 回転が誘発する立体感
- 4-1. 前衛芸術家Marcel Duchampの作品 80
- 4-2. WallachらによるKDEの発見 83
- 4-3. MetzgerによるKDEに類似した研究 85
- 4-4. MetelliとMusattiによるさらなる回転立体感 87
- 4-5. 楕円は回せない：アニメ現場での経験則 90
- 4-6. Wallachらの"identity imposition" 92

第5章 運動の枠組み：自己枠組みと視覚枠組み
- 5-1. 誘導運動 97
- 5-2. 速さの誘導運動 99
- 5-3. 自己の誘導運動 101
- 5-4. Gibsonに発する"オプティカル・フロー"研究 102
- 5-5. 運動のベクトル分解と合成 104
- 5-6. 全体運動と部分運動の階層性を示す例 107

第6章 対応問題
- 6-1. 2点間の対応 112
- 6-2. 3点同士の対応：Ternus効果 115
- 6-3. Wagon-wheel 錯視 118
- 6-4. 窓問題(aperture problem) 123
- 6-5. 窓問題における物理的対応点 127
- 6-6. 対応点が多数ある場合：バーバーポール錯視を例に 129
- 6-7. 対応点の運動方向が異なる場合：運動ベクトルの合成 131
- 6-8. 対応問題とKDE 134

- 第7章　事象・因果知覚と社会的知覚 137
  - 7-1.　事象や因果性を捉えることは"知覚"なのか 138
  - 7-2.　Michotteの事象・因果知覚 140
  - 7-3.　Launching・Triggering・Entraining 141
  - 7-4.　Michotteの"圧縮"研究 143
  - 7-5.　Michotteの実験における"擬人化" 145
  - 7-6.　Heiderの"社会的知覚" 147
  - 7-7.　Michotte実験を物理法則から捉え直す 149
  - 7-8.　2種類の古典物理学 151

- 第8章　素朴物理学からrepresentational momentumへ 153
  - 8-1.　素朴物理学をデモンストレーションする運動例 154
  - 8-2.　素朴物理学は経験から学習するものではない 156
  - 8-3.　"representational momentum"という用語 158
  - 8-4.　"力学的要因"もある程度は機能する 162
  - 8-5.　"representational momentum"の性質 164
  - 8-6.　1枚の静止画による"representational momentum" 165
  - 8-7.　"representational momentum"の支持・不支持例 169
  - 8-8.　乳幼児による検討 173

- 第9章　生物の動きと無生物の動き 177
  - 9-1.　乳児による生き物の動きの把握 178
  - 9-2.　動きを大別する基準1：無生物対生物 183
  - 9-3.　動きを大別する基準2：自己駆動力とAgent 186
  - 9-4.　Johansson－Gibson－Michotte 190
  - 9-5.　Johanssonのバイオロジカル・モーション 193
  - 9-6.　剛体定理とバイオロジカル・モーション 195

- 第10章　問題解決とヒューリスティックス 199
  - 10-1.　体制化の法則 200
  - 10-2.　知覚は問題解決過程：Rockの知覚論 203
  - 10-3.　"ヒューリスティックス"という考え方 208

10-4.　ヒューリスティックスに対するGibsonとJohansson 210
　　10-5.　知覚と思考 212

第11章　これまでに紹介できなかった運動現象 217
　　11-1.　影の動き 218
　　11-2.　フィルムの逆回し 222
　　11-3.　交差と反発：聴覚とのインターラクションはあるか 225
　　11-4.　直角に折れる直線運動の軌跡：Fujii illusion 229
　　11-5.　マジック 232
　　11-6.　アニメーション 233

第12章　最終章：運動現象のタキソノミー 237

おわりに 243

引用文献 247

索　引 265

はじめに

[1] veridicalという言葉：恒常性と錯視

"veridical"という言葉を辞書で引くと，"真実の"とある．知覚心理学では，知覚の対象となっている外界物を事実どおり正しく知覚することを"veridicalな知覚"と呼んでいる．よく知られた"知覚の恒常性"は，"veridicalな知覚"の代表的なものである．"知覚の恒常性"とは，近刺激（視覚の場合は網膜像）の物理的性質との一致性ではなく，遠刺激（視覚の場合は網膜に映し出される映像のもとになっている外界物）どおりに知覚されることを言う．

　動きに関わる恒常性でよく知られているものは，"位置の恒常性(position constancy)"である．たとえば，いままで見ていたものから視線をそらすと，本当は静止しているはずの外界像は，網膜上で大きく位置を変える．跳ぶように，かつ急速に動く．にもかかわらず，われわれは，それらの映像が本当に動いたとは思わず，あくまで静止したものと"正しく"知覚する．そんなことはごく当然のことで，ことさら問題にならないことかもしれない．しかし，それならば，網膜上で生じた映像の動きはどこに吸収されたのか．目の動きだけなら，視点を変えたときの急速な眼球運動＝サッケード中には，網膜情報は遮断され，映像の動きが感知されないためと答えることができるかもしれない（実際，"saccadic suppression"と呼ばれるメカニズムが存在する）．しかし，頭を動かした場合には，その説明は通用しない．頭を動かしても，静止した外界を映し出す網膜像は，網膜上で大きく動く．やはりこの場合も，静止した外界はあくまで静止していると，"veridical"に知覚される．こうした外界適応的な知覚様式を"位置の恒常性"と呼んでいる．筆者が大学院生時代に書いた最初の論文は，"位置の恒常性"（吉村，1979a）と"眼球－頭部協調運動"（吉村，1979b）に関する2編であった．いまでは，もう読み返すこともない古い論文だが，こうしたことへのこだわりが，このたびの運動現象全般への関

心につながったのだと思う．

ところで，"運動"現象なのに，なぜ"位置"（位置の恒常性）なのだろうか．確かに，同じものが位置を変えれば，結果として運動が生じると言えるかもしれない．しかし，位置の変化と運動は，決して同じでない．その意味から，Palmer (1999) が，動きをveridicalに捉える知覚機能のことを，(position constancy ではなく) "motion constancy" と呼んだのは適切である．彼はまた，動きの速さについても，網膜上では，遠くのものがゆっくり動き，近くのものが速く動くという近刺激レベルの速度差にもかかわらず，外界物の速さをveridicalに知覚できることを "velocity constancy" と呼んだ．

われわれの知覚機能は，外界で起こっていることを事実どおり正しく捉えるために備わっているのだから，知覚がveridicalであるのは当然だと言えるかもしれない．しかし，そう見なして，問うことをやめてしまったのではまずい．運動現象に対しては，「なぜ」という疑問がともかく重要である．そもそも，われわれは運動を見ていないのに，運動を知覚することも多い．よく持ち出される例は，映画である．ご承知のとおり，映画は，連続的に動く映像ではなく，きわめて短い時間間隔ではあるが，静止画を断続的に表示している．知覚系はなぜ，映画を見ているとき，素早い紙芝居のような静止画の切り替わりとは見ずに，滑らかな動きを知覚するのだろうか．われわれの知覚系が，そこまでの時間分解能をもたずに鈍感なのが幸いして，運動を知覚しているのだろうか．

"位置の恒常性"で言うところの"恒常性"とは，網膜上で起こっている事実（近刺激）とは異なるけれども，外界での物理的事実（遠刺激）をveridicalに捉える機能のことであった．それに対し，映画の場合は，外界で起こっている物理的刺激どおり不連続に知覚するのではなく，連続した動きを知覚する．その意味から，"錯視"あるいは"仮現運動"と呼ぶにふさわしい知覚現象である．"仮現運動"を，英語では "apparent movement" と言う．すなわち本当の運動ではなく，"見かけ上の運動"と言うわけである．映画は仮現運動なのか，そしてそれ

は錯視なのか，との問いは，本書全体を通して考えなければならない課題である．本書で取り上げる数々の運動現象の中には，"錯視"と呼ぶべきものもあれば，外界の姿を正しく捉える知覚内容であることから"恒常性"と呼ぶべきものもある．実際運動と仮現運動は，はたしてどこが違うのか．理論的にも重要な問題となるが，現象としても興味深いトピックである．この問題については，本書でも積極的に見つめていきたい．

[2]なぜ，錯視的な動きに注目するのか

一般に知覚研究は，当たり前の見え方にではなく，対象物を物理的刺激どおりに知覚しない変則事態に注目することが多い．その理由は，錯視的な知覚の場合であっても，veridicalな知覚を遂行しているときと同じ知覚的処理が進行していると考えるからである．この前提を踏まえ，システムのほころび，すなわち誤った知覚(錯視)を見つめる方が，「なぜ」を問う糸口を捉えやすい．そこからたぐっていけば，当たり前でつかみ所のない"veridicalな知覚"の本質が見えてくると期待できる．

　もちろん，すべての知覚研究者が，ほころびばかりから攻めているわけではない．たとえば，Gibsonの知覚論は，日常の正しい知覚を正面から説明するものであり，はじめから日常場面で得られる豊かな視覚情報("包囲光"など)に価値を置いて，視覚世界の解明に挑んでいる．Gibsonは，知覚の誤り(錯視など)を説明するには，日常行っている正しい知覚とは異なる補足的仮定が必要だと言う(Gibsion, 1966 p.287)．このころのGibsonは，もう生態学的アプローチを育んでおり，環境をいかに的確に捉えるかを明らかにすることが，彼の目指すべき知覚論であった．

　しかし，本書では，必ずしもGibsonの立場に立たない．むしろ，"知覚の恒常性"と"錯視"は，現れ方こそ正反対だが，ともにveridicalな知覚を支えるメカニズムだと位置づけたい．手がかり，足がかりを求めて，さまざまな錯視的運動現象と取り組んでいく．そのことが，

3

正常な知覚メカニズムの解明に役立つと考えるからである．

[3] 本書の構成

本書は，第1章から12章までの12の章で構成する．第1章では，観察者に提示する運動刺激を，心理学がどのような装置を使って実現してきたかを追っていく．確かに，時代がくだるにつれて，より正確で簡単に動きを表示・制御できる装置が開発されてきた．しかし，映画やビデオをはじめ，今日さかんに使われているコンピュータ・ディスプレイ上の運動刺激は，実際運動ではなく，デジタル化されたものである．その点から，豆ランプなどを実際に動かして運動を提示していた古い時代のものより，必ずしも精巧な運動刺激とは言えない．それぞれの運動提示法のもつ特徴を，時代の物差しに縛られることなく評価していきたい．

　第2章では，ゲシュタルト心理学の創始者であるWertheimerが書いた最初の論文の中から，今日から見ても注目すべき運動現象を取り上げる．1912年に書かれた彼の論文は，それ以前の先駆者たちの考えを取り入れつつも，ゲシュタルト心理学という新しい科学観を構築する記念碑的価値をもつ．そこで用いられた知覚のトピックは，なぜか運動現象ばかりであった．この章では，彼の取り上げた運動現象の今日的価値を見つめていく．

　第3章では，Wertheimerとほぼ同時代，イタリア人のBenussiと彼の後継者たちが行ったユニークな運動観察を解説する．心理学の歴史の中で，ややもすればBerlin学派のゲシュタルト心理学の陰に隠れたり，あるいはそれと同一視されがちだが，のちの時代のKanizsaらにつながるイタリア知覚心理学の出発点となったBenussiの貢献を，1つの独立した章として解説していきたい．

　第4章では，Benussi以来のイタリア心理学から開始された，ターンテーブル上での二次元図形の回転運動が生み出す運動現象の不思議さに焦点を当てる．この現象の虜になったのは，イタリアの心理学者ばかりでなかった．ゲシュタルト心理学者Hans Wallachも，回転に

関わる独自の運動現象を見出し，より大きな問題へと発展させた．ユダヤ系であったWallachは，米国に亡命し，回転が生む運動現象の面白さを英語圏の研究者たちに広めた．筆者が敬愛するIrvin Rockも，Wallachのもとで，知覚現象の奥深さに目覚めた学生の1人であった．

第5章では，運動感を生み出す枠組みについて検討する．暗闇の中に1点しか提示されていないなら，観察者自身を基準に，その点の動きを感知せざるを得ない．それに対し，実際の日常生活場面では，部屋や窓枠など視野内にある動かないはずの視対象が枠組みとなり，対象物の動きを知覚する場合が多い．前者を"自己枠組み基準"，後者を"視覚枠組み基準"と呼ぶ．あるいは，"絶対運動と相対運動"と言うこともできる．この章では，これら2種類の枠組みから生まれる"subject-relative運動"と"object-relative運動"の特徴を見つめていく．

第6章では，"対応問題"を取り上げる．たとえば，画面上の2つの点が，次の瞬間，異なる2点に現れたとしよう．2つの画面でどちらの点同士が同一点と知覚されることになるのか．また，窓枠の後ろで動く斜線は，本当は上から下に縦に動いているのに，左から右へ水平に動くように知覚されることがある．"窓問題"と呼ばれるこのような現象も，"対応問題"の重要な一局面である．本章では，なぜ，このような運動感が生じるのかまで探っていきたい．

第7章では，Michotteが取り組んだ事象知覚・因果知覚を扱う．左から動いてきた物体が，いままで静止していた物体と接触し，その瞬間，静止していた方の物体が動き出す．それを見ているわれわれは，左からやってきた物体が止まっていた物体を"突き飛ばした"と捉える．"突き飛ばした"と捉えることは，知覚ではなく解釈と考えることもできよう．しかし，Michotteは，"突き飛ばし"という事象性や因果性も，推論や解釈の結果ではなく知覚だと考えた．この章では，その延長上に，Heiderらの行った社会的知覚における意図性も位置づけていきたい．

第8章では，素朴物理学と，その発展と見なしうる"representational

momentum"を取り上げる.ニュートン物理学は,われわれの身の回りの物体は,一貫した物理法則に従って動くことを明らかにした.しかし,われわれが心の中に作り上げている動きの法則性は,必ずしも正しい物理学に則っていない.それを"素朴物理学"と呼ぶ."素朴物理学"には,「誤った信念に基づく」とのニュアンスが含まれている一方で,われわれは,正しい物理法則をうまく内化させて,目の前の物体の動きを的確に捉えていることも多い.そうした観点からの最近のアプローチに,"representational momentum"がある.乳児を対象に,このような心的機能の発生・形成過程にも目を向けていきたい.それを踏まえ,"representational momentum"がわれわれの心の中にどのように内化されているかを把握していくことになる.

第9章では,物理法則では捉えにくい動きの代表格である"生物の動き"を見つめる.身体の要所要所に電球を貼りつけ,暗闇でさまざまな動作をすると,そこに現れる一群の光点の複雑な動きから,われわれは人物の動き,しかもどのような仕草であるかということまで,ありありと知覚する.この不思議な運動現象に取り組んだのはJohanssonというスエーデンの知覚心理学者であった.その後,このテーマは"バイオロジカル・モーション"と名づけられ,運動視研究の重要な領域になっている.はたして,生物の動きに特有な知覚過程を想定すべきなのか.それとも,生物の動きに限らず,自己駆動力をもつ物体の動き一般に共通する性質として捉えていくべきなのだろうか.

続く第10章では,いよいよ知覚論に踏み込んでいきたい.その際のキー概念は,"間接知覚"と"直接知覚"の対比である.一方に,与えられた網膜情報だけでは不十分で,さまざまな情報を動員して合理的な解を求めることが知覚であるとするIrvin Rockらの考え方や,網膜上に与えられた情報を材料に発見的に推論していく"ヒューリスティックス"が重要だとする"間接知覚論"がある.他方,Gibson—Johansson—Michotteらは,網膜上の映像は,考えられているよりずっと豊かで明確な情報を提供しているのであって,知覚とはそうした網

膜からのbottom-up情報だけで成り立つとする"直接知覚論"をとる．これまでの章では避けてきた理論的問題に，本書も終わりに近いこの章で挑みたい．

　第11章では，1つの章を費やして解説するには小さなテーマではあるが，運動現象を見つめていく上で興味深いトピックを集め，1節ごとに紹介していく．第10章までの解説を踏まえてこの章のトピックを見つめると，心理学が扱ってきた運動現象の広がりと今後の発展の可能性が予感できると思う．マジックやアニメーションなど，これまで運動視研究とあまり接触のなかったテーマが，第10章までに検討した心理学的テーマと基本的なところで通じ合っているのである．

　最後の第12章では，本書のタイトルである「運動現象のタキソノミー」，すなわち第11章までに登場したさまざまな運動現象の分類を2次元平面上で試みたい．分類の基準として，どのような軸を用いればよいか，いくつかの候補を検討したが，たとえ鋭くても一部の運動現象にしか関与しないものでは，全体を見通す役に立たない．最終的に採用したのは，意味性と物理性という2軸である．これら2つの軸が構成する平面内に，本書で登場したさまざまな運動現象を位置づける作業によって，本書のまとめとしたい．

　以上が，本書の概要である．本格的説明に先立ち行ったこの手短かな解説で，本書が扱おうとしている運動現象の全体像をつかんでもらえただろうか．本書を読み進む中で現在位置を見失いかけたときには，ここで行った手短な概観に適宜，戻ってきてほしい．

　それでは，12の章に分類された運動現象のタキソノミーを開始することにしよう．

第1章
動く刺激を生み出す装置さまざま

1-1. Wertheimerの用いた刺激提示装置
1-2. Michotteの因果・事象知覚研究での運動提示装置
1-3. Johanssonの運動提示装置
1-4. 実際運動の提示法：アナログとデジタル
1-5. 映画の仕組み
1-6. テレビとビデオ：NTSC方式とCRTディスプレイ
1-7. 液晶，プラズマ・ディスプレイの運動表示特性

1章　動く刺激を生み出す装置さまざま

　個々の運動現象の解説に先立ち，観察者に運動現象を提示するためのさまざまな装置を紹介することから始めたい．解説には，第2章以降に登場する運動現象がずいぶん登場するので，それらの紹介を終えたあと，装置について解説するのが適切かもしれない．しかし，本書では，具体的"現象"に焦点が当てられるので，それらの現象を生み出した運動提示装置の説明から開始することを選んだ．できれば，本書全体を読み終えて，登場するさまざまな運動現象の中身を理解した上で，もう一度この章に戻ってもらいたい．そうすれば，装置を考えることの大切さを改めて実感できると思う．

　今日のわれわれが運動現象の研究に用いている刺激提示装置の多くは，ビデオ・モニタやコンピュータ画面である．すなわち，毎秒60枚程度の映像の書き換えをもって，滑らかな運動と見なしている．これは，おかしな話である．と言うのは，ビデオやコンピュータが開発される以前の運動視研究では，本当の意味での実際運動を観察できる装置をすでに用いていたからである．時代がくだり，技術が進歩したにもかかわらず，実際運動より質の劣る断続運動を用いるというのでは，順序が逆のように思える．

　特に，近年は，コンピュータで運動刺激を作成することが多くなった．その理由は明らかで，刺激提示の時間・空間制御が，コンピュータを使えば，正確かつ容易に行えるからである．しかし，コンピュータ画面上で，1つの●を左から右へゆっくり動かしてみれば，実際運動とは異なることが容易に分かる．確かにプログラム上では，●は滑らかな直線運動を行っているのだが，肉眼で見ても分かるほど，ビリビリとがたついた動きになっている．この刺激を"実際運動"と見なしてよいのだろうか．DirectXという動画像表示を向上させる機能を用いれば，ずいぶん改善するが，それでも実際運動と同じではない．この一事から察せられるように，コンピュータ画面上の運動表示は，基本的にとびとびの断続運動であって，滑らかなアナログ運動とは異なっている．疑似体験として，コンピュータのマウスをできるだけ滑らかにゆっくり直線的に動かしてみてほしい．いくら頑張っても，画

面上でカーソルは，ビリビリとがたつきながら動いてしまう．このカーソルのがたつき感に通じる粗さが，ディスプレイ上での運動提示には多かれ少なかれ伴っているのである．

このような事実に照らすと，コンピュータ開発以前に心理学で使っていた運動提示装置を，過去の稚拙な装置と決めつけることは適当でない．本章では，映画やビデオを含め，これまでに心理学が利用してきたさまざまな運動提示装置を振り返る．その一方で，最近のコンピュータ表示に用いられているCRT（いわゆるブラウン管）や，液晶，プラズマディスプレイの運動表示性能にも目を向けていきたい．

1-1. Wertheimerの用いた刺激提示装置

ゲシュタルト心理学の創始者であるWertheimerが，"ゲシュタルト"の着想を得たときのエピソードは有名である．上村(1994)の解説を引こう．

> 1910年の夏，休暇でウィーンからラインライトに旅する途中のウェルトハイマーは，運動視の問題を扱う新しい着想を得て，フランクフルトで汽車を降りた．その足で玩具の驚き盤（ストロボスコープ）を買い，ホテルで，対象を次々に提示するときそれが運動して見えるような種々の図形を作り，最適の運動を起こすにはどのような条件にしたらよいかを調べることに取りかかった．当時フランクフルト大学には，彼もよく知っていたシューマン(Schumann, F.)が教授として赴任したところであった．シューマンに連絡をとった彼は，実験室と新しいタキストスコープを使う許しを受け，1910年の秋から冬にかけて自分の着想を実験に移すことができた．その被験者になったのが，ケーラー(Köhler, W.; 1887-1967)とコフカ(Koffka, K.; 1886-1941)であった．この3人こそ，ゲシュタルト心理学を確立し，その後長く協力関係を結ぶことになった人物である．（p.204）

1章　動く刺激を生み出す装置さまざま

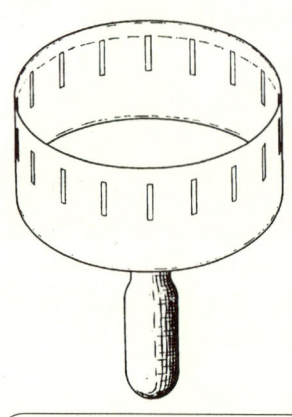

ここに，2種類の運動提示装置が登場した．「玩具の驚き盤(ストロボスコープ)」と「Schumannのタキストスコープ」である．前者は，図1-1に示したもので，ここでは"ストロボスコープ"と呼んでいるが，一般には"ゾートロープ(Zoetrope)"と呼ばれている(Boring, 1942)．いくつもの縦長スリットのあいた円筒

図1-1．ストロボスコープまたはゾートロープ．円筒にはたくさんの縦長スリットがあけられており，円筒の内側のスリットの下に，少しずつ変化する図形を貼りめぐらせる．観察者は下部の取っ手をもって円筒を水平回転させる．スリットの外側に目を当て，回転により次々に目の前にくるスリット越しに，対面の内側に貼られた図形を見ると，あたかも一連の図形が動いているかのように見えるのを楽しむ玩具．（Metzger, 1953/1968より引用）

の内壁に少しずつ変化した静止画を貼りつけ，円筒の外側からスリット越しに内壁の絵を覗く．取っ手をもって適当な速さで回転させると，

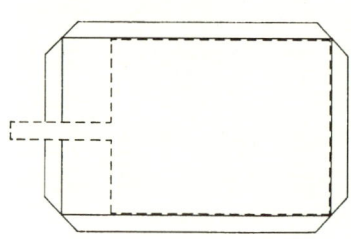

スリット越しに次々現れる絵が動いて見えるのを楽しむ玩具である．実際の実験には，次に述べる精密な時間制御が可能な「Schumannのタキストスコープ」が用いられたが，それでも

図1-2．Wertheimerによる仮現運動装置．固定した部分には交互に現れる像が刻み込まれているが，これは像を開いたり覆ったりするための移動可能な部分の縁に合わせてテープで固定されている．　　　　　　　　　（Metzger, 1953/1968より引用）

Wertherimerは，玩具のような道具も大切にしていたようである．その1つを，Metzger (1953/1968)から紹介しよう．

図**1-2**は，Wertheimerが仮現運動の提示に用いた装置の1つである．Metzger(1968)には，「固定した部分には，交互にあらわれる像が刻み込まれているが，これは像を開いたり覆ったりするための移動可能な部分の縁に合わせてテープで固定されている」(邦訳書，p.372)と解説されている．Wertheimerはまた，観察者が実際運動と仮現運動を区別できるかどうかを調べるため，「玩具のような」スリット式の別の道具も考案していたそうである(のちの2-3で解説する)．

さて，"Schumannのタキストスコープ"とは，その名のとおり，Frankfurt大学に赴任していたSchumannが考案した，提示時間の操作がより厳密に行える装置である．この装置の仕組みは，車輪の周辺に2箇所のスリットがあけられ，その位置と長さを調整することで2つの画面の提示時間とタイミングを設定するという，とても単純な原理である．しかしながら，Wertheimer(1912)自身によるこのタキストスコープの説明(Shipley, 1961抄訳を参照)によると，望遠鏡を通して観察し，しかも望遠鏡の対物レンズ側の下半分にはプリズムが仕込まれているなど，相当込み入った使い方をしていたようである．図**1-3**には，King & Wertheimer (2005)に掲載されている，Schumannのタキストスコープの傍らに写っているWertheimerの写真を引用した．

図1-3． Schumannのタキストスコープの傍らに立つWertheimer．Frankfurt市歴史博物館に保存されている1912-1914年ころの写真．
（King & Wertheimer, 2005より引用）

1-2. Michotte の因果・事象知覚研究での運動提示装置

物体Aが静止している物体Bのところまで等速で近づき，Bに接触し，Aはその場で止まる．ややあって，Bが同じ方向へ一定の速さで動き始める．このような運動事象を観察したとき，われわれは「AがBを突き飛ばした」と知覚する．こうした事象性や因果性に関するMichotteの研究内容については，第7章で取り上げるが，ここでは，彼がそうした研究に用いた運動提示装置を紹介したい．

図**1-4**がその装置である．重ねられた2枚の円盤AとBには，精密に計算された等幅の太い線が描かれている．横長のスリットのあいた遮蔽物の後ろでそれらを回転させると，スリットの窓には2つの小さな四角形の動きが現れる．その様子から，観察者は，"突き飛ばし(launching)"などの因果的事象を知覚するのである．これが，Michotteがおもに用いた"円盤法(disc method)"である．

さて，心理学の概論書でもよく見かけるこの装置だが，内容について正しく受けとめられているかどうかおぼつかない面もあるので，Michotte(1963)の記述に従って，少し詳しく見ていきたい．たとえば，円盤やスリットの大きさはどのくらいと思われているのか．また，スリットに現れる四角形の色どうなのか．あるいは，左の四角形は，最初から見えているのだろうか．こういった点に注目して，実際の提示状況を理解していこう．

まず，円盤の大きさは，大きい方(A)が直径50cm，小さい方(B)が38cmと，かなり大きい．それぞれに，0.5cm幅の計算された弧状の曲線が描かれている(Aでは黒，Bでは赤)．また，円盤の手前の遮蔽物にあけられた横長スリットの大きさは，長さ15cm，幅0.5cmの細長い長方形である．したがって，スリットから見える黒と赤の2つの四角形は，ともに1辺が0.5cmの正方形となる．重ね合わせた2枚の円盤を一緒に反時計回りに等速回転させると，左側で静止していた黒い正方形は，一定の速さで動き始め，静止している中央の赤い正方形に接触し，自らは静止する．黒い正方形と接触後，赤い正方形はややあっ

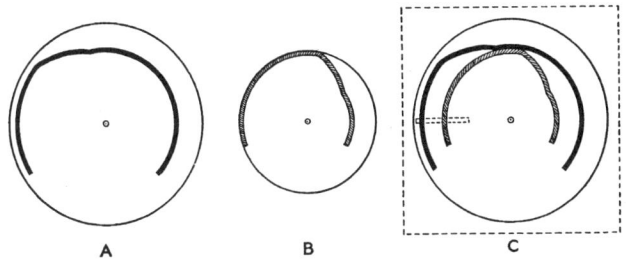

図 1-4. 円盤法によるMichotteの事象・因果知覚装置．2つの円盤には，幅5mmの線が描かれている．直径50cmのAには黒色で，直径38cmのBには赤色で描かれている．これらをBを手前にして中心で重ね，さらにその手前に細長いスリット窓のあいた不透明な遮蔽盤がセットされる．Aと Bを一定の速さで回転させると，スリット窓に，黒と赤の正方形の動きが現れる．

て一定速度で右に動き，スリットの右端へ消える．1秒にも満たないこのような事象を，観察者は1回だけ見るのではなく，円盤を等速で回転させ，何度も繰り返し見る．このような仕掛けであることを気取られないため，観察者には1.5m離れたところから，長さ30cm，直径3cmの筒を覗いて観察してもらう．

　先ほど示した図**1-4**は，"突き飛ばし(launching)"事象を表す図形パターンであったが，それ以外のパターンも掲げておこう．図**1-5**に示した4つのパターンは，(a)突き飛ばし，(b)押し出し，(c)連れにいく，(d)単純には因果性がつかめない事象である(Metzger, 1953/1968より引用)．

　この装置は，Michotteにとって，さまざまな面で都合がよかった．少しの変更で，いろいろな運動パターンを作成できることや，スリットの位置を変えれば，水平運動だけでなく，垂直や斜め方向の運動も作り出すことができた．また，描かれる円弧の曲率を変えることによって，正方形の動きのスピードも変えられる．さらに都合よいことには，実物の動きではないので，慣性の法則など実物体の運動なら制

1章 動く刺激を生み出す装置さまざま

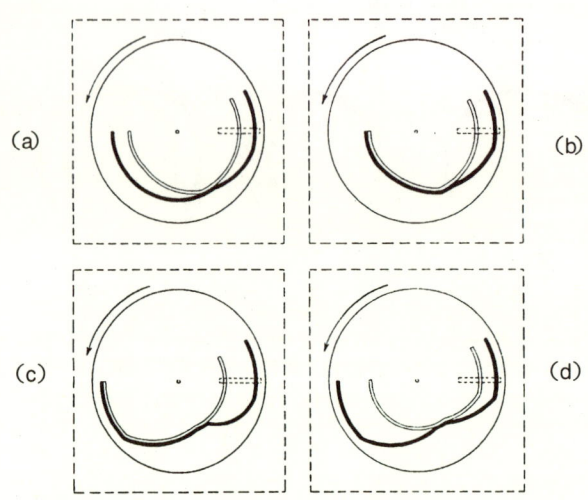

図 1-5. Michotteが円盤法で用いたいくつかの運動パターン
(a) 突き飛ばし，(b) 押し出し，(c) 連れにいく，(d) 単純には因果性がつかめない事象である．
（Metzger, 1953/1968より引用）

約となる物理法則に拘束されることがないため，運動力学の法則に合致しない動きでも作り出すことができた．

　一方，この装置には，さまざまな限界もあった．たとえば，刺激図形には四角形のみが，しかも高さ 0.5cm 程度の低いものしか使えない．また，運動軌道も，直線的運動などに限られる．そして何よりも，図形の縦の辺は，厳密にはまっすぐな垂直線ではなく，曲線の一部としての曲率をもつ．この点は，図形が速く動くときは目立たないが，円盤の回転を遅くすると気づかれてしまう．

　Michotteの装置からは離れるが，最後に指摘した，スリット内図形の曲率の知覚は，"アノーソスコーピック現象"では決定的手がかりになる点を指摘しておきたい．"anorthoscopic" とは，"普通でない見方"との意味で，19世紀から知られていた現象だが，20世紀半ばになって，"Parksのラクダ"（Parks, 1965）として再発見された．縦長にあけ

16

られたスリットの後ろでラクダの絵をすばやく動かすと，狭い幅のスリット内に現れるわずかな断片だけから，ラクダの形を知覚することができる．ただし，その際に知覚されるラクダは，実際の画像に比べて横方向に圧縮された形となる．のちにRock (1981/1981, 1983) は，スリット内に現れた断片しか見えないのに，なぜ図形全体が知覚されるのかについて検討した．スリット内に図形を構成する線の"存在"しか見えない場合は全体図形は知覚できないが，線の"傾き"を見て取ることができる条件だと，やや改善し，線の"曲率"まで見て取れる条件では，図形全体が知覚されやすいことを示した．さらに，図**1-6**のような装置を考案して，たとえスリット幅が広くても，スリット内に線分の両端が見える条件では，決して全体図形は知覚できないことを明らかにした．

　Michotteの運動提示装置に話を戻そう．あまり知られていないことだが，彼は，上で説明した円盤法以外に，"投影機法(projection

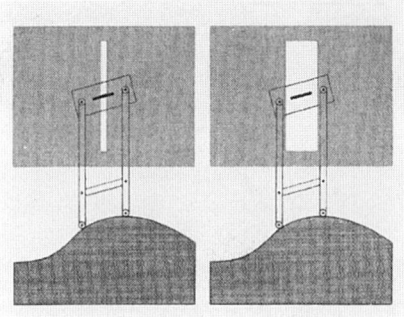

図1-6．アノーソスコーピック現象の研究でのRockの装置．透明なプラスチック板に小線分を描いたものを用いる．プラスチック板は，スリットを通して見ることのできないカムの上に載ったローラーと細い棒で接続されている．このカムが，提示したい図形の形をシミュレーションすることになる．条件 aでは，小線分の長さはスリット幅よりも長く，したがって観察者には小線分の端は見えない．条件 bでは，スリット幅が広いため，小線分全体が窓の中に収まってしまう．

method)"も考案していた．2台の小型で軽いスライドプロジェクターを別々の回転台に載せ，それぞれの動きを電動装置で制御する．概念図を，図 **1-7** に示した(Michotte, 1954/1963)．このような装置では，動き始めと止まるときの正確な制御が難しい．物理学用語で言うところのヒステリシスや慣性が働くためである．プロジェクター映像がスクリーンに大きく投影されると，微妙なノイズであっても目についてしまう．Michotte自身が指摘するこの方式の利点と限界点は，次のとおりである．

利点としては，まず，("円盤法"ではできなかった)さまざまな大きさや形の刺激を提示できる．また，運動映像の速度の可変範囲が大きく，映像の大きさも，投影距離を変えることで，簡単に変えられる．背景を自由に設定することができ，明るくしたり薄暗くしたりすることもできる．枠組みの大きさや形の設定も可能である．運動軌道方向

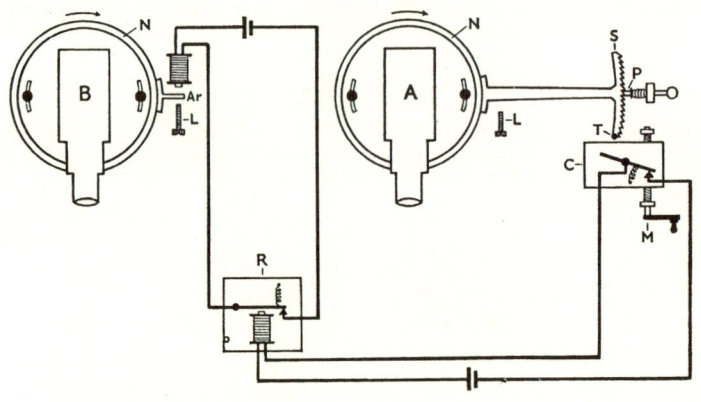

図 1-7. Michotteが投影機法で用いた装置の概要．2台の小型で軽いプロジェクター（AとB）を別々の回転台に載せ，それぞれの回転を電動装置で制御する．回転を正確に制御することは難しいが，刺激映像にはさまざまなものを用いることができる．
（Michotte, 1954/1963より引用）

は，鏡を介するなどして，変更可能である．2つの映像の移動を，異なる平面内で行うこともできる．

　逆に，この装置の欠点は，"円盤法"ではできていたのに，できないことがある点である．たとえば，運動中の速度変更ができないし，3つ以上の対象物の別々の動きは作れない．

"投影機法"にいくつもの利点があるにもかかわらず，Michotteの研究では，おもに"円盤法"が用いられた．それには，"投影機法"の調整の難しさがあったのだと思う．コンピュータを用いる今日の運動提示法は，"投影機法"の利点すべてを実現し，かつ欠点も克服している．したがって，Michotteの研究環境よりずっと優れた装置を手に入れたことになる．しかし，本章の冒頭で指摘した重要な一点において，現在のコンピュータも問題を抱えている．Michotteの装置で実現できていた"滑らかな実際運動"ではなく，断続運動である点である．だからと言って，われわれはもう，"円盤法"に戻ることはできない．こうした装置の難しさを，Metzger(1953/1968)は次のように指摘する．スリットを通して運動を観察することは，「図解は簡単であるが，装置は技術的に困難なものとなる」(邦訳書，p.366)．

1-3. Johanssonの運動提示装置

Michotteが，よく知られている"円盤法"以外に"投影機法"を利用していたのと同様に，バイオロジカル・モーション研究で知られるJohanssonも，身体の要所要所に電球をつけ暗闇中で撮影した映像を用いて行ったバイオロジカル・モーション研究とは別に，オシロスコープ上で作成した刺激を使って，一連の運動視研究を行っていた．内容については運動のベクトル表現を扱う第5章で取り上げることにして，ここでは，装置の概要を，Johansson(1964)から紹介しておきたい．

　オシロスコープのX入力とY入力に電圧をかけ，あらかじめプログラムされた値でコントロールする．これにより，オシロスコープのCRT画面上で二次元的に自由に動く光点を提示することができる．ま

1章　動く刺激を生み出す装置さまざま

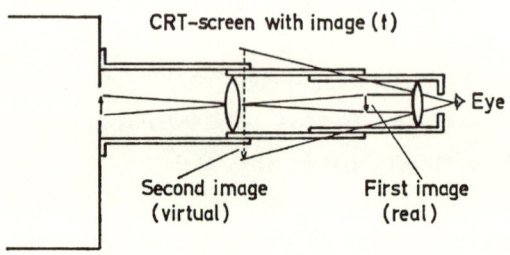

図1-8. JohanssonのCRT装置の前につけられたコリメータ機能をもつ光学系．このような光学系を通してＣＲＴ上の映像を見ることにより，平行光線刺激が得られる．
（Johansson, 1964より引用）

た，高周波(10ないし100kHz)と低周波(0.2ないし1Hz)の信号を組み合わせることにより，CRT上に(点のみならず)線や図形の動きを表現することもできる．CRTにはP11という残光時間が非常に短い特性のものが用いられているので，光点や線が尾を引くことはない．また，アナログ式オシロスコープであることから，連続的な実際運動に近い動きが表示できる．

　こうして作成されたCRT上の刺激を，観察者は直接見るのではなく，図**1-8**に示すような，光学系を通して見ることになる．この光学系は，いわゆるコリメータ機能をもち，目に入る光線は平行光線となる．Johanssonはこの装置を，J.J.Gibsonに招かれたCornell大学滞在中に実現することができた．

1-4. 実際運動の提示法：アナログとデジタル

暗闇で火のついたタバコを素早く回すと，赤い輪が見える．コンピュータ画面を見ながらマウスを素早く回すと，やはりカーソルは円を描くが，その軌跡は線ではなく，断続する破線となる．これが，アナログ表示とデジタル表示の違いである．今日の心理学実験で用いる

20

のは，コンピュータによるデジタル表示がほとんどで，アナログ表示装置はあまり目にしなくなった．アナログ装置にはどのようなものがあったのか，これまでの心理学実験を振り返って見ていくことにしよう．

　Michotteの用いた"円盤法"は，実際運動を，モータを使って表示する方法の1つである．これについては，第7章で解説する．また，イタリアの知覚心理学者Musattiらは，レコードプレーヤーのようなターンテーブル上に静止画を載せ，それをゆっくり回転させながら観察した．これも，モーターを用いたアナログ式運動表示と言える．回転運動なら，モーターのシャフト回転を利用することにより，容易に実際運動を実現することができる．

　では，直線運動はどうか．前節のJohanssonのオシロスコープによる点運動は，アナログ表示であることから，実際運動と見なすことができる．また，Michotteの"投影機法"も，台の上にスライド投影機を載せ，その台をモーターで回転させることにより，直線的な実際運動を実現していた．ただし，ヒステリシスや慣性などの物理的制約が，重さのある投影機の滑らかな動きを妨害する．この難点は，回転台に載せるものを非常に軽量化し，モーターの回転角度も，ガルバノ・メーターなどを用いて精度をあげることで克服できる．ガルバノ・メーターとは，昔の脳波計などのペン書きオシロに使われていた出力表示装置である．与える電圧のアナログ変化に応じて，シャフトの回転角が正確にコントロールされる．このガルバノ・メーターのシャフトの先に，インクペンの代わりに小型軽量の鏡を付け，固定光源からの平行光線を鏡に反射させてスクリーンに投影する．使用例を，図**1-9**に示した．これは，頭と目を使って，前方の円形スクリーンに映された移動光点を追跡する実験であるが，重要な点は，スクリーンの形である．広い角度にわたって投射角度や運動速度を正確に制御するには，鏡の位置を中心点とする円弧状のスクリーン面に投射しなければならない．移動角度が狭い直線移動であれば，平面リア・スクリーンなどを用いて近似的にコントロールできる．その場合は，後ろから投影す

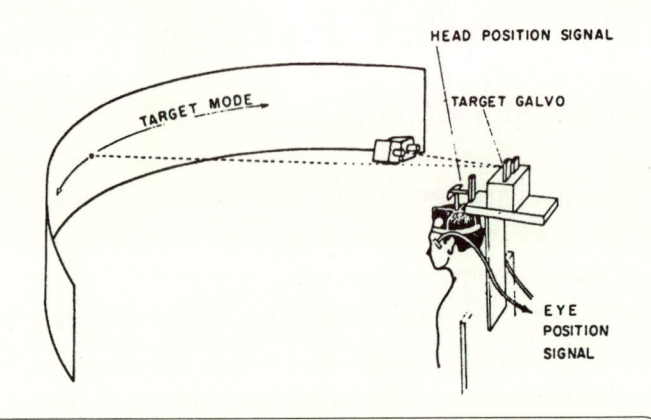

図 1-9. ガルバノ・メータを利用した直線運動提示装置
ここに例示したのは目と頭の運動を観測する実験装置だが，運動刺激の提示に関しては，固定光源からの光点を頭の上のガルバノ・メータに取りつけた鏡に反射させる仕組みに注目してほしい．ガルバノ・メータは，入力された電圧に応じて精密に回転角度を変える．それに応じて，シャフトに取りつけられた鏡が回転し，前方の円形スクリーン上で，光点を正確に動かすことができる．　（Fleming, Vossius, Bowman, & Johnson, 1969より引用）

ることになるので，鏡の設定位置を観察者の目や頭の位置と一致させる必要がなく，設定が容易である．他に，モーターを用いて直線運動を実現する方法として，ドットプリンターのヘッドの動きを利用する方法がある．ヘッド位置に光点などを貼りつけ，電気的にその位置を制御すれば，直線レール上を移動する視覚刺激を生み出すことができる．

　光点の二次元平面内での移動は，前節のJohanssonの装置のように，オシロスコープのX，Y入力信号でコントロールすれば，提示可能となる．また，先ほどのプリンター・ヘッドの原理を二次元に拡張した装置として，アナログ式X-Yプロッターを利用する方法がある．ただし，これらのアナログ装置は，もはや過去の機器なので，入手は困難となった．現在，あえて使おうとすれば，コンピュータからの出力をD/A変換して，これらの古い装置を電気的に制御することになるのか

もしれない．デジタル信号のまま行うには，パルス・モーターを利用する方法がある．

1-5. 映画の仕組み

Johanssonのバイオロジカル・モーションの映像刺激も，電球をつけた演技者の動作を暗い部屋で直接見るのなら，実際運動(アナログ映像)となる．しかし，彼の研究では，それを映画撮影して，観察者に提示した．そうなれば，もはや実際運動でない．幸い，バイオロジカル・モーションの場合は，映画映像であっても，現象の本質は損なわれない．バイオロジカル・モーションに限らず，おそらくほとんどの運動現象は，生のアナログ映像とそれを撮影した映画映像で，現象の性質に違いが生じることはない．しかし，「映画は仮現運動」だとすれば，少なくとも映画の仕組みとその映像の性質をしっかり理解しておくことは必要である．

Monaco (1981/1993)の『映画の教科書』の中に，静止画を連続提示することによって運動を表示する映写機の仕組みが分かりやすく解説されている．撮影機の仕組みも，映写機と原理は似ているので，ここでは映写機のみを説明する．まず，毎秒24枚の静止画を光の当たる窓(ゲート)に次々と移動させる仕組みから説明しよう．映画フィルムの両脇には，パーフォレーションと呼ばれる四角い穴が規則的に並んでいる．この穴に，スプロケット・ホイールというシャフト付の歯車が噛み合うことによって，フィルムを進めることになる．ここで大切なことは，フィルムは一定の速さで動くのではなく，進んでは止まるという間欠運動を，毎秒24回繰り返している点である．この仕組みを理解するには，図**1-10**に示すマルテーズ・クローズ機構を知らなければならない．

ドライブシャフトは，モータにより一定の速さで滑らかに回転している．このシャフトに取りつけられたピンが，奇妙な形をしたマルテーズ・クローズの溝に入り込み，そのあいだだけ(図ではAからCのあいだ)，マルテーズ・クローズが回転する．この回転がスプロケッ

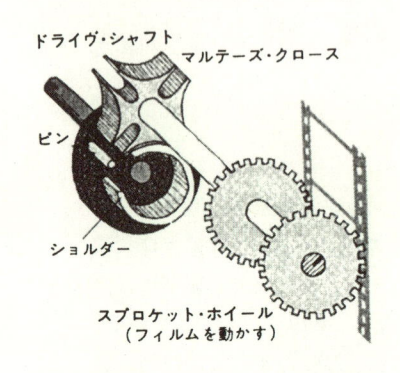

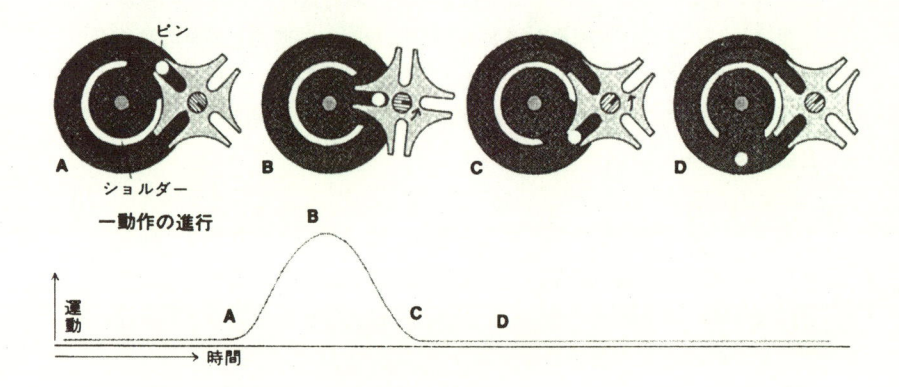

1章　動く刺激を生み出す装置さまざま

図1-10.　映画の映写機に用いられているマルテーズ・クローズ機構
映画フイルムは，この機構により間欠運動を繰り返すことができる．
ドライブ・シャフトが一周するあいだ，フイルムを動かすスプロケッ
ト・ホイールが回転するのは，AからCのわずかなあいだだけで，それ
以外の時間は，フイルムは静止している．そこで，スクリーンに静止
画を提示することができる．　　　　（Monaco, 1981/1993より引用）

ト・ホイールに伝わり，フィルムを1画面分だけ進める．ピンがマル
テーズ・クローズから外れると，マルテーズ・クローズはショルダー
と呼ばれる部分と接した状態で回転を止める．したがって，フィルム
も静止する．図**1-10**のDから分かるように，ドライブ・シャフトが1

回転するあいだ，マルテーズ・クローズが回転するのはわずかな時間だけで，ほとんどの時間は静止している．このような仕組みにより，ゲートにおけるフィルムの流れは，素早く1コマ進んでは静止するという間欠運動を，毎秒24回繰り返すことになる．

さて，映写窓の前には回転シャッターが取りつけられていて，フィルムが移動しているあいだはシャッターの羽根が投射光を遮断し，フィルムが静止しているときにだけ映像がスクリーンに投射される．ここでさらに，人間のある視覚特性から，一工夫必要になる．人間の視覚系は，毎秒24回の明暗の繰り返しを見ると，フリッカーと呼ばれるちらつき感を抱いてしまう．そうなれば，たとえスムーズな動きを見ることができても，明暗の繰り返しが邪魔になる．そこで，ちらつきを感じないだけの点滅回数を確保しなければならない．毎秒，50回程度の明暗の繰り返しであれば，ちらつき感はなくなる．そのためにまず思いつく手段は，毎秒50枚程度の静止画の連続提示を実現することであろう．実際，そのような対応策がとられたこともあったが，この方法ではフィルムが不経済きわまりない上，複雑な間欠運動を2倍速で行う難しさも抱え込んでしまう．もっとよい解決策が，すぐに見つかった．1つのコマが映写窓(ゲート)で静止しているあいだに，2回シャッターを切るのである．図**1-11**に示すように，2枚羽根のシャッターで，このことは容易に実現できる．これが，現在でも映写機で使われている方法である．画像は毎秒24枚，点滅回数は毎秒48回というわけである．50回程度の点滅では，敏感な人ならフリッカーを感じるが，映画は全体的に暗い映像なので，フリッカー感度は低下し，ちらつきを感じる人はまずいない．

ところで，映画では毎秒24コマの静止画を映し出しているが，この値は映し出されるものが滑らかに動いて見えるために必要最小限の数値なのだろうか．実は，毎秒24コマに定まったのは，フィルムの脇に音声トラックが作られたため，すなわちトーキーになったためで，無声映画時代には，毎秒18コマ程度の枚数であった．「程度」と書いたのは，初期にはフィルムの回転を手回しで行っていたため，厳密な数

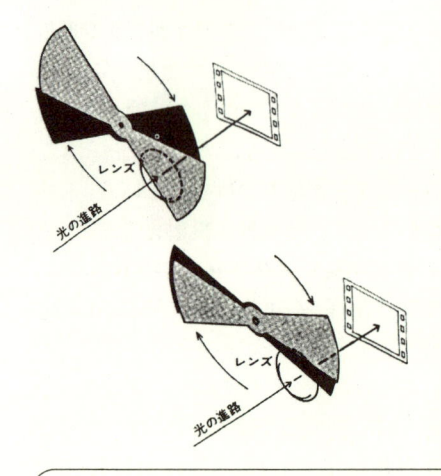

値とは言えなかったからである．いずれにせよ，毎秒18コマ程度のコマ数でも，スムーズな動きは実現できるのである．もっとも，フリッカーによるちらつきを防ぐため，その当時の映写機では，1コマの映像に対しシャッターを3回切っていた．すなわち，毎秒，18×3＝54回の点滅であった．ウソのような話だが，毎秒24コマになったのは，音声トラックに焼き付けられた光学式音声信号から鮮明な音質を得るには，35ミリの映像24コマ分のフィルム長が必要だったからだそうである．要するに，映像だけなら，毎秒18コマでもよいことになる．

> 図1-11．映画映写機の二枚羽根シャッター
> 1枚のフィルムが静止しているあいだに，シャッターが1回転するため，同じ映像が二度，スクリーンに提示されることになる．こうして，毎秒の点滅回数は48回となり，画面のちらつきは知覚されない．映画のスクリーンは概して暗いため，毎秒48回程度の点滅であっても，ちらつきは知覚されない．
> （Monaco, 1981/1993より引用）

1-6．テレビとビデオ：NTSC方式とCRTディスプレイ

映画に続いて，やがてテレビが普及するようになるが，その規格は世界規模では統一されておらず，わが国では米国にならってNTSC方式が採用されている．縦方向の走査線が525本で，毎秒30フレームの画像切り替えが行われる．他にPALとSECAMの2方式があり，PAL方式はおもにヨーロッパで採用されている．縦方向の走査線は625本と多いが，フレーム数は毎秒25フレームである．

話をNTSCに限定して進めたい.モノクロ時代から数えると,NTSC方式の歴史はずいぶん長い.テレビの電子回路には,現在はLSIをはじめ半導体が用いられているが,初期には真空管が用いられていた.真空管の情報処理速度は,決して半導体に劣るものではなかったが,伝送帯域幅を狭める目的から,"インターレース方式"という,いまから考えると奇妙と思えるCRT表示方式が採用された.インターレース方式を使えば,「垂直解像度を保ったまま,電送帯域幅を半分にすることができた」(吹抜,2002, p.9) のである.

インターレース方式(飛び越し走査)とは,図**1-12**の右図に示すように,525本の走査線を電子銃で上から順番に走査するのではなく,1行おきに2回に分けて走査する方式である.前節までに説明したように,30分の1秒近くを費やして525本すべてを上から下まで走査したのでは,人間の目にはフリッカーによるちらつき感が生じる.それを防ぐには,残光時間の長い蛍光画面を使えばよいようだが,長い残光は,動きを表示するには都合が悪い(実際,CRT画面には非常に短い残光特性の撮像管が用いられている).インターレース方式は,この点につ

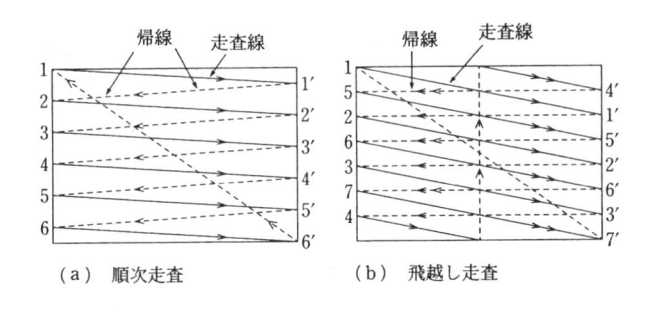

(a) 順次走査　　　　(b) 飛越し走査

図 1-12. コンピュータ・ディスプレイなどで用いられている,(a) プログレッシブ方式(順次走査)と,(b) テレビやビデオで用いられているインターレース方式(飛越し走査).(日本放送協会編,1989より引用)
　なお,走査線が上部中央から始まり斜めになっているのは,CRT時代の走査方式で,CCDや液晶,プラズマ・ディスプレイでは,水平走査になった.

いても好都合であった．525本の走査線を1行おきに60分の1秒で走査する．毎秒60回，点滅を繰り返すため，フリッカーによるちらつきも抑えることができた．60分の1秒で走査される1画面をフィールドと呼び，偶数と奇数の2つのフィールドを組にして1フレームと呼ぶ．この方式は，結果として動きを表示するのに適していた．CRT（ブラウン管）で見るテレビ映像の動きは，実に滑らかである．

　ところが，時代がくだり，テレビ画面を，細かい文字などの表示装置，すなわちコンピュータ画面としても用いるようになると，事情が変わってきた．子どものころ，「テレビは離れて見なさい」とよく言われたものである．近くで見ると，ちらつき感が強く，細かい字など粗くて見られたものでなく，目にも悪い．そうなれば，当初評価されていたインターレース方式の利点は，ほとんど意味をもたなくなった．そこで登場したのが，"プログレッシブ方式（順次走査）"（図**1-12**左図）と呼ばれる，上の行から順番に走査しながら描画する方式であった．これだと，ちらつき感や細部のがたつきが少なく，現在のパーソナル・コンピュータでは，この方式が採用されている．

　インターレースとプログレッシブという表示方式の併存は，テレビ画面とコンピュータの画面表示が別個のうちは問題にならなかった．しかし，NTSCで記録された映像をコンピュータで編集するなど共存が必要になると，いよいよ厄介な問題になってきた．この負の遺産は，テレビやコンピュータ・ディスプレイにCRTが用いられていた時代だけで終わらず，液晶をはじめとするフラット・ディスプレイに移行した今日でもなお，引き継いでいる．いったん標準化されたインターレース方式を，テレビ放送やビデオ録画では一気に切り捨てることができなかったからである．テレビやビデオの画像表示法の詳細については，吹抜（2002）の解説を参照してもらいたい．

1-7. 液晶，プラズマ・ディスプレイの運動表示特性

　21世紀に入ると，家庭用テレビのディスプレイにも，これまでのCRT

(ブラウン管方式)ではなく,液晶ディスプレイやプラズマ・ディスプレイが用いられるようになった.画面の大型化に伴い,これら2方式は"フラット・ディスプレイ"と総称されることからも分かるように,薄くて軽い映像表示装置として評価されている.それ以外の点でも,CRTに比べ,フラット・ディスプレイには,画素が細かく,画面のちらつきもなく,画面周辺部での歪みもないなどメリットが多い.このような技術革新は,信号のデジタル化によって実現できた.

こうした特徴を列挙すると,フラット・ディスプレイは,CRTに比べ,あらゆる点で優れた画像表示装置のように思えるかもしれない.しかし,動きを表示するという本書での最重要課題にとっては,一概にそうとも言えないのである.細かな技術的問題にまで踏み込むことになるが,この点に関する事情を,NHK放送技術研究所の栗田(2002)の研究に基づいて解説していきたい.

フラット・ディスプレイの運動表示性能に関わる問題点は,大きく2つに分けることができる.液晶やプラズマという材料の時間応答特性に起因するものと,駆動方式などに起因するものである.前者については,今後の材料技術の進歩によって改善が期待できるので,ここでは後者,すなわち駆動方式や階調・カラー表示法に起因する問題に絞って,液晶とプラズマを分けて検討していきたい.

まず,液晶ディスプレイの動画特性である.前節でも解説したように,CRT方式では,画面上のある1点(画素位置)において,60分の1秒(1フィールド)のあいだに短いインパルスが1回立ち上がり,それ以外の時間は何も表示されないというインパルス型が採用されていた.それに対し,液晶ディスプレイは,"ホールド型"と言って,60分の1秒のあいだ,同じレベルの信号が維持される.ホールド型では,理想的には階段状波になるべきところだが,実際には,応答時間が少しかかるので,いきなり完全に立ち上がるのでなく,指数関数型の時間特性を示す.図**1-13**に示すのは,4つの画素からなる,4画素／(1/60秒)の速度で右方向に移動する動画像を,ホールド型ディスプレイに表示した状況である.横方向を画面の水平方向,縦方向を時間軸として

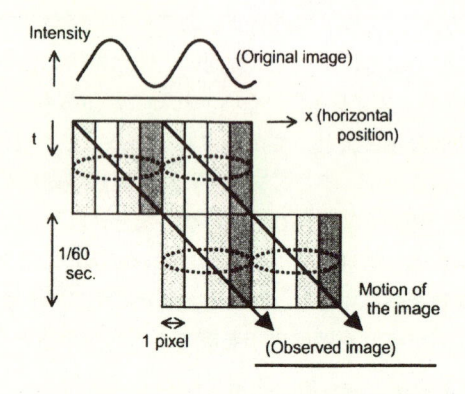

> 図 1-13. 液晶ディスプレイ（ホールド型）上での"動きぼけ"
> 1/60秒に4画素の速度で右方向に移動する動画像を表示している．
> 横方向が画面の水平方向，縦方向が時間軸である． 1/60秒のあいだに4つの異なる明るさをすべてまたぐことになるため，平滑化され，一様な中間色として知覚されてしまう．
>
> （栗田，2002より引用）

表示光の様子が表されている．ここで，映像を見ている観察者の側には，次のことが達成されていると仮定する．

A ディスプレイを観視している人間の視点は，眼球の追跡(追従)運動により，表示されている画像の動きに精度よくかつ滑らかに追従する．

B 表示の1フィールド期間(1/60秒)内の表示光は視覚系で完全に積分される．

図中，左上から右下に伸びる2本の矢印には"motion of the image"と書き込まれているが，これが，知覚された映像の動きとなる．矢印は同じ60分の1秒のあいだに，4つの異なる明るさをすべてまたぐことになるため，これらは積分され，平滑化されてしまう．同じことが，次の60分の1秒のあいだにも起こり，結果として一様な中間色が続くことになる．提示されている刺激は4種類の異なる明度の正弦波なのに，その動きを追従しながら見ている観察者には，同じ明るさの平板

な刺激として見えてしまう．言い換えれば，運動している物体の細部が知覚できないのである．これが，ホールド型ディスプレイによる"動きぼけ"である．

次に，プラズマ・ディスプレイの動画特性を見てみよう．プラズマ・ディスプレイは，ガス放電により生じる紫外線で蛍光体を励起して発光を得ており，発光強度はオンとオフの2値しか制御できない．そこで，中間階調を表示するため，"サブフィールド法"により8ビット（256階調）の値が与えられる．図**1-14**では，横方向を画面の水平方向，縦方向を時間軸として表示している．例として，画面の左半分はレベル127，右半分はレベル128の図柄（レベルの近い図柄）が，一定速度で右方向に移動している画像を示した．観察者に起こっている先ほどの2つの仮定（A）（B）が，ここでも成り立つとする．皮膚のように，近

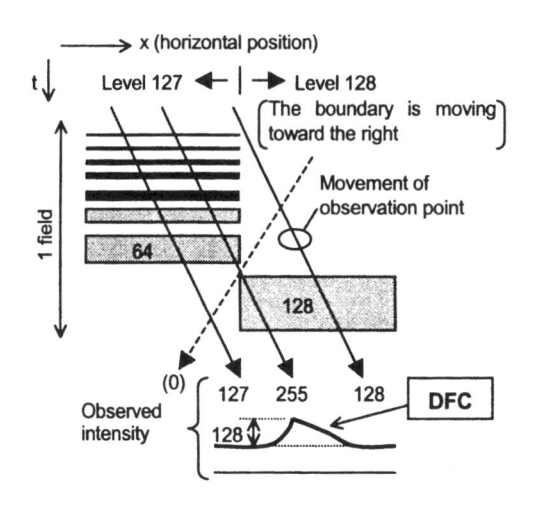

図 1-14．プラズマ・ディスプレイ（サブフィールド法）の"動画偽輪郭妨害"．8ビット表示で近い値をもつ画素同士が隣接して動いているにもかかわらず，結果として非常に大きなレベル差が生じることになる． （栗田，2002より引用）

隣同士のレベル差が近い画像が動くと(ここでの127と128のように)、結果として非常に大きなレベル差(128と255)を生むことになる。これを、"動画偽輪郭妨害(DFC)"と呼ぶ。また、他の方式のディスプレイ(フィールド色順次式ディスプレイ、FSCD)では、カラー画像の場合、図 **1-15**(d) に示すような"色われ"も生じる。

以上、見てきたように、画像の動きに伴って、液晶ディスプレイの場合には"動きぼけ"が、プラズマ・ディスプレイの場合には"動画偽輪郭妨害"が生じ、CRTディスプレイに比べ動画像特性が劣ることになる。顔画像を動かした場合の映像例を、図 **1-15** に示しておいた。

これまでの説明では紹介しなかったが、栗田らは、これらの画像の評価を観察者に求める際に、毎秒480枚の画像更新(リフレッシュ・レートではなく、画像そのものの描き替え)が可能な8倍速CRTディスプレイを開発し(普通のCRTは60枚／秒)、それを用いて、ホールド型表示と指数関数型表示の見え方のシミュレーションを行っている(石黒・栗

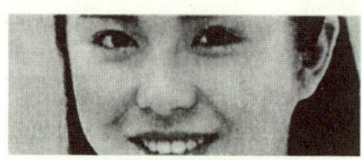

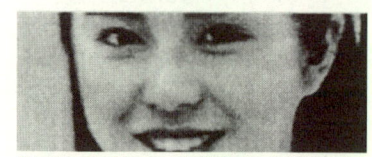

(a) 原画像（CRT表示画像）
(b) TFT-LCDのホールド型表示による動きぼけ
(c) PDPの動画偽輪郭
(d) FSCDの色われ（カラーブレイクアップ）

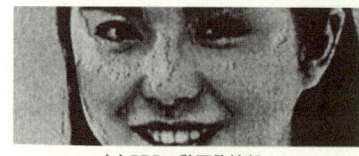

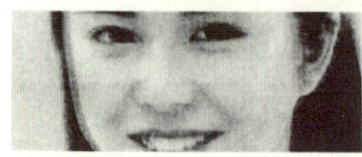

図 1-15. CRTに比べ、液晶（TFT）やプラズマ・ディスプレイ（PDP）が運動表示において劣る点。これまでの説明に登場した3つの欠点について、観察者の目に映る動画像のイメージを計算機シミュレーションにより静止画としてデモンストレーションしている。　　　　　　　　　　　　（栗田、2002より引用）

田,1996).それに加え,毎秒480回,運動画像を表示(8倍速表示)した場合の運動画像の鮮明さの評価も行った.ヨットハーバーなどの変化に富んだ映像の静止画を一定速度で動かしたものを,8倍速CRTに表示する.その画像の動きは,はたして通常の毎秒60枚の画像の動きに比べて,優れた映像と評価されるだろうか.結果は,図**1-16**に示すように,8倍速CRTは明らかに高い評価を得た.求められた評価尺度は,基準画像(実物の写真)に比べての劣化が,(5)「分からない」から(1)「非常に邪魔になる」までの5段階劣化尺度であった.評価対象として使われた3種類いずれの画像においても,特に移動速度が増すにつれて,平均評定値は歴然たる差を示した.8倍速CRTの運動評価の優秀性については,2-3で"window of visibility"という考え方を解説する際に,改めて問題にしたい.

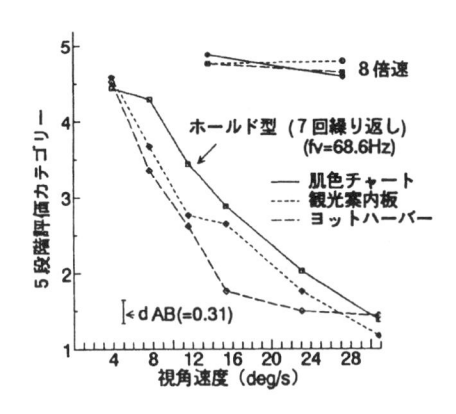

図1-16. 8倍速CRTを用いた運動表示の劣化評価
毎秒480枚の画像更新が可能なCRTディスプレイを用いて,ホールド型ディスプレイの運動表示劣化の程度を観察者に評価してもらう実験が行われた.用いられた画像はヨットハーバーなど3種類だったが,いずれの画像も運動速度が上がるにつれて劣化程度が増した.それに対し,8倍速CRT方式の表示では,ほとんど劣化が認められなかった. (石黒・栗田,1996より引用)

画像表示のデバイス技術は日進月歩の様相を呈している．近い将来，ここで指摘した問題点は克服され，CRTディスプレイよりはるかに優れた運動表示力を，フラット・ディスプレイが獲得する日がくるかもしれない．しかし，装置や刺激の作成の便利さから，実際運動に代えてこれらのディスプレイを運動表示装置として使う際には，少なくとも現時点では，これまでに見てきたさまざまな点から慎重であるべきである．

　最後に，フラット・ディスプレイの性能改善に関するトピックを紹介しておこう．フラット・ディスプレイでは，すべての画像において，同一画像を1/60秒間，提示し続けている．あるメーカーでは，その1/60秒の画像を1/120秒ずつ2分割した上で，同一画像を2度提示する代わりに，2度目の画像を単純な暗い画面でブラックアウトする方式を採用した．それにより，動画像特性がずいぶん向上したと言う（西久保, 2003）．考えてみれば，映画時代から，同じ画像を2度ずつ見せる提示方式が続けられてきたわけだが，仮現運動のメカニズムに照らすと，同じ画像を2度繰り返し，次の画面提示までのISI（刺激提示間隔）を確保しないことは，必ずしも理に適っていると言えない．ISIを確保したことで運動の見え方が改善されたという事実は，教訓的知見として受けとめるべきである．

第2章

ゲシュタルト心理学の金字塔
=Wertheimer(1912)再考

2-1. Wertheimerは何をしなかったか
2-2. 仮現運動は眼球運動で説明できるか
2-3. 実際運動と仮現運動の比較
2-4. 3つの時相の変わり目に起こること
2-5. α運動から始まるWertheimerの仮現運動の類型
2-6. 注意をどこに向けるかにより仮現運動内容は変わる
2-7. 知覚的慣性：ヒステリシスの振るまい
2-8. 脳生理に基づく説明
2-9. 知覚的体制化に対するWertheimerの立場

2章　ゲシュタルト心理学の金字塔＝Wertheimer (1912) 再考

　ゲシュタルト心理学の出発点となったWertheimerの1912年の論文タイトルを日本語に訳せば，「運動の見え方についての実験的研究」となる．100ページを超す長いモノグラフの中で，数十の実験やデモンストレーションが展開されている．ドイツ語で書かれたこともあって，いまさら読む人はほとんどいない．しかしながら，そこで扱われているさまざまな運動現象は，決して古びておらず，今日の運動知覚をめぐる中心的問題であり続けているものも多い．そうした観点に立って，Sekuler (1996) は，この論文の再評価を行った．

　Sekulerは，皮肉を込めて，次のようなコメントから，論文を起こしている．"cite-to-read ratio" という言葉がある．これは，ある論文を読んだ研究者の数を分母とし，そのうち，その論文を自分の研究に引用した研究者の数を分子とする比率のことである．読んだけれどもつまらない論文なら，研究者は自らの論文に引用しない．したがって，この比率が高いほど，専門家のあいだで評価が高いことになる．しかし，いくら何でも，この比率が1を超えることはありえない．なぜなら，読んでいない人がその論文を引用することなどできないからである．ところが，Wertheimer (1912) の "cite-to-read ratio" は，おそらく1を超えるだろうというのが，Sekulerの皮肉である．要するに，読んでいない人まで，この論文を引用している．かく言う筆者も，Wertheimer (1912) を直接読んでいないにもかかわらず，本書でこの論文を引用している．なぜ，このようなことが起こるのか．Sekulerは，次のように説明する．まず，最大の理由は，英訳がないことである．Wertheimerの考え込んだ用語使用や言い回しの難しさのため，翻訳書を出すことは難しい．そうは言っても，完全訳とはいかないまでも，抄訳ならいくつかある．Shipley (1961) は70ページに及ぶかなりの部分の訳出を行っている．また，有名なHerrnstein & Boring (1965) には，7ページの流暢な抄訳がある．さらに，翻訳ではないが，Kolers (1972) の視知覚に関する本では，1つの章全体がWertheimerのモノグラフの解説に当てられており，Wertheimer (1912) の優れた紹介論文になっている．こうした抄訳が，"cite-to-read ratio" を押し上げている

と考えられる．

　さて，ゲシュタルト心理学の創始者がWertheimerであることは間違いない．しかし，Wertheimer(1912)に登場するゲシュタルト心理学の重要発見のすべてが，Wertheimerによって行われたわけではない．彼に先立つ先輩や同僚たちが，彼の論文以前に提案していたことも少なくない．そこで本書でも，Sekuler (1996)に倣って，「Wertheimerは何をしなかったか」との問いから始めることにしたい．

2-1. Wertheimerは何をしなかったか

Wertheimer(1912)の重要な主張の中には，彼以前にすでに発見されていた事実に根ざすものも多い．たとえば，静止物を適切なタイミングで継時的に提示すれば，そこに運動が現れるという，仮現運動の中核部分は，すでに知られていた．しかも，Wertheimer (1912) に先立つ，かなり以前にである．まず，1824年，Peter Rogetがこのことを示す論文を，英国王立協会（Royal Society）に提出していたと，Boorstin (1992)に記されている．また，Exner(1875)は，知覚をより一般的に理解するために仮現運動が重要であることを認識していた．Exnerは，ゲシュタルト心理学前史によく登場する人物で，Wertheimerは彼のもとでポスドク研究を行っていた間柄であった．仮現運動に関してWertheimerが行ったことは，静止物を適切なタイミングで継時的に提示することによって現れる仮現運動に"β運動"と，名前を与えたことである．

　さらに，仮現運動を語るときにぜひとも外せない重要な問題が，時間関係である．継時・運動・同時という3時相の区別も，Wertheimerのモノグラフのかなり以前から，研究者のあいだで知られていた．2枚の刺激図の断続提示の時間間隔が長すぎると，一方が消えてからもう一方が現れる継時時相となる．逆に，時間間隔が短かすぎると，短時間提示される2つの刺激図は同時に提示されたと見える．2枚がちょうどよい時間間隔で提示されたときにのみ，運動が知覚されるのである．このような仕組みで知覚される運動は，対象物が実際に動いてい

るわけでなく「見かけ上の運動」という意味から，"仮現運動(apparent movement)"と呼ばれる．仮現運動のよく知られた応用例は，映画やテレビである．"movie"という言葉の誕生は，たまたまWertheimerのモノグラフ発行と同年だったそうである．

　Wertheimerによるゲシュタルト心理学創設に限らず，新しい学説は，突然始まるのではなく，しかるべき状況が醸成されているところに，明確な主張者が現れて出発する場合が多い．ゲシュタルト心理学誕生とほぼ同じころ，アメリカ合衆国でWatsonによって宣言された行動主義も，そうであった．Thorndikeらの動物心理学研究が盛んに行われていたことや，ロシアのPavlovやBehkterevによる条件反射学という方法論が，行動主義を生み出す土壌となっていた．

　だからと言って，提唱者の価値が小さいわけではない．次節からの解説は，今日の心理学者たちが，Wertheimerによる発見であると知らずに再発見したものも含め，1912年のWertheimerのモノグラフの重要さを証拠立てることになる．

2-2. 仮現運動は眼球運動で説明できるか

先に見たように，仮現運動の発見自体は，Wertheimerに先立つ人たちにプライオリティがある．Wertheimerは，その仮現運動現象に特別の価値を与えたのである．2枚の静止画をバラバラに見つめているときには決して現れることのない性質が，2枚の静止画を適切な時間・空間関係に配することによって現れる事実を，それを核とする学説にまで高めたのである．こうした"刺激布置"によって初めて生まれる性質こそがゲシュタルト質なのだと，彼は考えた．

　ゲシュタルト質の主張を展開するにあたって，Wertheimerはさまざまな仮現運動を取り上げた．そして，仮現運動が生じる理由としてそれまで有力だった眼球運動説を，モノグラフの中で実証的に否定した．仮現運動における眼球運動説とは，2つの点のあいだを眼球が動くことが仮現運動を誘発するという考え方である．1912年当時，眼球運動を直接計測する方法はなかった．そうした制約のもと，彼のとった検

証法は次のようなものであった．

　まず彼は，眼球運動が起こらないように，全工程を10分の1秒で完了させた．広く知られているとおり，ある対象を見始めてから別の位置に眼球が動くには，200ミリ秒という時間を要する．当時，そこまで正確には分かっていなかっただろうが，1秒間の10分の1，すなわち100ミリ秒以内で全工程を終えれば，眼球運動は排除できることは知られていた．

　図2-1を見てもらいたい．まず観察者は，十字型を注視し，その残像を中心窩に形成する．その時点で，第1画像の一部として提示される正方形を注視する．すなわち，残像の十字が正方形に重なるように刺激画像を見るのである．そのとき刺激画面には，正方形以外に，縦棒が提示されている（図2-1b）．十字の残像が正方形と重なっていると観察者が報告した時点で，第2画面に切り替えられる．この画面では，先ほどと同じ位置の正方形と，今度は横棒が提示される（図2-1c）．こ

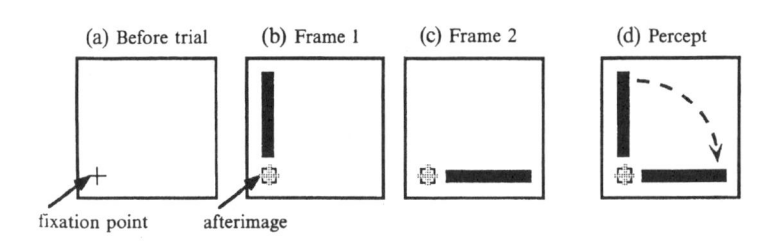

(a) Before trial　(b) Frame 1　(c) Frame 2　(d) Percept

fixation point　afterimage

図2-1．眼球運動が生じない状況でWertheimer（1912）が行った仮現運動実験．左下の＋を残像として目に焼き付け（a），そこに小さな正方形を提示する．それと同時に，（b）のような縦長図形を提示する．次に，適切な時間間隔をおき，（c）の図形を提示する．観察者は，＋の残像が小さな正方形の中に見え続けていることを確認できた状態で，縦長図形が横長図形にどのように変化するかを報告する．この状態で仮現運動が起これば，眼球運動が仮現運動を引き起こしたとする考え方を否定することができる．結果は，眼球運動を伴わなくても，仮現運動が生じると確認されることになった．
（Sekuler, 1996より引用）

の刺激事態において，観察者は，縦棒が横棒へと動く仮現運動を知覚したのである．その間，目は左下の正方形を見つめ続けていた．残像を用いない統制条件においても，同じ見え方が得られた．目が刺激を追わなくても，仮現運動は生じたのである．

　Wertheimerは，眼球運動説を退けるにあたって，次のような実験も行った．図 **2-2** を見てもらいたい．最初，2本の横棒が提示される（図 **2-2a**）．そして，次の第2画面では，先ほどよりさらに上下2つの位置にそれぞれ1本ずつの横棒が提示される（図 **2-2b**）．このとき生じる仮現運動は2組ある．a図で上にあった横棒は，b図では上方向に動く．また，a図で下に位置していた横棒は，b図では下方向に動く．すなわち，異なる方向への2つの仮現運動が同時に起こるのである．このことから，仮現運動は目が刺激を追随することにより生じるという考え方をうち消せる．目が同時に上下に動くことなどあり得ないからである．こうした巧みな方法で，Wertheimerは，今日のような進んだ測定装置を使わずに，眼球運動説を否定したのである．

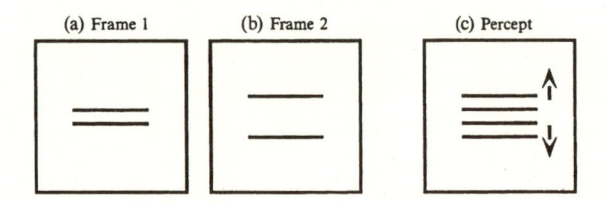

図 2-2. 眼球運動説を排除するために行ったWertheimerのさらなる実験．（a）の2本の線分を提示したあと，適切な時間間隔で（b）を提示する．すると，2本の線分は，上方向と下方向の反対方向への仮現運動を示す．眼球運動は同時に別方向に起こり得ないことから，この事実は眼球運動説を否定するさらなる証拠となる．　　　　　　　　　　　　　　　　　（Sekuler, 1996より引

2-3. 実際運動と仮現運動の比較

Wertheimer(1912)はまた,仮現運動事態と実際運動を並べて同時に提示し,観察者に見比べさせ,両者に違いがあるかどうかを問うた.用いられたのは,図 **2-3** に示すような,玩具に近い用具であった.結果は,最適な時相ならば,仮現運動は実際運動と区別がつかないというものであった.両者に質的差異はないと考えられた.

この事実は,次のような連想を生む.仮現運動と実際運動の刺激の与え方は,物理的事実としては異なっているが,人間の

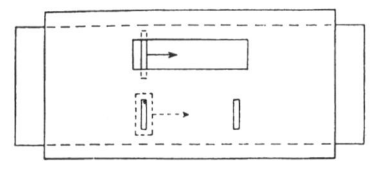

図 2-3. 仮現運動と実際運動を同時に提示するためにWertheimerが用いた用具.これにより,仮現運動は実際運動と区別がつかないくらい滑らかな運動印象であることが確認された.
(Metzger, 1953/1968より引用)

時空間解像能力の限界から,視覚系内での処理過程は両者でまったく変わらないという可能性である.この考え方は,ゲシュタルト心理学における"同型論"と結びつくが,ここでは,ずっと後年になってWatson, Ahumada, Jr., & Farrell (1986)が提案した"window of visibility"との関係を取り上げたい.それは,実際運動を見ているときでも,われわれの知覚系はすべての時刻における変化をアナログ的に処理できるわけでなく,time-samplingしながら,デジタル的に処理しているとする考え方である.視覚情報を処理できる窓は,実際運動のようなアナログ的変化を見たときであっても,仮現運動のように断続的変化として処理しているというのである.

"window of visibility"は魅力的な仮説だが,現実の運動現象を観察すると,安易には受け入れがたい.まず,暗いところで火のついたタバコを円を描くように回してみてほしい.すばやく手を回すと,タバ

コの火は尾を引き曲線に見える．実際運動を見ているときにも，time-samplingされた断続的な映像しか見る能力がないとすれば，タバコの軌跡は，連続線ではなく破線状に見えてもよさそうである．ちょうど，パソコンのマウスを急速に動かすと，コンピュータ画面上で，矢印カーソルが断続的に見えるように．

　後の章で取り上げる"wagon-wheel錯視"が，映画やテレビなど，仮現運動観察時にしか観察されないことも，この考えを支持する．"wagon-wheel錯視"とは，たとえばテレビの自動車コマーシャルで，さっそうと街中や森の中を走り抜ける自動車のホイールが，ゆっくり，または逆方向に回転して見える現象のことである．時刻t1とそれに続く時刻t2における画像を並べたとき，ホイール模様が図**2-4**のような関係になっていたとしよう．そうすれば，本当は

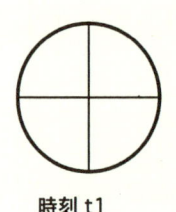

図 2-4. Wagon-wheel現象．時刻 t1とそれに続く時刻 t2の静止画ホイール模様の位置関係が，この図のようであれば，たとえ本当は反時計回り方向の車輪の速い回転であっても，模様のずれの少ない方向，すなわち時計回りにゆっくり回っていると知覚される．

反時計回りにかなりの速さで回転していたとしても，2つの時刻におけるホイール模様のずれの小さい方向，すなわち時計回りにゆっくり動くように知覚される．このような現象が生じるのは，仮現運動事態に限られる．wagon-wheel錯視が実際運動時にも起こるという報告もないわけではないが(Purves, Paydarfar, & Andrews, 1996)，その知見については，6-3で批判したい．

　さらに，1-7で紹介した栗田らの8倍速CRT（480回／秒）が，毎秒60回程度しか描き替えを行わない一般のCRTに比べて鮮明な運動印象を与えるという事実も，われわれの視覚系のアナログ処理性を支持

する."window of visibility"という考え方は,魅力的ではあるが,運動知覚に関して実効性ある仮説とは見なしがたい.

2-4. 3つの時相の変わり目に起こること

すでに述べたように,2つの刺激の提示時間間隔(ISI)の長短によって見え方が異なることは,Wertheimerに先立ち,Exnerが見出していた.すなわち,ISIが短すぎると,2つの刺激は「同時的」に,長すぎると「継時的」に見える.その間の適切な時間間隔に限って,「運動」が観察される.Exnerは,これら3つの時相を区別したが,Wertheimerはさらに,それぞれの時相の変わり目で起こることに注目した.そのような観察から生まれたのが"純粋ϕ"である.これは,「動く"もの"は見えないけれども,"動き"だけが純粋に見える現象」のことである.

さらに,最適時相より少し短い時相では,運動軌道の中間が欠ける"部分運動"が観察されることも,Wertheimerによって示された.さらに,もう少しISIを短くすれば,部分運動の幅は短くなる.Wertheimerが行ったデモンストレーションは,図2-5のようなものであった.

(a) Percept with optimal ISI

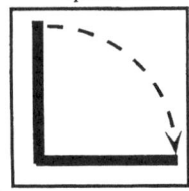

(b) ISI slightly below optimal

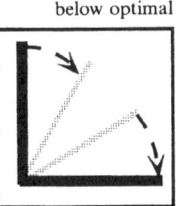

(c) ISI much below optimal

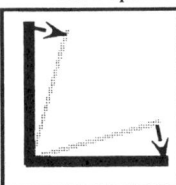

図 2-5. 最適時相より少し短い時相で起こること.Wertheimerは,最適時相(a)より少し短いISI(b)では,運動軌道の中間が欠ける"部分運動"が観察されると報告した.そして,さらにもう少しISIを短くすると(c),部分運動の幅が短くなると言う.
(Sekuler, 1996より引用)

2-5. α運動から始まるWertheimerの仮現運動の類型

"β運動"がある以上,"α運動"もあるのだろうかと,素朴な疑問が湧く.αどころか,"γ運動""δ運動"なども類型化されている.これらのうち,特に興味深いのは,"γ運動"である.何もなかったところに,突如,正方形が現れたとする.こうした"無から有"の変化を見ると,われわれは小さいものが,瞬間的に拡大して正方形になったように知覚する.これが,"γ運動"である.ただし,この命名は,WertheimerではなくKenkel (1913) によるそうである.

映画史の初期,手品興行師のメリエスが映画を活用し,娯楽映画のジャンルを切り開いた.映画は,いままで何もなかったところに突然,人でも何でも登場させる"無から有"を生む魔力をもっている.20世紀初期には,このような視覚経験は,人々にとって未知のものであった.現在のわれわれは,テレビや映画を通して,現実生活ではおよそ

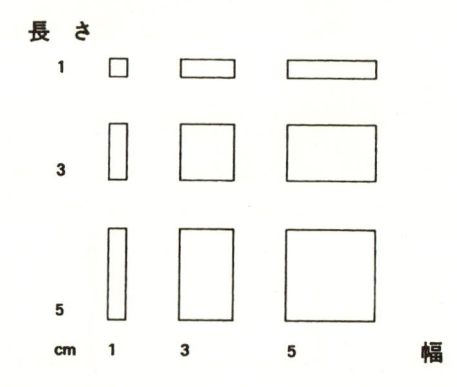

図2-6. Kanizsaが偏向γ運動の実験に用いた刺激.1辺3cmの正方形の横に,この図に示した9種類の四角形のいずれかを提示する.突然現れたこれらの図形は,隣にある正方形の方から広がっていくように知覚される.これが,偏向γ運動である.9種類の図形の違いにより,偏向γ運動の現れ方は違ってくる.
（Kanizsa, 1979/1985より引用）

起こり得ないこうした視覚体験にさらされている．"γ運動"は，20世紀の始めならではの発見であった．当時と現在とでは，"視覚の文法"が違っていると言うべきかもしれない．

その『視覚の文法』という邦題をもつKanizsa(1979/1985)の書物の中に，"偏向γ運動"に関する彼自身の研究が紹介されている．この実験が論文として報告されたのは1951年で，映画の誕生と現在とのちょうど中間あたりの人々の"視覚の文法"を捉えたものである．1辺が3cmの正方形(P)の横に，図**2-6**に示した9種類の四角形のいずれか(それをAと呼ぶ)を提示する．Pは均質視野に常時提示されており，突然，その横にAが現れる．すると，ただのγ運動の場合のように，Aの真ん中から拡大するように見えるのではなく，Pに近い側から広がっていくように見えることが多い．これを，"偏向γ運動"と呼ぶ．その現れ方には，図**2-7**に示したようなバリエーションがある．偏向しないただのγ運動が報告されることもあるが，その際にも，図**2-8**に示すようなバリエーションが認められる．偏向γ運動にとってもっとも有利な条件は，PとAが空間的に隣接し，PとAの向かい合った辺の長さが等しく，Aの幅が短いことである．偏向の頻度は，図形間(PとA)の距離が増大するにつれて，また，Aの幅が増大するにつれて，しだいに減少する．

隣接図形の存在が偏向γ運動を促進するという事実は，ゲシュタルト心理学の基本概念である"刺激布置"の重要性を裏づけている．そ

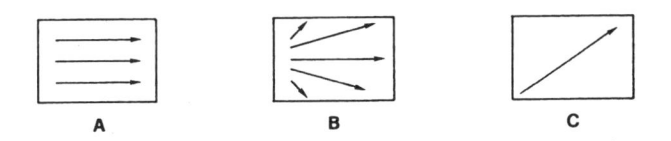

図 2-7．偏向γ運動における図形の広がり方のバリエーション．隣接する正方形の側から広がるという点では共通するが，一瞬のことではあるが，注意深く観察すると，いくつかのバリエーションがある． (Kanizsa, 1979/1985より引用)

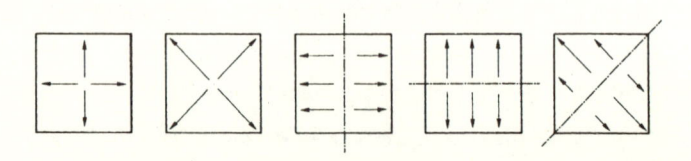

図 2-8. γ運動の広がり方のバリエーション．偏向γ運動だけではなく，ただのγ運動の場合にも，同時に提示されているはずの正方形が，一瞬のこととは言え，さまざまな広がり方をする．このような観察態度を通して，現象を重視するゲシュタルト心理学の姿勢が，Kanizsaに明確に受け継がれている．
（Kanizsa, 1979/1985より引用）

れと同時に，注意を向けているところから運動が始まるという，次節で取り上げる Wertheimer 自身が注目したトピックともつながっていく．

2-6. 注意をどこに向けるかにより仮現運動内容は変わる

Wertheimerは，一般論として，注意の向けられているところに仮現運動が起こりやすいと述べている．この見解は，少し奇異に感じる．なぜなら，注意を向けているところとは，多くの場合，視線の向いているところである．その位置の映像は網膜中心窩で捉えているので，目の前で起こっている客観的事実が正確かつ精密に捉えられるはずである．すなわち，解像度の甘さによるごまかしがきかない部位である．にもかかわらず，その部位で，実際には断続提示されているものが，仮現運動として連続的に見えやすいとは，いったいどういうことなのだろうか．

中心窩で捉えている映像に仮現運動が起こりやすいことの積極的理由として，次のことが考えられる．中心窩付近には錐体細胞が密集しており，空間解像度において周辺視野領域より格段に優れている．しかし，時間分解能となると，錐体細胞は，視野周辺部位に分布する桿体細胞に劣っている．したがって，視野周辺部では断続性に気づいて

も，視野中心部では連続運動に見えやすいことは十分に起こりうる．たとえば，弱ってきた蛍光灯は，ビリビリと点滅印象を与える．と思って，その蛍光灯に注目すると（中心窩で捉えると），点滅感は失せてしまう．中心窩の方が，視野周辺部より時間的感度が低いのである．

Wertheimer が行った実験は，図 **2-9** のようなものであった．まず，画面に短い垂直棒が提示される．次の瞬間，画面は長い水平棒に切り替わる．起こりうる仮現運動は，第 1 画面の垂直棒が左に向かって倒れるか，右に向かって倒れるかのどちらかである．すなわち，仮現運動がどちらに向かって起こるかは，多義的となる．ここで，もし注意を，あらかじめ水平棒の左端が現れる位置付近に向けておくと，仮現運動は断然，左に倒れる方向に起こりやすい．逆に，注意をあらかじ

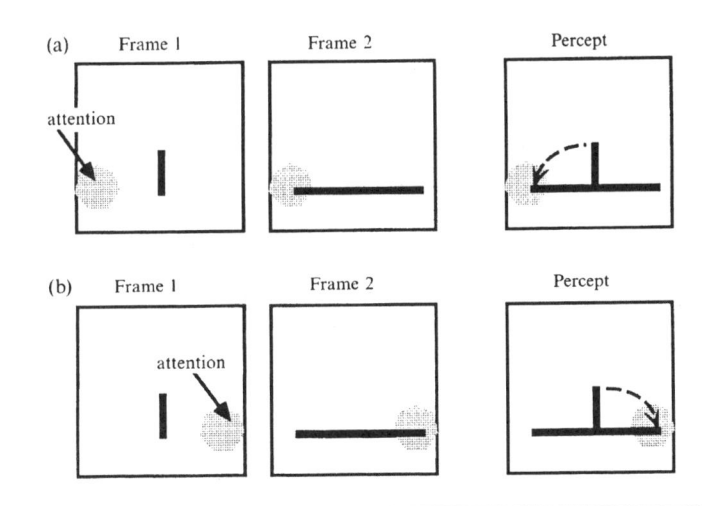

図 2-9．仮現運動は注意が向けられている方向に起こる．垂直棒が長い水平棒に切り替えられたとき，左右どちらに倒れる方向への仮現運動が起こるかは多義的である．しかし，注意をあらかじめ，水平棒が現れる位置の右端か左端のあたりに向けておくと，仮現運動はその方向に向かって生じる．

（Sekuler, 1996より引用）

め水平棒の右端が現れる位置に向けておくと，今度は右に倒れる仮現運動が起こりやすくなる．このようことから，「仮現運動は注意の向けられているところに起こりやすい」と言えるのである．

　Wertheimerの行ったこのデモンストレーションは，日本の研究者たちによるある研究を連想させる．Hikosaka, Miyauchi, & Shimojo (1993a,b)の"受動的注意"に関する研究である．コンピュータ画面の中央に注視点が提示される．観察者が注視点を見ているとき，画面上部の左端か右端のどちらかに視標（先行刺激）が提示される．被験者は，たとえ視標が提示されても，画面中央の注視点を見続けるように指示されている．そして，画面上部の視標提示からわずかに遅れて，長い水平バーが提示される．一連の刺激内容は，図2-10に示したとおりである．この実験のねらいは，以下の点にあった．3枚目の水平バーの提示に先立ち，バーの左端か右端のいずれかに「先行

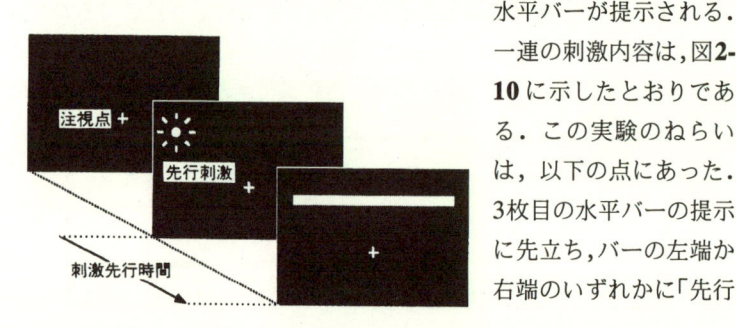

図2-10. Hikosaka et al.（1993a,b）の受動的注意の実験．長い水平棒の提示に先立ち，その直前に左右どちらかの端に光点を短時間提示すると，同時に提示されているはずの長い水平棒が，先行光点の出された方から線を引くように知覚される．これは能動的注意に先立つ"受動的注意"の機能だとHikosakaらは考えたが，この知見の本質的部分は80年前のWertheimerに示されていたことと共通している． （宮内，1994より引用）

刺激」として光点が与えられると，水平バーが，本当は同時提示されているのに，観察者には先行光点の側からスーと引かれるように見える．この効果は，先行刺激の「刺激先行時間」が50ミリ秒もあればほとんどの観察者に現れ，90%以上の試行で，「引かれるような提示」が

報告される.「刺激先行時間」がそれより長くなれば，この知覚印象はほぼ100％に達し，1000ミリ秒あたりまで，効果が持続する．一連の刺激提示のあいだ，観察者は注視点を見続けることだけを求められており，「先行刺激が点灯したらそれに注意を向けなさい」などの指示は一切与えられない．すなわち，「先行刺激」への能動的注意は求められない．しかも，能動的注意が機能するためには，少なくとも数百ミリ秒の潜時が必要と考えられている．そこで彼らの下した結論は，この効果はもっと自動的で生理的な"受動的注意"が働いているというものであった．しかし，"受動的注意"という理論的問題を横に置いて，彼らの扱った現象だけに注目すれば，先に紹介したWertheimerの実験と類似していることに気づく．

　1912年のWertheimerのモノグラフを解説したSekuler(1996)も，両者の類似性を指摘しており，その後，Hikosakaらの研究は，Reber(1995)により"law of prior entry"として一般化されたと紹介している．それは，「同時提示された2つの刺激のうち，注意が焦点化されている方が最初に生じたと知覚される」とする法則性である．Hikosaka et al.(1993a, b)には，Wertheimer(1912)は引用されていない．彼らの研究を引くことによって，Sekulerは，80年以上も前のWertheimerの論文が，たとえ知覚の専門家によっても，いまはもう，直接には読まれていないことを指摘したかったのである．

2-7. 知覚的慣性：ヒステリシスの振るまい

Wertheimerは，先に示した図**2-1**のような縦棒と横棒の2枚の刺激を交互に繰り返し提示している途中に，観察者が予期しないタイミングで，たとえば縦棒の提示を間引くというcatch-trialsを挿入した．1回だけ，そのような間引きを入れても，観察者はほとんどそのことに気づかない．2, 3回分，連続して縦棒刺激を省略すると，やっと観察者は，「運動が短くなった」とか，「部分的になった」と報告すると言う．当然交互に出現すると予測して見ていると，実際には提示されていないにもかかわらず，提示されたときと同じような見え方がしばらく持

続するのである．Wertheimer は，1912年の時点で，このような予期的構えの効果を，仮現運動を材料にデモンストレーションしていた．

なぜ，このようなことが起こるのか．Wertheimer は，これと類似の原理で起こる事例として，図 **2-11** をあげている．普段，仮現運動は，2つの刺激間の運動距離が短い方，すなわち近い方に向かって生じる．(a)の場合は右に倒れ，(b)の場合は左に倒れる．ところが，(c)のよう

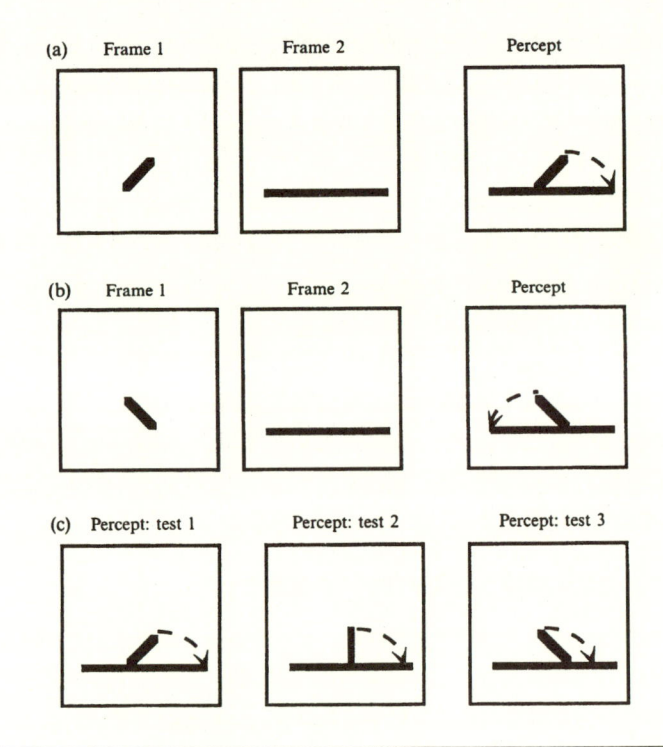

> 図 2-11. 仮現運動における予期的構えの効果．仮現運動は運動距離が短いもの同士のあいだで起こるのが一般である．すなわち，a では右方向へ，b では左方向へ倒れる仮現運動が起こる．しかし，c のように順に誘導すれば，それまでと同じ方向への仮現運動が現れ続けることを，Wertheimer は見出した．
> （Sekuler, 1996より引用）

に順に誘導していけば，たとえ遠い方向への運動であっても，仮現運動を起こしうることを見出した．

catch-trialsを利用した先の例は，運動そのものを続けようとする性質を示していた．それに対し，あとの例は，運動方向をいままでどおりに見続けようとする性質を扱っている．両者に共通するのは，物理的刺激内容は変化しているのに，知覚系は即座にその変化に反応せず，それまでどおりの知覚を維持しようとする性質である．この性質は，物理学での"慣性"あるいは"ヒステリシス(履歴現象)"という概念を連想させる．"慣性"とは，「力が働かない限り，物体がその運動状態を続ける性質」であり，"ヒステリシス"とは，「ある量の大きさが，変化の経路しだいで異なること」を言う．物理法則からのアナロジーが，ここにおいても成り立っている．

Wertheimerは，さらに別の例をあげる．仮現運動が起こりやすい"最適時相"から，ISIを少しずつ短くし，本来ならもはや仮現運動が起こらない"poor"な時相になっても，仮現運度は見え続ける．逆に，"poor"な時相から"最適時相"へISIを変えていくと，本来なら運動が知覚される時相になっているのに，仮現運動は現れない．これまでどおりの見え方を続けようとするという意味で，これもまた"知覚的ヒステリシス"である．

Sekuler (1996) は，このような運動のヒステリシス効果について，Ramachandran & Anstis(1983)の次の見解を引用し，物理世界と類似した法則性が知覚において機能するとの考え方を支持した．すなわち，「視覚系は，Newton法則が成立する世界から情報を引き出しているわけだから，知覚法則がNewton法則に適うことはむしろ当然」と言う（この点に関するRamachandran & Anstisの示した運動現象については，8-7で改めて取り上げることにする）．

2-8. 脳生理に基づく説明

ゲシュタルト心理学は，われわれの知覚体験が，脳の中での神経活動と1対1対応していることを，当初から念頭に置いていた．"同型論＝

isomorphism"として知られる考え方である．Wertheimerなど，ゲシュタルト心理学初期の研究者たちが活躍した時代，脳内の複雑な神経活動はまだよく分かっていなかった．そのため，同型論に関する彼らの主張は実証的なものではなく，概念的なものであった．ところが，時代がくだり，脳の神経活動が明らかになるにつれて，初期のゲシュタルト心理学者たちが仮定していた仕組みが脳に存在しないことが判明し，そのためゲシュタルト心理学全体が批判されたこともあった．このようなわけで，知覚と脳活動の対応というアイデアは，ゲシュタルト心理学にとって命取りになりかねない危険性をはらむものであったが，知覚を脳活動として捉えようとする姿勢は，創始者であるWertheimerからつとに打ち出されていた点は指摘しておくべきである．1912年のモノグラフに示されている次のエピソードも，その姿勢をうかがわせる．

今日では，ドイツの神経学者Zihlら（Zihl, Cramon, & Mai, 1983; Zihl, Cramon, Mai, & Schmid, 1991）の症例としてよく知られていることだが，Wertheimerは，1911年にPotz博士が報告した脳損傷の症例に強い興味を抱いた．そして，その年の夏，WertheimerはPotz博士とコンタクトをとり，博士の患者に繰り返しテストを行う機会を得た．残念ながら，その患者さんは，後のZihlらの症例LMのように純粋な症例ではなかったので，脳内に運動知覚を司る部位の存在を確証できるまでは至らなかった．要するに，その患者は，脳に広範囲な損傷を被っていて，知性全般が衰えていたため，運動視以外の機能も低下していた．それでもその患者は，対象物の色などの認識はできるものの，動きの知覚に特異的な障害を推測させた．

ここで，先ほどから引き合いに出している，のちの時代のZihlらの症例を紹介しよう．世界的に有名なこの症例については，さまざまな研究者が言及しているが，ここではHoffman (1998/2003) の詳しい解説を引きたい．

1978年10月，43歳の女性LMが，ほとんど意識のない状態で

病院にかつぎ込まれた．それに先立つ3日間，彼女はひどい頭痛と吐き気に襲われていたのだった．いくつもの検査の結果，大脳左右両半球の，側頭葉と後頭葉の中間部分の側面が，脳卒中により損傷を受けていることがわかった．（邦訳書，p.186）

脳のある部位に血液を供給する血管がつまったため，その部位が壊死してしまったのである．

それから19か月後の1980年5月，LMは神経科医ジョゼフ・ジールによる再検査を受け，ほとんどの点で正常だと診断された．名前を覚えることに若干の問題があったものの，それもどうにか正常範囲内だという検査結果だった．読み書きや計算もでき，思いどおりに身体を動かすこともできた．しかし，1983年のジールの報告にあるように，彼女は1つだけ，奇妙な症状を訴えていた．（p.186）

‥‥中略‥‥

その患者が訴えていた視覚的症状とは，三次元の動きがまったく感知できないというものだった．たとえば，紅茶やコーヒーをカップに注ごうとしても，液体が氷河のように固まって見えるため，うまくいかない．また，カップの中の液面がせり上がってくる動きが分からないので，ちょうどよいタイミングで注ぐのをやめられない．さらには誰かと話すときにも，相手の顔の動きや，とりわけ口の動きが見えないため，会話を続けることが難しい．何人もの人が動き回っているような部屋では，彼女はいつも，とても不安で気分が悪くなり，すぐに室外に出てしまうことが多かった．「いろいろな人の姿が突然あちらこちらに出現するのに，動いているのは全然見えない」からだ．混雑した場所や道路ではその現象がもっとひどいので，できるだけそのような場所に出るのは避けているとのことだった．車は問題なく見分けられるのだが，どのくらいのスピードで向かってき

ているのかがわからないため，道を渡ることもできなかった．「最初に見たとき，ずいぶん遠くに車が見えるから道を渡り始めると，突然，その車がすぐそばまで来ているんです」と彼女は言った．やがて彼女は，車の音が大きくなってくる度合を手がかりに，車との距離を"推測する"すべを身につけはじめた．(pp.186-187)

これこそ，80年前にWertheimerが出会った患者の純粋症状である．もし，WertheimerがこのLMに出会っていたなら，たとえ脳の機能がよく分かっていなかった当時であっても，運動知覚を司る部位の存在を，Wertheimerは確信していたに違いない．今日に至るまで，世界広しと言えども，LMのように運動知覚中枢のみが限定的に傷害された症例を見出すことは不可能に近い．その理由は図**2-12**を見れば明らかである．脳の中で左右に離れた2箇所が同時に損傷を受け，しかも他の部位は健常なままであることは奇跡に近い．われわれの脳に備わっている左右2つの半球は，このことからも分かるように，優れたセキュリティ・システムと言える．どちらか一方でも機能していれば，運動は知覚できる．もし，Wertheimerの出会った患者がLMのような純粋症例

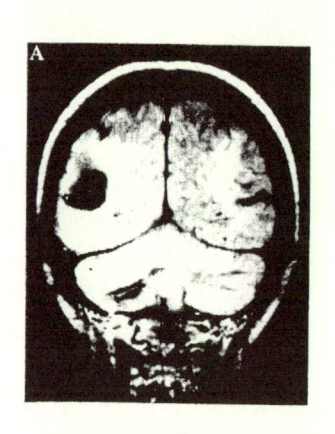

図 2-12. 運動知覚中枢が両側性に障害されたLMのMRI画像．前額平行面で切り取られた画像で，向かって左側が右半球の画像である．黒く見える損傷部位は，右半球の方が大きく，左半球では小さい．しかし，ともに運動知覚中枢が損傷されている．ある特定の機能が働かなくなるには，ごく限られた部位の左右対称位置がともに損傷を受けていなければならない．LMは，非常に稀なこのような障害を被ることになった． (Zihl et al., 1983より引用)

であったなら，ゲシュタルト心理学と神経生理学の関係は，もっと密接になっていただろう．そしておそらく，"同型論"はゲシュタルト心理学の中心的ドグマになっていたに違いない．そうなっていたことがゲシュタルト心理学にとってよかったのかどうかは，判断の難しいところである．

2-9. 知覚的体制化に対するWertheimerの立場

ゲシュタルト心理学の遺産のうち，今日もっとも広く受け入れられているものは，"体制化"という考え方だろう．この言葉は，現在では，要素が組合わさることによって新たな働きを築き上げることを言い表す際に広く用いられている．ところが，Wertheimerのモノグラフでは，意外なことに，知覚の体制化のような"布置"の重要性を予兆させる観察はほとんどなされていなかった．それを示唆するものは，わずかに図**2-13**などにすぎない．図中(a)では，2つの水平棒が継時的に提示されるのだが，タイミングが悪くて最適時相からは外れているとしよう．ところが，不適切な時相にもかかわらず，(b)のように，2本の水平棒を結びつける付加物を与えると，先ほどまで見えなかった水平棒の仮現運動が現れるようになる．同じような付加物であっても，(c)や(d)のように，両者を結びつける役割を担えない要素であれば，すなわち"体制化"を促さないものなら，動きの知覚は導かれない．

　ここに示した図は，Wertheimerがモノグラフの中で言及したわずかな記述をもとに，Sekuler(1996)が作図したものである．このことからも，Wertheimer自身は，体制化につながる主張を重要視していなかったと言える．どうやらWertheimerは，この図に表した付加物を，図形的効果そのものの検討を意図して付け加えたのでなく，注意が運動に及ぼす効果の延長線上に位置づけたかったようである．"体制化"という，ゲシュタルト性への全面的関心は，Wertheimerのもとで学位をとったMetzger(1934)やTernus(1926/1938)による1912年以降の20年間の仕事をまたなければならなかった．

　1912年に著され，ゲシュタルト心理学の金字塔とも言うべき，

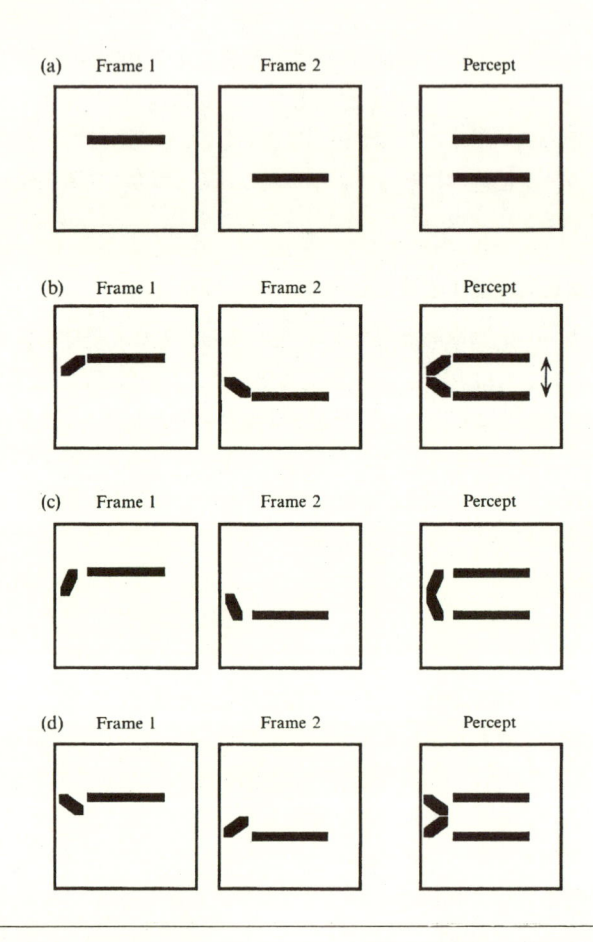

図 2-13. Wertheimer（1912）のモノグラフに登場する"体制化"の考え方を予兆させるわずかな指摘．（a）のように，2つの水平棒が仮現運動を起こすための適切な時相から外れて提示されると，当然仮現運動は知覚されない．ところが，（b）のように，2本の水平棒を結びつける付加物が与えられると，水平棒の仮現運動が知覚される．同じような付加物であっても，（c）や（d）のように，両者を結びつける役割を担えない要素なら，仮現運動は起こらない．この事実は，適切な"刺激布置"が"体制化"を促すという，のちのゲシュタルト心理学の重要な主張を示唆するものである．

（Sekuler, 1996より引用）

Wertheimerのモノグラフは，本章で見てきたように，今日では運動現象を真剣に研究しようとする人たちにさえ，直接読まれることがほとんどない．何と言っても，百年近く前の，しかもドイツ語で書かれた難解な用語使用が，近づくことを難しくしている．モノグラフの中の，ごく一部の知見のみが，運動現象への心理学の原点として言及されるにすぎない．その現状を批判し，彼のモノグラフが，実は今日でもなお問題に据えるべきことを多く含んでいる点を指摘したのが，Sekuler (1996) であった．本章では，彼を案内人に，その点を実感することに努めた．

第3章

Benussiから始まるイタリア知覚心理学

3-1. 触覚における仮現運動
3-2. 純粋φに対するBenussiの姿勢
3-3. 運動軌道は最短距離とは限らない
3-4. ベクトルによるモデル化を示唆する現象
3.5. τ効果とS効果
3-6. Grazを去ったBenussi
3-7. BenussiとMusattiの共同研究：SKEの発見
3-8. BenussiとMusatti以降のイタリア知覚心理学

3章 Benussi から始まるイタリア知覚心理学

Wertheimer(1912)の同時代,運動現象を実験現象学の立場から真剣に見つめた学派があった.19世紀から20世紀への変わり目に,Alexius Meinongによって導かれた,哲学者と実験心理学者のグループ,Graz 学派である.Grazとは,オーストリア南東部の都市で,彼らの活動の拠点がドイツ語圏のGraz大学にあったことからそう呼ばれている.本章で中心的に取り上げるVitorrio Benussi (1878-1927)は,そのメンバーの1人ではあったが,総帥Meinongとは一線を画し,後年,出身国のイタリアに帰り,イタリア実験心理学の祖となった.

Wertheimerでさえ,今日彼の業績を直接読むことが容易でないことを考えると,おそらくそれよりはるかに知名度の低いBenussiの行った運動観察を探索することは困難を極めると予想された.特に,わが国での知覚心理学の歴史理解は,Wertheimerを祖とするBerlin学派のゲシュタルト心理学に傾いており,傍流であるBenussiなどイタリア知覚心理学を追うことは困難である.読者の中には,Benussi という名前すら聞いたことのない人も少なくないはずである.

そのようなBenussiだが,わが国にゲシュタルト心理学が紹介された当時,運動知覚における彼の業績をかなり詳しく紹介する書物が出版されていた.佐久間(1933)の『運動の知覚』である.この書物は,取り立ててBenussiを取り上げたものではないが,紹介されている運動現象の半ば近くが,彼の研究で占められている.Wertheimerも1912年のモノグラフの中でさまざまな運動現象を扱ったが,それにもまして研ぎ澄まされた観察力をもって運動現象に挑んだのがBenussiであった.しかも彼は,運動現象を理論構築の手段に安易に利用しようとしなかった.本章では,佐久間(1933)の解説を手がかりに,Benussiの運動観察を,今日的視点から追体験していきたい.

3-1. 触覚における仮現運動

"運動視"とは,当然のことながら視覚における運動現象のことである.しかし,運動知覚は必ずしも視覚だけのものではなく,触覚においても,聴覚においても起こりうる.Benussiは,あまり近すぎない

皮膚上の二箇所に短い時間，継時的に触れると，視覚的な仮現運動と同じように，触覚的運動印象が生じることを観察した．そして，この刺激をしばらく周期的に反復すると，第一のaから第二のbへの運動に続いて，bからaへの逆もどりの運動も体験された．しかも，apbPapbP…と続く系列の，pとP(ともにISI)の時間差を大きくしていき，p：Pの比率がたとえば1：7に及んだとしてもなお，往復運動との印象が続くことを見出した．これは，視覚には見られない，触覚における仮現運動の特徴である．

　Benussiはまた，触覚刺激のための特殊な装置を考案し，盲人と晴眼者の触覚刺激に対する運動の出現様相の違いを比較した．その結果，触覚的運動印象は，晴眼者よりも盲人で鮮明であることが分かった．また，触覚的2点弁別の感受性が高い皮膚部位(前腕よりも掌，掌よりも前額部で弁別性が高い)で行うほど，次のような基本現象が明確に現れやすかった．それは，2点間の運動が，弓形を描いて皮膚上の2局所間の空中を進行するという知覚印象である．

　この種の"弓形運動"は，視覚的仮現運動では観察されない触覚に固有の運動印象と考えられるが，その運動印象は2点間の皮膚上に局限されず，空中に飛び出した動きと感じられる点が興味深い．この点に注目したBenussiは，さらなる現象観察を重ね，運動印象が，触知された皮膚上の2点を通り，円環を描く軌道をとることに気づいた．2点を刺激する往復の時程を長い方から少しずつ短くしていくと，空中を通る往復運動がやがて環状に一方向的に進行するようになり，さらに円運動になって，完全に連続的運動となる．実際に刺激されている皮膚上の2点が，その進行途上で触れられるように感じる．そして，感じられる円運動面は，刺激されている皮膚面と垂直になることが多い．たとえば，片腕の2点を刺激した場合，円運動は腕を貫き，一方の接触点で上から触れられるとすれば，他方の点では下から触れられることになる．このような感覚は，2点を1度だけ刺激する個別的観察では得られず，Benussiが行った交互刺激の繰り返しによる持続的観察事態で認められる現象である．円運動は，ちょうどその印象がぼんや

りしたかと思ううちに，その方向が変わることがある．また，その半径を縮めて，小さな円になっていくとともに，速やかになる．さらに2点の刺激の時程を短くしていくと，ついには円運動がなくなって，何か動くものが速やかな往復運動をしながら，皮膚にちょくちょく触ると感じられるようになる．

ここで，点aを刺激し次に点bを刺激するまでの休止時間(ISI)と，bを刺激してからaを刺激するまでの休止時間が異なっていても，たとえば前者が400ミリ秒で後者が1200ミリ秒と1：3の違いがあったとしても，持続的観察事態では往復運動から始まって円運動が知覚されるようになる．それに応じて，両休止時間の物理的違いも感じられなくなっていく．

さらに，円運動が知覚される皮膚局所の空間的隔たりには，事実上限界がないようで，思い切り両腕を左右に拡げた状態で，両手の中指の指先同士を刺激した場合でも，観察者によっては，運動を感じることができた．これだけ距離が離れていると，空中を動く円運動がどの時程で生じるのかが気になる．すなわち，運動は，どちらかの局所の刺激中ではなく，刺激の休止時間に限られるのかどうかという問題である．Benussiによると，休止時間は運動現象の生起と持続にとって副次的なことにすぎず，局所を刺激している時間が主観的には大部分，運動時間として現れると言う．すなわち，休止時間と運動時間は刺激とは対応しないのである．

3-2. 純粋φに対するBenussiの姿勢

前章2-4で，Wertheimerが発見した"純粋φ"という運動感を紹介した．これは，視覚的仮現運動において，"動き"は見えるのに"動くもの"は見えないという，運動感だけが純粋に生じる現象を指している．『運動の知覚』の著者，佐久間は，この現象の存在には当初から疑念があったと指摘する．本章で取り上げているBenussiをはじめ，"純粋φ"の存在を強く否定するする人がいたそうである．

"純粋φ"とは，物理的実体ではなく，限られた時相でしか起こらな

い微妙な知覚現象を言い表す用語である．名前だけが一人歩きすると，さも実体として存在するかのように誤解されかねない．観察者Aが，ある物理的時相のもとで"純粋φ"を体験したとする．しかし，それとまったく同じ物理的時相であっても，観察者Bが"純粋φ"を体験するとは限らない．こうした個人差は，心理現象にはつきものだが，それに加えて，初期の研究者たちの"純粋φ"に対する意見の不一致の原因は，"観察態度（構え）"の違いにあった．観察者が目の前で起こっていることの仕組み（プロセス）に焦点を合わせて観察していると，「動くものが見えないのに動きだけが見える」という現象は捉えにくい．それに対し，見えていることの意味に注目して観察すると，"純粋φ"は捉えやすい．WertheimerやBenussiらが大切にし，注意深く観察していた運動現象は，このようなデリケートな観察行為の上に論じられるものであった．

3-3. 運動軌道は最短距離とは限らない

"純粋φ"をめぐる議論は，現象の確実性に関して不安定さが否めない．本節では，Benussiが観察したさまざまな運動現象の中から，もう少し安定した運動軌道に関する知見に注目していきたい．

まず，"BenussiのM運動"と呼ばれる，同伴運動から紹介しよう．図**3-1**を，縦線aと横線bが交互に往復提示される持続的観察事態で見たとしよう．"持続的観察"とは，2枚の刺激図版を，ある時間設定で一度だけ提示するのではなく，何度も繰り返し提示し，それを観察し続けることを言う．このような観察事態に

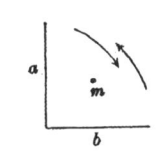

> 図 3-1． BenussiのM運動．線aと線bを仮現運動が生じる時相で繰り返し交互提示すると，線分が仮現運動するのに同期して，あいだに置かれた点mは，同一位置で静止しているにもかかわらず，線分の仮現運動と同じ方向へ少し随伴して動くように知覚される．　　　　　　　　　　　　（佐久間，1933より引用）

おいて，両刺激図版に共通する刺激として，点mが加えられる．すると，mは客観的には同じ位置で静止しているにもかかわらず，aからb，bからaへの線分の仮現運動に伴って，点mもそれに同伴して少し動くように知覚される．この現象自体はWertheimerによって観察されたものだが，これをBenussiは，"M運動"と名づけた．

次に紹介するのは，"運動牽引（A運動）"である．図3-2のように，それぞれの図版が明るい線と点から構成されている図形aとbを最適周期で継時的に提示し，持続的観察事態で受け身的に眺める．すると，両点の往復運動の軌道

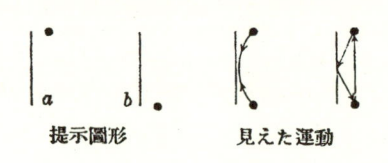

提示図形　　　見えた運動

> 図 3-2． Benussiの運動牽引〈A運動〉．aとbの2つの画像を仮現運動が起こる時相で提示すると，線分の横の点は，本来なら最短距離を直線的に運動するように見えるはずだが，点の軌道が線分の方へ曲がり込んで，線分に接触して動くように見えることがある．また，一方の点が線分の中に入り，そこからもう一方の点に向かってまっすぐ戻るという印象が生じることもある．
> （佐久間，1933より引用）

は，物理的事実どおり左の線分と平行に動くことも多いのだが，ときに点の軌道が線分の方へ曲がり込んで，線分に接触して見えることもある．さらに，一方の点から線分の中に入って，そこからもう一方の点に向かって動き，その点から前の点にまっすぐ戻るという印象が生じることがある．これが，"運動牽引"である．

さらに，正三角形の3頂点位置に配された3点の順次点滅，正方形の4頂点位置に配された4点の順次点滅という単純な仮現運動事態を考えよう．当然これは，光点間を最短距離で直線的に進む軌道が現れ，正三角形や正方形に安定して見えるものと予想される．ところが，順次点滅を持続観察すると，三角形運動や正方形運動は，やがて円運動に変わっていく．図3-3の事態である．

このような円軌道の知覚は，ごく単純に，2点の交互点滅の繰り返し状況においても観察される．約10cm離れた2点

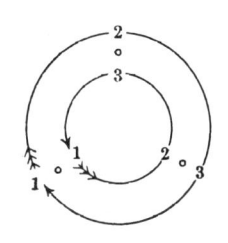

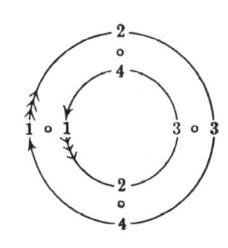

図 3-3. 3頂点や4頂点の順次点滅が円軌道として知覚されることがある．正三角形の3頂点位置に配され3点の順次点滅（左図），正方形の4頂点位置に配置された4点の順次点滅という単純な仮現運動事態では，運動は直線軌道をとらず，円運動に見えることがある．　　　　　　　　　　　　　　　　　（佐久間，1933より引用）

を周期的に相続いて露出し，露出時間を間隔時程（休止時間）よりもはっきり長くすると，やや長い観察時間を経たあと，次のような見え方が現れる．すなわち，はじめは直線的に行ったり来たりするが，その両端で休んでいた点が，ゆっくりとしかし休みなしに円を描いて動き始める．動いている円の平面は，水平面か，それに対して15度ないし25度傾いた面となる．

　本節で紹介した運動軌道に関する観察は，凝った刺激や複雑な観察事態を必要とせず，きわめてシンプルな刺激事態で可能ある．「実際の動きはこうだ」と決めつけることなく，ナイーブに観察することの重要さを認識して臨めば，気づきうる運動事象である．Berlin学派のゲシュタルト心理学においても現象観察は重視されたが，Benussiは，さらに徹底して，現象への注意深い接近を実践していたのである．

3-4. ベクトルによるモデル化を示唆する現象

細心の注意と微妙な知覚印象の観察をもって臨んだことにより，Benussiは，運動知覚の法則的理解につながる現象と少なからず出会うことができた．今日では，複数の刺激要素の動きから全体の動きが合成され，その残余として個々の要素の運動印象が生じるという，い

わゆる運動のベクトル合成と分解モデルが広く認められている．本書でも，この問題については第5章で取り上げるが，Benussi も，ベクトルを当てはめることが適切と考えられるいくつかの運動現象に出会っていた．

1つ目の例は，運動が，仮現運動の組み合わせによって生じることを示す現象である．図 **3-4** を見てもらいたい．第1画面（同図a）では，上向きの山型(実線)と左向きの山型(破線)が両者の頂点のところで組合わさって提示される(実際の刺激も，実線と破線で提示される)．続いて提示されるb図では，下向き山(実線)と右向き山(破線)を同じく両者の頂点のところで組合わせて提示される．この2枚の画像，a図とb図を，仮現運動が生じる時相で提示すると，頂点位置が，（客観的には2つの画面で同一であるにもかかわらず）aからbへの切り替わりに伴って，左斜め上に移動するように知覚される．この運動感は，図 **3-4** 中に「辺の運動」図の矢印で示したように，実線と破線，それぞれの山型図形の仮現運動を合成したものと一致する．

次の例も，運動方向感のベクトル合成で説明できる事例である．図

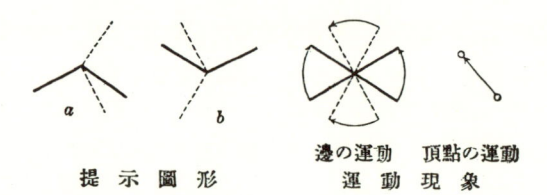

図 3-4．第1画面（a図）では，実線の上向きの山型と破線の左向き山型が組合わさったものが提示される．適切な時間間隔で続いて提示される第2画面（b図）では，実線の下向き山型と破線の右向き山型が提示される．図中に「辺の運動」として示されたように，実線は上方向へ，破線は左方向へ動くことになる．すると，頂点部分までもが，2つの動きを合成した左上に動くように知覚される．　　　　　　　　　（佐久間, 1933より引用）

3-5における4通りの図形を循環的に提示すると、点 p は、垂直方向に上がったり下がったり上下運動を繰り返しているにもかかわらず、そのような客観的運動どおりには見えない．A図のように、l と p の位相が合致する場合には、斜め方向(対角線方向)に動くように知覚される(図 3-5 の「Aのとき」参照)．また、l と p の位相が半分ずれているときにも、同様に斜めに(ただし反対方向)に動いて見える．ところが、位相が4分の1だけ、あるいは4分の3ずれていると、B図のように、点の軌道は円形を形づくるのである．同じような刺激提示事態であるにもかかわらず、位相の違いが、運動感の違いを生む．

このように、1つの刺激画面に、単一ではなく複数の刺激要素が含まれていると、「全体運動と部分運動」の二面性が現れやすい．すなわち、個々の要素が全体の構成要素として機能する面と、独立して作用する面がダイナミックに関わりあって、見る者にさまざまな知覚印象を与えるのである．

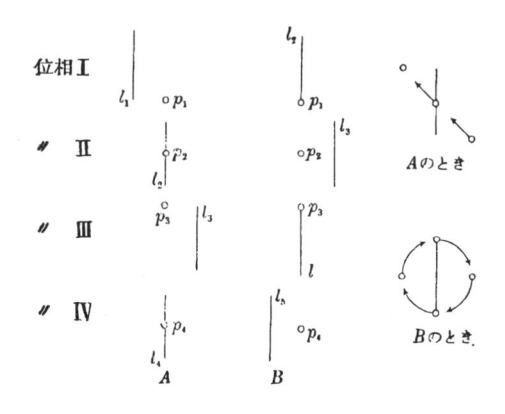

図 3-5. 線分の左右運動が点の上下運動の見え方を変える
4枚の静止画（位相 I〜 IV）を循環的に提示すると、線分と点とが、A のような位相にあるときには点が斜め方向に動くように知覚され、B のような位相にあれば点が円運動するように知覚される． （佐久間、1933 より引

3.5. τ効果とS効果

3点A，B，Cが一直線上に等間隔に並んでいる．まず，左の点Aが短い時間現れて消える．ややあって，真ん中の点Bが同じ時間現れて消える．そして，ややあって，右端の点Cが短い時間現れて消える．このように一連の物理事象が，同じ時間間隔で進行するとしよう．さらに，3点A，B，Cの空間距離も物理的に等しいとすれば，われわれは，A-B間の距離とB-C間の距離を等しいと知覚する．

ここで3点の空間的位置関係は等しいまま，A-B間の時間間隔(ISI)をB-C間の時間間隔(ISI)より少し長くすれば，どのようなことが起こるだろうか．観察者には，A-BとB-Cの空間距離に違いがあるかどうかの判断を求める(客観的には等距離のまま)．結果は，時間間隔の違いが，距離知覚に影響を及ぼし，A-Bの方がB-Cより空間的にも離れているように知覚されるのである．時間が空間に対して及ぼすこのような効果を"τ効果"と呼ぶ(ギリシャ文字"τ(タウ)"は英語の"t"にあたる)．時間が原因となる効果という意味で，"τ効果"と呼ぶのである．この現象の発見に，Benussiが関わっていた．

ちなみに，"τ効果"があるとすれば，反対に，A-B間の空間距離をB-C間の空間距離より長くすれば，等しいはずの時間間隔が異なって知覚されるのではないかと考えたくなる．だか，"τ効果"が見つかった当時は，この逆の効果は起こらないと見なされていた．ところが，わが国の安倍三郎は，1935年，この効果の存在を主張し，それを"S効果"と名づけた．安倍は，筆者の前任校である明星大学人文学部心理学研究室の初代主任であったことから，筆者らは，彼のこの業績を検討した(吉村・和田，2003)．今日では，安倍の名づけた"S効果"よりも，"τ効果"との対応性から，"κ(カッパ)効果"($\kappa = s$)と呼ばれている．

さて，Benussiは，"τ効果"をより敏感に感知するため，3点を一直線に並べるのではなく，二等辺三角形状に配した．そうすれば，三角形が二等辺三角形に見えるかどうかを答えさせることにより，微妙

な空間的長さの違いの感覚,すなわち"τ効果"に気づきやすい.このような配置において,あくまで二等辺三角形と知覚されたなら,"τ効果"は生じていないことになるが,実際には二等辺三角形とはもはや知覚されず,"τ効果"が認められた."τ効果"は,必ずしも仮現運動の起こる時相である必要はなく,継時時相下であっても観察される.

運動視を守備範囲とする本書で"τ効果"に言及したのは,運動知覚が時間知覚と密接に関わっていることをデモンストレーションしたかったからである.本書では,時間知覚を正面から取り上げる余裕はないが,この例を通して,"運動"を見つめることに"時間"がいかに密接に関わっているかを読み取ってもらいたい.

3-6. Grazを去ったBenussi

本章のここまでの解説は,章頭でも述べたように,佐久間(1935)の『運動の知覚』を中心に,GrazにおけるBenussiの運動視研究を追ってきた.しかし,イタリア人であるBenussiは,Grazでの研究の将来性を断念し,第一次世界大戦が終結した1918年,オーストリアを去る決心をした.Benussiの生涯の業績やGraz学派の心理学的貢献に関する資料は,これまで英語で書かれたものはあまりなかったが,最近になって,Albertazzi, Jacquette, & Poli(2001)が編集した『The school of Alexius Meinong』が現れたことによって,Benussiについての詳しい解説が英語で読めるようになった.本節では,この書物中の「Vitorrio Benussi (1878-1927)」(Albertazzi, 2001a)と「The legacy of the Graz psychologists」(Albertazzi, 2001b)を参考に,イタリアに戻ったBenussiを追っていきたい.

イタリアに戻ったBenussiは,1919年,北イタリアのPadua大学に移り,心理学実験室を創設した.ここでの10年に満たない研究生活は自ら命を絶つことで終結するが,その間,Musattiという弟子を得たことを通して,Benussiはイタリア知覚心理学の祖と評されるようになった.

Paduaでの Benussi の仕事は，Graz 時代の遺産を引き継ぐものであった．「時間の理解」「光学的錯視」「立体運動の知覚」「非感性的知覚」「知覚的体制化」などである．弟子の Musatti にとって，師である Benussi はよほどインパクトの強い人物だったようである．Benussi は，実験器具の設計・製作に個性を発揮するだけでなく，現象観察に対する取り組みがきわめてユニークで，病的とさえ思える鋭いセンスの持ち主であった．その片鱗を，いくつかの例で示そう．

まず，3-4でベクトルの合成と分解として紹介した図 3-5 の4枚の連続刺激を思い起こしてもらいたい．垂直線分が左右に動くことによって，点 p は上下にではなく，斜め方向に動いて知覚された．ここで Benussi は，観察者に"暗示"をかけ，垂直線の存在を消した状況で観察を求めたのである．主観的には垂直線が観察者の心の中に存在しない状況に催眠誘導されたことになる．その結果，暗示の強さによって，点の斜め方向への運動や円運動が，生じたり生じなかったりした．

また，このような催眠暗示を，赤と緑の2点の交互点滅での仮現運動事態でも用いた．観察者は，赤だけを見るように暗示された．すると実際，赤だけが間欠的に光るのを見るか，2点間の仮現運動軌道を，赤い点が往復しているように知覚するようなことが起こった．

意識レベルの違いが知覚内容に重大な影響を及ぼすことに取り組んだ Benussi の現象観察は，いよいよ内省的な世界へと彼を導いていったようである．Graz 時代，医学部の知人を通して精神分析学や暗示法に近づいたのが，Benussi のこの領域との出会いであった．1927年11月24日，繰り返す鬱の発作の中で，青酸カリで服毒自殺を遂げた．スキャンダルを避けるため，Musatti は毒の残ったティーカップを片づけた．尊敬する師の自殺とそのすぐ後の妻の死にとりつかれて，Musatti 自身も，この領域での実験研究をやめ，精神分析に身を投じることとなった．

3-7. Benussi と Musatti の共同研究：SKEの発見

創始者のこうした悲劇に始まり，弟子である Musatti までもが先に進

めないほどのショックを受けることになった．にもかかわらず，その後，今日に至るまでのイタリアの知覚研究は，世界的にユニークな存在となっている．イタリアの知覚研究者として現在もっとも知られているKanizsaの業績については，第10章で紹介することになるので，ここでは，短い年月ではあったが，BenussiとMusattiの師弟が押し進めた運動視に関する共同研究に焦点を当てていきたい．

　Benussiとの共同研究を受けて，1924年，Musattiは，イタリア語で1つの論文を書いた(公刊はされていないが，Flock, H.R. & Bartoli, C.により，1962年に英訳されている．この英訳については，次章で改めて言及する)．それは，ターンテーブルに載せた平面図形をゆっくり回転させることによって，あたかも三次元実体物がそこにあるかのように見える現象を扱ったものであった．平面図形なのに，回転させることによって立体のように見えるという意味から，"立体運動効果(stereokinetic effect, SKE)"と名づけられた．この現象の最初の発見は，Benussiに負うもので，1921年に学会発表されたようである．ただし，この現象に関してBenussiが最初に扱ったのは，ターンテーブル上での図形回転とはずいぶん違って，図**3-6**に示すような，長方形の窓の後ろを左から右に一定の速さで流れる白と黒の長方形の交替模様を用いたものであった．このトピックについては，増田(1994)が紹介しているが，窓の後ろで動く白と黒の長方形が，どのように立体物に見えるのか，なかなかつかみ

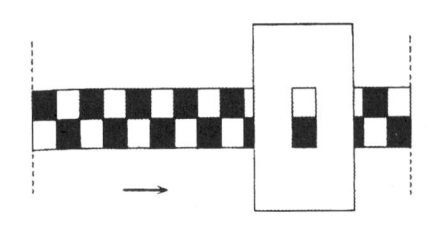

図 3-6．Benussiが最初に扱ったSKE現象．黒と白の長方形に塗り分けられた帯をちょうど帯の高さと長方形の幅の大きさにあけた窓の後ろで矢印方向にゆっくり移動させていくと，窓に現れる黒と白の模様は，四角形が手前に倒れながら色を変えていくような立体効果が生じる．　　　　　（増田，1994より引用）

がたい現象である．それを読み解く資料として，Flock & Bartoli が英訳した該当個所を以下に示しておく．"the first impression"で，白い背景の上を黒い長方形が上から下に向かって動くという平面的な見え方が説明されたあと，第2の知覚印象として，以下の3次元的な見え方が起こると説明されている．なお，[ ]内は，英訳を担当した Flock による解説である．

> There is also a second impression: one can see a rectangle rotating on an axis coinciding with the side that is in the middle of the aperture. The rotation goes from top to bottom, either completing a full circular rotation or reversing its direction. Thus one goes from the relative movement of the rectangle with respect to the background, all in the plane of the aperture, (the first impression) to a relative movement of the rectangle with respect to its background, but with the movement of the rectangle occurring in depth. [This second impression is a case of what Musatti says is Benussi's type of stereokinetic phenomenon].

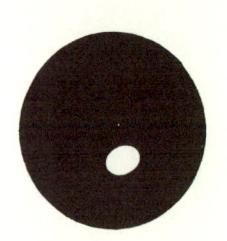

このように，SKEをめぐる Benussi の最初のデモンストレーションは，今日から見ると，追体験がおぼつかないものであった．それに対し，Wallach, Weisz, & Adams (1956) が Benussi の考案と紹介しているSKEのデモンストレーションは，今日のSKEとほぼ同じ

図 3-7．今日のSKEに直接つながるデモンストレーション．黒いターンテーブル上の回転中心からずれた位置に小さな白い楕円が置かれている．ターンテーブルを毎分20回程度のゆっくりした速度で回転すると，白い楕円はやがて剛体性を失い，グニャグニャと不安定に形を変える．さらに観察を続けると，白い図形は再び剛体性を取り戻し，コインのような正円がターンテーブル面上から斜めに立ち上がって回転するように知覚される．

原理によるものと言える．図 **3-7** に示したのがそれである．黒いターンテーブル上の，回転中心からずれた位置に小さな楕円が置いてある．ターンテーブルを毎分 20 回転程度のゆっくりした速度で回転させると，しばらくは楕円の回転が知覚されているが，やがて楕円は剛体性を失い，グニャグニャと不安定に形を変える．そして，さらに観察を続けると，再び剛体性を取り戻すが，今度はコインのような正円がターンテーブル面から斜めに立ち上がり回転を続けていると見える．ターンテーブルが回転することによって，ターンテーブル上の平面図形が，その面から立ち上がった立体性を示すという意味で，"SKE"と呼ぶにふさわしい知覚現象である．

　おそらく，こうした現象の発見は，Benussi によりなされたものであろうが，1924 年の論文によって，Musatti はさらに明確な SKE のデモンストレーションを行っている．それが，複数の偏心円のターンテーブル上での回転である．図 **3-8** を見てもらいたい．たとえば静止した a 図を見ただけでも，回転により見えてくる立体物が想像できる人もいるだろうが，実際に回転をはじめると，周辺部が手前に突き出たメガホンのような形や，逆にお椀を伏せたように周辺部が向こうに遠ざかった立体物がありありと知覚される．

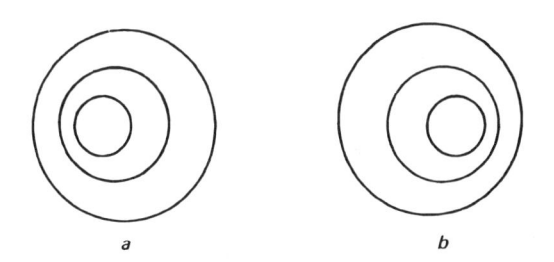

図 3-8．a 図形をターンテーブル上でゆっくり回転させると，お椀を伏せたような形，または手前に向かって広がるメガホンのような形に見える．b は，a 図形が 180 度回転したところだが，回転により図形を構成する円同士の相対的位置関係には，当然のことながらまったく変化は生じていない．

3-8. BenussiとMusatti以降のイタリア知覚心理学

本書では，運動現象を追うことに主眼を置いているので，理論的考察や対立点の解説には深入りしない．そのため，Graz学派の流れを汲むBenussiの立場や，彼の弟子であるMusattiの立場，さらにはMusattiのあとに登場することになるMetelliやKanizsaなど，現在のイタリア知覚心理学を形づくった優れた研究者たちの理論的主張にまで踏み込むことはしない．しかし，簡単ではあるが，ここにあげたイタリア知覚心理学を形づくった研究者たち同士が，そして彼らが，Berlin学派のゲシュタルト心理学とどのような関係にあったかを，AlbertazziとVicarioの解説から見ておこう．

先にも紹介した『The school of Alexius Meinong』をはじめ，Albertazziは，近年，精力的に，BenussiからKanizsaに至るイタリア知覚心理学の歴史的貢献を見つめ直す論評を重ねている．特に，「From Kanizsa back to Benussi: Varieties of intentional reference」(Albertazzi, 2003) は，BenussiとKanizsaの位置関係を捉える上で参考になる．それらを通して，彼女(Albertazzi)は，BenussiからMusattiへの結びつき，また，MusattiからMetelliやKanizsaへのつながりを，次のように記している．「Paduaの弟子たち［Benussiはイタリアに戻り，Padua大学で研究を行った］によってとられた立場が，さまざまな意味でゲシュタルトのBerlin学派とGraz学派のあいだにあった対立を再現することになったのは驚きである」．

このコメントの意味するところは，Vicario(1994)の次の記述と合わせれば，理解できるだろう．

> 私は，なぜMusattiが彼の師であるBenussiに追随したのか，今なお不思議に思っている．というのも，Musattiの弟子であるMetelliやKanizsaは，Koffka［Berlin学派］の強力な支持者だからである．今やわれわれは，問題が"知覚"の概念そのものにあることを知っている．Berlin学派は，知覚を分析不可能な

過程であると考えており，そう信じている．それに対し，Benussiは，なおMeinongの哲学的公式に縛られて，知覚過程には"基礎となる"感覚内容と，"基礎に支えられた"現象的表象の両方を認める傾向をもっている．

要するに，ゲシュタルト心理学は一枚岩の学説ではなかった．そのことは，Berlin学派のさまざまな研究者を見つめただけでも頷けることである．ましてや，Graz学派，さらにはその流れから発展したイタリア知覚心理学全体を視野に入れると，現象だけの紹介では捉えきれない哲学的背景が広がっていることを痛感する．知覚現象を見つめることにエネルギーを集中させたい本書にとっては，この問題は荷が重すぎる．学説的問題に関心をもたれた読者諸氏には，ぜひ本章で紹介した諸文献と取り組んでもらいたい．

最後に，ゲシュタルト心理学者の1人であり，後の章でも社会的知覚の提案者として登場するHeider (1983/1988) が，若き日に出会ったBenussiの印象を，自伝の中で記している一節を紹介して，本章の締めくくりとしたい．図 3-9は，Heiderが描いたBenussiのスケッチである．

図 3-9． Heiderが描いたBenussiの肖像スケッチ
（Heider, 1983/1988より引用）

グラーツ大学の心理学研究室におけるもう一人の重要な人物はマイノングの初期の教え子で，イタリア人のヴィットリオベヌッシー（Bittorio Benussi）である．彼は上品な容貌をもち，彫りの深いメランコリックな顔の表情をして，ドライで懐疑的な微笑を浮かべたやせ型の人であった．彼は黒っぽい実験衣を着

て歩きまわり，散歩に出たときには広いつばのついた黒い帽子をかぶって長いシガーをふかしていた．あるとき，彼と一緒に散歩している全く同じ服装をした大変背の低い一人の学生がいた．ベヌッシーは大抵うす暗い部屋で仕事をしていた．実験器具を置くとともに簡易ベッドがあり，昼間と同様夜間もそこでよく過ごした．彼は健康がすぐれなかったようで，あまり多くの講義をもたなかった．私はその中で一つのコースのことを記憶している．それはその学期中，学生たちを被験者として一連の刺激図形を提示し，点の数を推定させる実験であった．彼は私たち学生に実験の目的が何であるかを全く述べないで実験した．そこで私はしまいには反抗的に，あなたに心理学の勉強を学びにきたんだがと恐る恐る言った．すると，彼は大変友好的に私に実験のねらいを教えてくれて，ここの実験器具はすべて私の思うままになるが，十分使う時間がないと話してくれた．

ベヌッシーはトリエステの出身で，その当時はオーストリアに属していて，彼の話すドイツ語はイタリア語なまりがあった．彼の父は強い反オーストリアの感情をもったイタリア人であって，若い彼もその感情を共有していて，いつもグラーツ大学ではアウトサイダーと感じていたようだ．第一次世界大戦の終わりごろ，彼はイタリア市民となり，最後にはパドウバ大学の教授となった．私は1926年にそこで彼に会った．彼がグラーツにいる間，元気がなく，ホームシックにかかっていたのではないかと私には感じられた．彼はオーストリアとドイツの心理学では一定の地位を得ていたが，当時のイタリアの心理学者たちの間では同じようには認められていなかった．そして今日では，たしかにイタリアの心理学者の間で重要な人物となっている．彼はドイツとイタリアの二つの文化を身につけた境界人であったが，50歳に達しないで死んだ．彼はゲシュタルト知覚の分野で多くの実験をした初期の一人であった．そしてウェルトハイマーの有名な論文が1912年に発表されたとき，ベヌッシーは

すでに一連の研究を出版していた．ベルリン学派の人たちは彼に対して多大の尊敬を払って，彼の理論上のアプローチが彼らとは幾分異なるが，そのゲシュタルトの原理の説明において彼の実験例のいくつかを引用していた．（邦訳書，pp.22-23.）

第4章
回転が誘発する立体感

4-1. 前衛芸術家Marcel Duchampの作品
4-2. WallachらによるKDEの発見
4-3. MetzgerによるKDEに類似した研究
4-4. MetelliとMusattiによるさらなる回転立体感
4-5. 楕円は回せない：アニメ現場での経験則
4-6. Wallachらの"identity imposition"

Musatti(1924)の論文を通して知られるようになったSKEではあるが，英語圏では，Wallach, Weisz, & Adams (1956) がMusattiの仕事を紹介してから，SKEは広く知られるようになった．Wallachらの紹介より少し遅れて，J.J.Gibsonの肝いりで，イタリア語のMusatti(1924)論文の英訳化が計画された．3-7でも紹介した，H.Flock & C.Bartoliによる1962年の仕事である．正式に公刊されたものではないが，英語圏で初期のイタリア知覚心理学が理解されることに一役買ったに違いない．本章では，円板に描かれた平面図形をターンテーブル上でゆっくり回転させることによって生じる3次元的運動現象＝SKEと，3次元立体物をゆっくり回転させ，それを二次元影絵として映し出したときに，その影絵から立体物をありありと知覚する"運動奥行効果(kinetic-depth effect, KDE)"を取り上げ，運動視と立体視の関係の密接さを見つめていきたい．

4-1. 前衛芸術家Marcel Duchampの作品

1920年代，イタリアにおいてBenussiとMusattiの2人の知覚心理学者がSKEを見出していたころ，フランスの前衛芸術家Marcel Duchampは，仲間と奇妙な運動現象に取り組んでいた．1920年から1935年までの15年間にわたる活動で，その成果は，「精密さの光学」と総称されている(Krauss, 1988/2000)．そのうち，最も早いものは，1920年の作品「回転ガラス板」であった．図**4-1**はこの立体作品を高速で回転させたところを正面から撮影したものである．わが国におけるDuchampの研究家，東野(1977) は，この作品について次のように解説している．

> 1本の軸に5枚の細長いガラス板が並んで取り付けられ，ガラス板には，円形の一部がそれぞれ描きこんである．軸がモーターで回転してガラス板が回転するのを正面から見ると，まるで板の平面上に描かれたような，二次元の同心円の線が出現するのである．ポントウス・フルテンは，三次元で構成されたガ

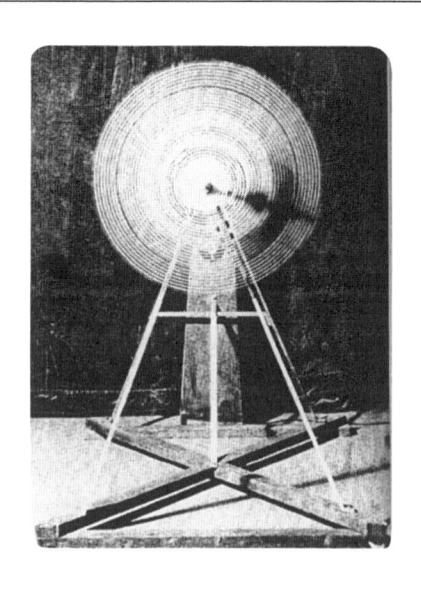

図 4-1. Duchampの「回転ガラス板」(1920年の作品).何枚かの円弧の一部を描いたオブジェがモーターの回転シャフトに前後にずらせて設置されている.モーターを高速回転させて,それを正面から見ると,二次元の平板な円盤のように見える.
(D'Harnoncourt & NcShine, 1973より引用)

ラス板が回転し(つまり,時間という第四次元の要素が加わると)眼に見えるものは二次元の円となることを指摘し,これはデュシャンの視覚を使った地口だとしている.「大ガラス」が四次元の世界を三次元に投影した世界であることを思うと,デュシャンが単に「網膜的」な遊びのためにこの種の試みをしたのではないことがわかる.(p. 60)

この「回転ガラス板」の回転は,SKEなどの場合と違い,かなり高速である.

　Duchampはこのあと,1924年に,「回転半球」という作品も作っている.これらはともに,立体感と回転との関係を扱ったもので,

4章　回転が誘発する立体感

Benussi – Musatti の仕事と相前後している．しかし，SKE とは原理がまったく違っている．それに対し，1935年に12枚の図版としてパリ発明博覧会に出品された「回転レリーフ（Rotorelief）」では，SKEと同じ原理が用いられていた．この作品の制作経緯を，Duchamp は，ピエール・カバンヌのインタビューに答えて，次のように語っている（Cabanne, 1967/1999）．

> もっと後で，私は同じようなやり方で対象が浮彫のように見える方法を見つけました．等角投像，つまり下から，あるいは天井からものを見るときのやり方によって，いくつもの同心円のなかで，殻付きの卵とか，金魚鉢のなかをまわっている魚といったような現実の物体と同じような像を形づくるものが得られます．その場合，金魚鉢は三次元に見えるのです．私にとってもっとも興味深かったのは，これが，私が見つけたのとは別な形で利用されていた科学現象だったことです．(pp. 149-150)

12枚の絵の中から2枚を，図 **4-2** に示した．おそらく，引用文の最後にある「私が見つけたのとは別な形で利用されていた科学現象」とは，

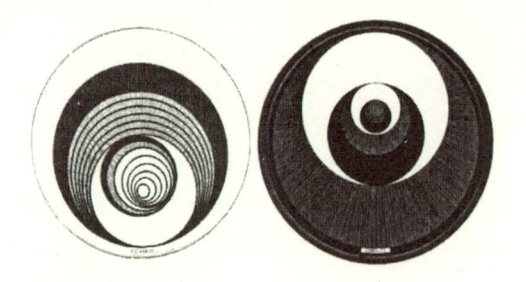

図 4-2．Duchamp の「回転レリーフ」（1935年の作品）．12枚組の2枚のみを示した．ここに示した2枚に代表されるように，基本的に何重もの偏心円で構成されている．ターンテーブル上でゆっくり回転させると，三次元的な物体がありありと浮かび上がって知覚される．

Benussi － Musatti の SKE を言っているのであろう．Duchamp には，「回転レリーフ(Rotorelief)」より少し前にも，SKE に近い発想の作品があった．1926年制作の「Amenic cinema」と題する7分間の映画である．動く映像であるその作品には，多重偏心円の回転による立体感が表現されている．

4-2. WallachらによるKDEの発見

Musatti (1924) のSKEは，ターンテーブル上で比較的ゆっくり回転する平面図形が生み出す立体効果であった．心理学の運動視研究には，SKEと類似する"kinetic depth effect"，略してKDEという現象もある．Wallach & O'Connell (1953) が発見し，こう名づけたものである．

SKEとKDEは名称が紛らわしく，日本語でも，SKEは"立体運動効果"，KDEは"運動奥行効果"などと訳されていて，ほとんど区別がつかない．典型的なKDE観察事態を，図 **4-3** に示した．観察者が見るのは，スクリーン上に影絵として映し出される二次元図形だが，下部の棒をゆっくり回すことによって生じる影絵の動きから，観察者は三次元骨組み実体物をありありと知覚する．

最初の報告から3年後，Wallach, Weisz, & Adams (1956) は，自ら名づけたKDEとMusatti (1924) のSKEの違いを，次のように捉えよ

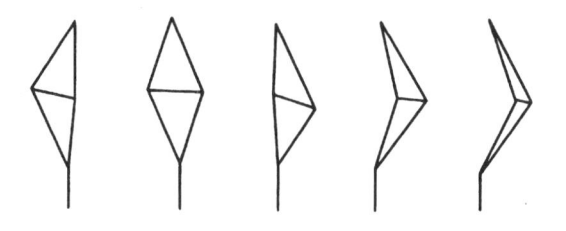

図 4-3. KDEの典型例．骨組みのみで組まれた物体を下についている棒をもってゆっくり回す．その様子を，スクリーンに影絵として映し出すと，回転に伴い，ここに示した5つの形のように変化していく．スクリーン上では平面的に映っているにすぎないが，影絵の連続的変化から，三次元的実体がありありと知覚できる．

うとした．自分たちのKDEでは二次元像(スクリーンに映った影)の形は回転に伴い刻々と変形していくが，SKEではターンテーブル上の二次元図形の形自体(図形要素同士の相対的位置関係)は変わらない．

　注意すべきことは，WallachらによるKDEの最初の報告(Wallach & O'Connell, 1953)では，酷似しているはずのBenussiやMusattiのSKEにまったく言及されていない点である．おそらく，イタリア語で公表されたMusattiの研究を，Wallachらは知らずに，KDEに行き着いたのだと思われる．と言うことは，KDEは，そもそも，両者の違いを前提に提案されたものでなかったのである．

　その後のWallachらは，SKEとKDEの違いにあまりこだわらず，平面図形の回転と立体視の関係をデモンストレーションする別の図形を考案していった．彼ら以外にも，類似の現象を提案する研究者たちが現れた．それは，単なるSKEやKDEのバリエーションの考案ではなく，運動視と立体視の関係の理論的検討へと発展した．「なぜ，二次元図形を回転させれば三次元実体物がありありと知覚されるのか．そのように見えるには，図形にどのような条件が必要か」が問われたのである．しかし，本章では，現象観察に重点を置き，理論的検討は「対応問題」を扱う第6章までおいておきたい．

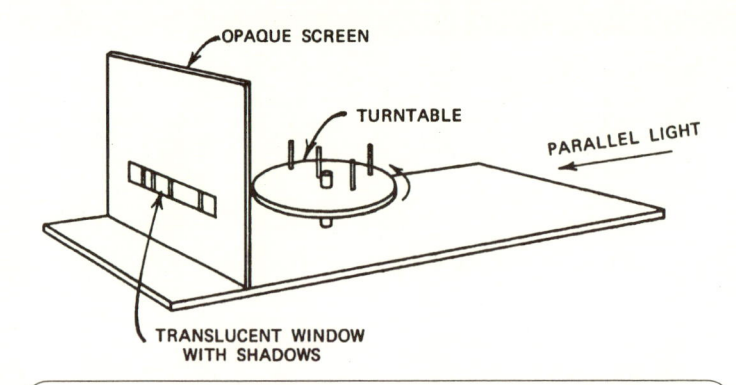

図 4-4. 二次元的映像の動きから複数の棒の三次元的回転時の位置関係が知覚できることを示すMetzgerの実験装置.
(Johansson, 1977より引用)

4-3. MetzgerによるKDEに類似した研究

Wallachらに先立ち，Metzger (1934a, b) も，図**4-4**のような装置を工夫して，回転に伴う二次元パターンの変化から，三次元空間配置を知覚できる事実を明らかにしていた(Metzger, 1953/1968より引用)．その際，シルエットとして登場するのは，同じ長さの垂直の棒だけで，棒同士の水平位置関係の変化だけから，棒の三次元的配置が知覚できるのである．図**4-5**を見てもらいたい．ここには3本しか描かれていないが，もっと複雑なものであっても構わない(解説は，13本の棒で行われている)．(a)図のような，何本かの棒が立てられた円盤を回転させ，観察者からは(b)図のように，平行に並んだ棒の二次元的配置し

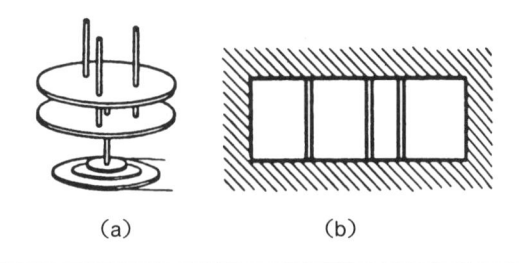

図 4-5. Metzgerの実験で用いられた棒の回転装置と，窓から見える棒の様子． （Metzger, 1953/1968より引用）

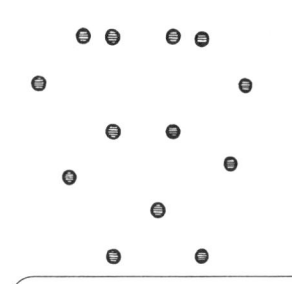

か見えないようにしておく．静止しているときには，ただ縦の線が不均等に並んでいるとしか見えないが，動き出すと，棒の三次元的配置がありありと見て取れる．たとえば，図**4-6**には，13本の棒の不規則な配置が

図 4-6. ターンテーブル上にランダムに13本の棒が立てられている配置を上から見たところ． （Metzger, 1953/1968より引用）

例示されている．図4-7には，回転に伴う一瞬一瞬の静止画20枚が示されている．のちの章で取り上げる，Johanssonのバイオロジカル・モーション研究と同様，図4-7のような20枚の静止画をいくら眺めても，三次元配置を知覚することはできない．

興味深いことに，棒の並びが規則的な場合は，回転させても，三次元配置がつかみにくい．たとえば，等間隔で一直線に並んだ棒列の影絵は，図4-8のようになるが，これを回転させると，左右に広がる二次元的なアコーディオン状のものが伸び縮みするように見えてしまう．ところが，図4-9のように，1本でも少しずらして規則性を壊してやると，三次元的配置が見えてくる．

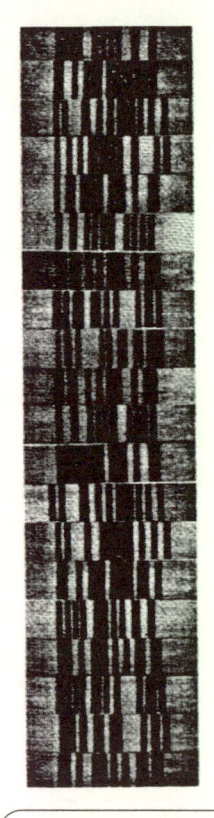

Wallach & O'Connell (1953) は，自らのKDE研究に先だってMetzger (1934b)が上記の研究を行っていたことに言及している．さらに，Miles (1931)が，スクリーンと平行方向のシャフトに取りつけられた2枚羽根のファンの影絵の回転から，実体物が知覚できるかどうかを検討していたことにも言及している．しかし，これら2つの先行研究では，三次元物体が一義的に復元されるという点ではなく，見え方の多義性（たとえば，ファンが時計回りとも反時計回りとも見える）が強調されていた．そのため，MetzgerやMilesはKDEという明確な現象認識へは到達できなかったと，Wallachらは評している．

図 4-7． 13本の棒が影絵として回転している刻々の変化を20枚の静止画で表したもの．　　　（Metzger, 1953/1968より引用）

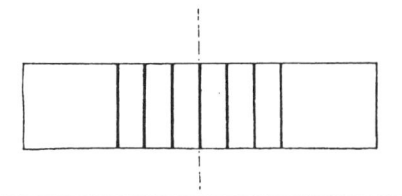

図 4-8. 等間隔で一直線に並んだ棒列の影絵は,回転させると二次元的なアコーディオン状のものの伸び縮みに見える.
(Metzger, 1953/1968より引用)

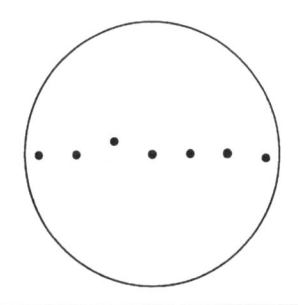

図 4-9. 等間隔な配置のうち1本でもずらして規則性を壊すと,回転による三次元配置が見えやすくなる.
(Metzger, 1953/1968より引用)

4-4. MetelliとMusattiによるさらなる回転立体感

知覚心理学では,変則的な知覚現象,すなわち例外的知覚現象に注目することが多い.異常を通して知覚の正常な仕組みを明らかにしようという理論的立場からである.変則的な幾何学的錯視の考案も,図と地の反転も,法則性の追求を目的としている.前章で取り上げた2人のイタリアの知覚心理学者が見出したSKEも,そうした方向へと発展していった.しかし,SKEような現象は,理論的興味とは別に,現象そのものがおもしろい.本節では,その後,イタリアの知覚心理学者が捉えた,SKEに関連するさらなる現象を追っていきたい.

まず，Metelliの"見かけの静止(apparent rest, apparent quiet)"と呼ばれる現象を取り上げたい．図**4-10**aを見ると，円の一部を長方形が覆っているように見えなくもないが，あくまで一体となった平面図形である．さて，この図形をターンテーブルに載せて，円の中心を回転中心としてゆっくり回転させる．当然のことながら，同図bのように，円と長方形は，運命共同体として一緒に回転する．ところが，知覚的にはそのような運動感が生じないのである．静止した円の上を，長方形だけが滑るように動いていくと見える．

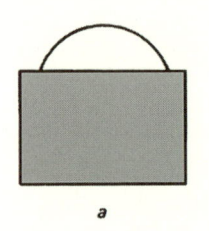

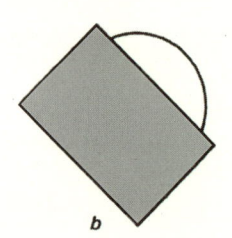

図 4-10. 円の一部を長方形が覆っているように見える平面図形．（a）をゆっくり回転させると，円と長方形は運命共同体として一緒に動いているのだが（b），静止している円のまわりを長方形だけが回転しているように知覚される．

このことは，類似の図形においても観察される．たとえば，図**4-11**は，円の中にYの字型に3本の半径が描き込まれている．円の中心位置でゆっくり回転させると，物理的には，Yの字と円は一緒に回転していくのだが，外周円は動いてるように見えず，中のY字だけが回転するように知覚される．

これら2つの例は，与えられた刺激(網膜像)からは，円が動いているとも静止しているとも捉えうる状況では，われわれの知覚系は「円の静止を選好する」ことを示している．この性質を一般化してしまうことには慎重であるべきだが，他にもこれに類する例をあげることは難しいことではない．

それに対し，次の例では，合理的にあり得ない回転運動が起こっている．これから示す運動現象を，Kanizsaは「知覚することと思考することの本質的相違点」の好例だと考えた．「知覚と思考」の関係については，第10章で改めて取り上げる

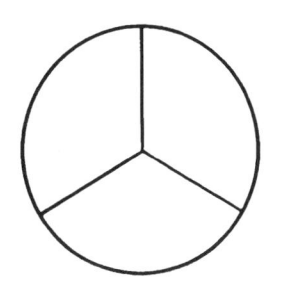

> 図 4-11．この図を回転させると，円は静止していてY字型部分だけが回転するように知覚される．

ことになるので，ここでは，Kanizsa が着目した事例を，円の回転に伴う異なるタイプの運動現象として見つめていきたい．

図**4-12**を見てもらおう．この図は，大きな円と黒い中円，それに白い小円の3つの円で構成されている．この図形を，やはりターンテーブルに載せ，大円の中心でゆっくり回転させる．そうすると，おかしな"公転"運動が観察される．公転とは，自身より大きな円のまわりを回転することであり，それに対し，自転とは，自らを回転中心として回ることである．英語では，おおむね前者を"revolution"，後者を"rotation"と呼んでいるようである．

さて，ターンテーブルが回転を始めると，白い小円は，自らは自転せず，黒い中円のまわりを公転するように知覚される．「自らは自転せずに公転する」とは，白い小円が黒い中円の円周上を滑るように動くことを意味する．しかし，ここで問題が生じる．白い小円は，いかにして

> 図 4-12．大きな円の中心でゆっくり回転させると，小円は黒い円のまわりを滑るように公転するように知覚される．大円と黒い円の隙間のないところを白い小円はどうしてすり抜けることができるのだろうか． （Kanizsa, 1979/1985より引用）

黒い中円のまわりを公転できるのだうか．合理的に考えれば，黒い中円のまわりを一周するには，黒い中円と白い大円の隙間をすり抜けなければならない．ところが，白い大円と黒い中円とは常に接触しており，白い小円がすり抜ける隙間などない．

　ターンテーブル上で平面図形が回転を始めると，奇妙な見え方を生じることは多いが，それでも通常，理屈から不可能な見え方にはならない．網膜上の光学的事実だけでは知覚内容が完全に特定できないため，あいまいさ・多義性の隙間をついた見え方になる．しかし，それでもなお，網膜上での光学的事実に反する知覚や，明らかに矛盾を来す知覚内容に至ることはまずない．ところが，ここに示した図**4-12**の運動現象は，「理屈に合わない見え方」なのである．

4-5. 楕円は回せない：アニメ現場での経験則

平面図形をターンテーブル上でゆっくり回転させることにより，立体感などの奇妙な運動現象が生じる例をいくつか紹介してきた．そのような効果を生む図形は，静止しているときからすでに，立体的に見える気配を感じさせるものである．しかし中には，静止しているときには予想もつかない立体物が回転によって生じることがある．

　図**4-13**は，Metzger (1953/1968) がデモンストレーションした，「楕円の回転」である．Benussi や Musatti も楕円の回転を扱ったが，彼らは，楕円をターンテーブルの回転中心に置くのではなく，中心から外れた位置に置いていた．それに対し，Metzger は，楕円をターンテーブルの回転中心に置いたのである．楕円の中心，すなわち長径と短径の交点を回転中心として，ゆっくり回転させる．「楕円を回転させるのだから，楕円の回転が見えるはず」と予想する人が多いはずである．確かに，回転が始まってしばらくは，「楕円の回転」が見えなくもない．しかし，ほどなくグニャグニャと形を変えはじめ，剛体性を失う．それでもまだ，二次元平面図形だが，さらに観察を続けると，変形していたグニャグニャ図形は，再び剛体性を取り戻すことになる．しかし，二次元図形としてではなく，三次元的実体物としてである．その

a   *b*   *c*

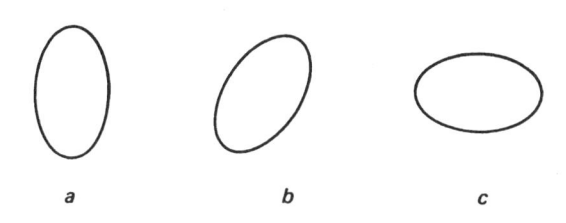

図 4-13. 楕円をターンテーブルに載せてゆっくり回転させて見つめていると，およそ楕円の回転とは見えなくなる．剛体性を失い，グニャグニャと形を変えていく．さらに見つめていると，再び剛体性を取り戻すが，斜めに立ち上がったコインが回転しているように見える． (Metzger, 1953/1968より引用)

形は，図 **4-14** に示すように，コインのような円形である．要するに，コインがターンテーブル面から斜めに立ち上がった状態で回転するのである．

ゲシュタルト心理学では，このような楕円の回転を，"刺激布置"が生む"体制化"と捉えてきたが，アニメーションの世界では，「楕円は回せない」との経験則として知られている(岡部望氏，私信)．楕円を回転させようとしても，楕円の回転は実現できない．アニメーション現場の経験則には，これに類する教訓がほかにもあるようである．

本章のテーマからは外れるが，1つだけ，別の例を紹介しておこう．同じく岡部氏(私信)の話である．本書でも，第11章でアニメーション

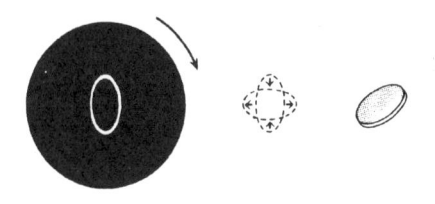

図 4-14. 楕円の回転が立ち上がったコインのように見える様子．
(増田，1994より引用)

について取り上げるが，アニメーションには，"2コマ撮り"や"3コマ撮り"という，1秒間に24枚の異なる絵ではなく，同じ絵を2コマか3コマ，続けて撮る技法がある．そうすることで，絵はずいぶん節約できる．その際，「曲線運動なら2コマ撮りや3コマ撮りで映写してもごまかせるが，直線運動は1コマ撮りでなければスムーズな動きにならない」との経験則がある．本書の第1章冒頭で，コンピュータ画面上で1点を滑らかに(直線的に)動かそうとしても，がたつきが気になることを紹介した．しかし，コンピュータ上でも，対象物を曲線的に動かすのであれば，あらが目立たない．試しに，マウスでカーソルを曲線的に動かしてみてほしい．直線の場合に比べ，ずっとがたつき感が弱まるはずである．

4-6. Wallachらの"identity imposition"

ゲシュタルト心理学者のWallachは，4-2で解説したKDEの発案者として知られるが，ターンテーブル上での回転運動に関して，"identity imposition"という興味深い報告も行っている．"identity imposition"を日本語にどう訳せばよいか難しいが，これまでにこの現象に言及したわが国の研究者である林部(2004)は，「ひとつの形状を保持しようとする知覚特性」と説明している．しかし，この用語の邦訳は試みていない．そもそも，"identity imposition"とは，どのような内容を言うのか．Wallach

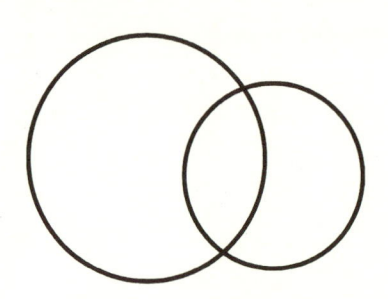

図 4-15．一部が重複する2つの円を，図形全体のおおよその中心点を回転中心としてターンテーブル上でゆっくり回転させる．すると，どちらか一方の円が自転することをやめ，他方の円の上（手前）で滑るように知覚される．発見者のWhallachらはこの現象を，"identity imposition"と名づけた．

（Wallach & Centrella, 1990より引用）

& Centrella(1990)が示した具体例で説明しよう．

　図**4-15**のような，一部が重複する2つの円(大きさは同じであっても違っていてもよい)を平面の紙に描き，図全体のおおまかな中央付近を回転中心として，ターンテーブル上でゆっくり回転させる．すると，最初のころは，描かれた静止画どおり，重なり合った2つの円全体が，お互いの相対的位置関係を保ったまま，平面的に回転していると見える．ところが，少しの潜時ののち，一方の円が他方の円上で(手前で)，滑るように動き始める．その円は，同一態を保持しようとするかのように，もう一方の円とは異なる平面で独自な動きを始めるのである．このような現象を，Wallach & Centrella (1990) は"identity imposition"と名づけた(Wallach et al., 1956では，"imparted identity"または"imparting of identity"と呼んでいた)．この性質は，4-4で取り上げた，円が動いているとも静止しているとも捉えうる状況では，われわれの知覚系は「円が静止していると知覚することを選好する」という性質と通じるものかもしれない．しかし，それならば，2つの円ともども，同じように自転をやめてもよさそうである．一方の円だけが自転しないように見えているとき，2つの円の交わる部分，すなわち二箇所の交点に注目すると，客観的には交点はターンテーブルの回転のあいだ中，同じままなはずだが，現象的には，刻々とずれていくように見える．

　ここで筆者(吉村)は，2つの円を実線ではなく，図**4-16**に示すような破線に変えてみた．すると，図**4-15**の場合とは異なることが起こる．この図に対して，わ

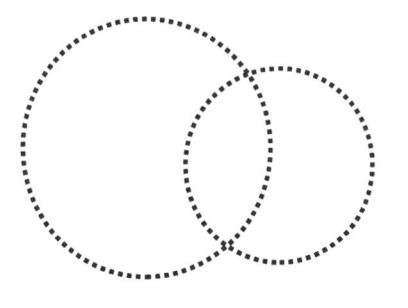

> 図 4-16． Wallachらのidentity impositionの図を実線から破線に変えて回転させてみる．すると，どちらか一方の円が他方の円の上(手前)でグルグル回転し，ついには破線が融合して灰色の一様な円に見えるまでの速さで回転するように知覚される．

れわれの知覚系は，円の静止ではなく，急速な回転（自転）を選好するのである．どちらかの破線円がグルグル回りはじめ，ついには黒と白の破線が灰色実線として融像するまで高速で回転する．2つの円のうち，どちらの円が回転して知覚されるかは，"注意"（注視など）を向けている方の円である場合が多い．この点については，注意と運動に関して，Wertheimerの1912年のモノグラフのところで解説した性質と合致する．すなわち，「一般に、運動は観察者が注意を向けたところに現れやすい」．ゲシュタルト心理学が，もし「円は静止を選好する」という性質を一般則と見なしているなら，ここに示した最後の例は，説明困難になる．破線円であっても，静止していると捉えることが可能だからである．なぜ，円は静止ではなく，急速な回転を選好するのだろうか．Rock (1983) の言うように，知覚系は，「最良の解を求めて機能する"問題解決過程"」と言うべきでないだろうか．

第5章

運動の枠組み：
自己枠組みと視覚枠組み

5-1. 誘導運動
5-2. 速さの誘導運動
5-3. 自己の誘導運動
5-4. Gibsonに発する"オプティカル・フロー"研究
5-5. 運動のベクトル分解と合成
5-6. 全体運動と部分運動の階層性を示す例

5章 運動の枠組み：自己枠組みと視覚枠組み

　宇宙的視野に立てば，地球上のものはすべて動いている．しかし，運動知覚の静止基準を考えるとき，宇宙的視野に立ってみても仕方ない．何らかの現実的な基準のもと，動いているか止まっているか，そして，動いているならどのくらいの速さで動いているかを捉えることが，われわれの知覚系にとっての課題となる．
　「何らかの現実的な基準」として，大きく2つのものが考えられる．
　(1)視対象を見ているわれわれ自身
　(2)地面や部屋の窓などの視覚枠組み
である．幸い，2つの枠組み基準はいつも異なる情報を与えるわけでなく，むしろ通常は一致して強固な枠組みとして機能している．たとえば，電車の中で本を読んでいるとき，われわれは本がものすごいスピードで(電車の速さで)動いているとは捉えず，静止していると知覚する．本の位置は，その本を見ている自分自身を基準に静止しているし，電車の車内という視覚枠組みのもとでも静止を保っている．このような極端な例を持ち出すまでもなく，通常の日常生活事態では，自己身体と視覚枠組みは，一致して安定した枠組み基準となっている．
　問題になるのは，上記の2つの枠組みのうち，どちらの基準をとるかによって，運動感が違ってくる場合である．本章で中心テーマとなる"誘導運動(induced motion)"とは，「(自己身体枠組みに対して)"本当は"静止しているのに，基準となる視覚枠組みが動くことで，それに引きずられてターゲットが動いていると知覚する」ことである．また，"自己の誘導運動(induced motion of the self)"も同様に，「"本当は"自己は動いていないのに，視覚枠組みの動きに引きずられて，自己が動いていると知覚する」ことを言う．こうした評価は，どちらかの枠組みを"本当"の正しい基準と見なしてしまうために下される評価である．"実際"の知覚系は，2つの枠組み基準のあいだでどのように折り合いをつけて，身の回りの対象物の動きと静止を知覚しているのだろうか．

5-1. 誘導運動

日常経験の中でもっともよく取り上げられる誘導運動は,「雲間の月」であろう(図 **5-1** 参照).本当は雲の方が動いているのに,月よりも大きな雲が視覚的枠組み基準となり,止まっている月が雲と反対方向に

図 5-1. 雲間の月.本当は雲が動いているのに,雲の方が静止した枠組みとなり,月がそれと反対方向に動いているように知覚される. （Rock, 1975より引用）

動いているように見える現象である.この現象は,すでにユークリッドやプトレマイオスによっても知られていたそうだが,系統立った研究は,ゲシュタルト心理学者のKarl Duncker (1929/1937) によって行われた.実験室状況としては,図 **5-2** のような刺激布置状況下でデモンストレーションできる.

　誘導運動が起こる理由は,明白である.「雲間の月」を例に,Rock (1983) が行った説明を紹介しよう.その前にまず,絶対運動と相対運動の閾値について理解しておかなければならない.

○絶対運動の閾値:視野内に何も比べるものがなくても,視対象がある程度以上の速度で動いていれば,それを感知することができる.そのことが可能なぎりぎりの視対象の動きを "絶対運動の閾値" と言う.たとえば,空に小さな雲だけしかなく,月がない状態で雲の

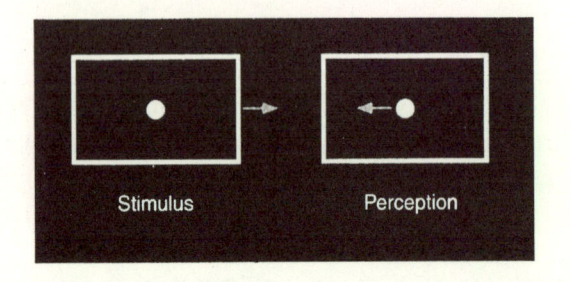

5章 運動の枠組み：自己枠組みと視覚枠組み

図 5-2．誘導運動の実験室状況でのデモンストレーション．長方形が視覚枠組みとなり，本当は長方形が動いていて白丸は静止しているにもかかわらず，白丸が長方形の運動方向とは逆方向に動いているように知覚される．　　　　　　　（Palmer, 1999より引用）

動きを感じ取れるぎりぎりの速さが，雲の絶対運動の閾値である．自己を基準とした動き(subject-relative movement)の閾値と言うことができる．

○相対運動の閾値：視野内に2つ(以上)の視対象が見えていて，お互い同士が位置関係を変えていると感知できるぎりぎりの動きを"相対運動の閾値"と言う．たとえば，雲と月がともに見えている状態で，静止している月が動いていると見て取れるぎりぎりの雲の動きの速さが，雲と月との相対運動の閾値である．視覚枠組み(雲)を基準にした動き(object-relative movement)の閾値と言うことができる．一般に，絶対運動の閾値よりも相対運動の閾値の方が低い．

さて，誘導運動が起こるためには，雲の動きが，相対運動の閾値は超えているが絶対運動の閾値には達していない状況が望ましい．すなわち，雲だけしか見えなければ，雲が動いていると知覚できないが，月があれば，同じ速さの雲の動きであっても，月の動きとして知覚できる状態である．Wallach (1959) も言っているように，視覚系は，単一対象物の絶対的な動きに対する感受性よりも，物体同士の相対的動きに対する感受性の方が高い(閾値が低い)．上記の条件が満たされるとき，より大きな方，あるいは取り囲んでいる方が視覚枠組みとなり，

静止していると知覚される．その結果，月の方が動いていると知覚されることになる．これは事実に反する知覚内容なので，錯視と言えるかもしれない．ここでもし，実際に動いているのが月の方なら，知覚内容は同じであっても，"誘導運動"（すなわち錯視）ではなく，"正しい(veridicalな)"知覚ということになる．

ところで，雲の動きがかなり速くて，枠組みとなる雲の動きが絶対運動の閾値を超えているときには，どのようなことが起こるのだろうか．動いているのは雲の方だとばれてしまうので，誘導運動は起こらないのだろうか．実はそうではない．知覚系はそのような割り切った働き方はせず，一方で，雲の動きを知覚するが，月の動きも誘導運動として知覚する(Rock, 1983)．

5-2. 速さの誘導運動

Dunckerの古典的研究に，客観的には同じ速さで動いていても，動く点を取り囲む枠組みが小さければ，枠組みが大きい場合に較べて，点の動きがより速く知覚されるという実験がある．図5-3は，この知見のデモンストレーションである．大きさや明るさの知覚で起こる"対比効果"と同様の現象が，動きの速さを知覚する場合にも認めら

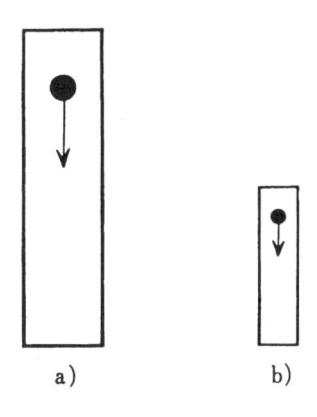

図5-3. a)のような大きな枠組みの中では，b)のような小さな枠組みの中のときより速く動かなければ，同じ速さの動きと知覚されない．

れるのである．

ところが，最近，これとは異なる見解が提出されている．それは，Bressan (1991)による"速度文脈効果"と呼ばれるものである．図5-4を見てもらいたい．点列を動かし，近く（上下）で別の点列を同じ方

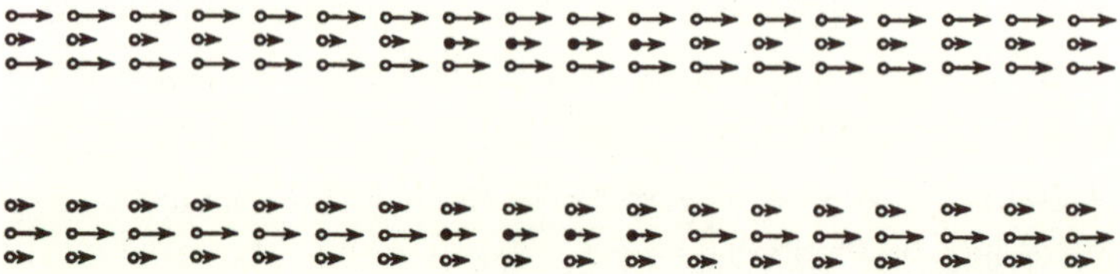

5章　運動の枠組み：自己枠組みと視覚枠組み

> 図 5-4．速度文脈効果．点列を左から右へ動かし，その点列の上下で別の点列をより速く動かす（上の場合）と，より遅く動かす場合より，ターゲットとなる点列が速く動くように知覚される．この現象は，速さの"対比効果"と矛盾し，むしろ他の属性の知覚の場合にも認められている"同化効果"と言うことができる．
> （Bressan, 1991より引用）

向にもっと速く動かす．そばで動く点列が評価対象点列より速く動く場合の方が，遅く動く場合に比べて，評価対象点列の動きがより速く知覚されると言う．

この現象は，上で紹介した"対比効果"と矛盾する．対比効果は，大きさや明るさの知覚においても認められているが，その大きさや明るさ知覚の場合には，"対比効果"とは逆の"同化効果"も存在する．たとえば，図5-5aに示すように，同じ大きさの円であっても，より小さな円を含んでいると，それに引きずられて（同化して）小さく見えてしま

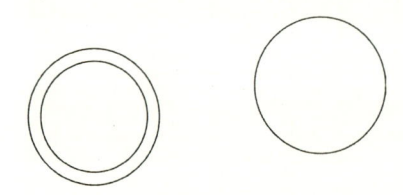

（a）同化効果

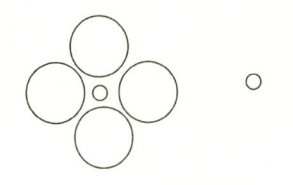

（b）対比効果

> 図 5-5．同化効果と対比効果は，大きさの知覚において典型的に認められる．

う．これと同じ"同化効果"が，速さの知覚においても認められることになる．"速度文脈効果"とは，速さ知覚における同化効果と言うことができる．

5-3. 自己の誘導運動

大地は動かないが，自分自身は動く．こうした自明性を踏まえれば，静止していることの基準に，視覚枠組みを用いる方が賢明である．本節で取り上げる"自己の誘導運動"は，自己身体が静止の基準になりにくいことを証拠立てている．

"自己の誘導運動"の日常例として，次のようなものがある．隣のホームの列車が緩やかに動き始める様子を，止まっている自分の乗っている列車の窓越しに見たとしよう．すると，隣のホームの電車の車体が視覚枠組みとなり，自分の乗っている列車の方が反対方向へ緩やかに発進を始めたと知覚する．

また，実験室では，図5-6のような装置を使って，人工的に"自己の誘導運動"をつくり出すことができる．内壁全面に縦縞模様を描いたドラム内のイスに観察者を座らせ，ドラムをゆっくり回転させ始める．すると，イスに座って静止しているはずの自分が，イスごとドラムとは逆方向に動き始めたと知覚する．こうした事態では，観察者は，誤った自己の回転感だけでなく，不快感や吐き気を伴うこともある．実験室状況において，

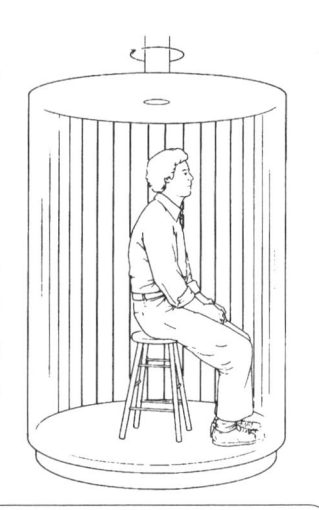

図5-6．自己の誘導運動を生み出す実験装置．ドラムの内側には縦縞模様が描かれている．ドラムをゆっくり回転させ始めると，少しの潜時ののち，静止しているはずの自分の方が，ドラムとは反対方向に動き始めたと知覚する． （Rock, 1975より引用）

Rock(1968)は,自己の運動の加速度に伴う前庭からの入力や,歩いたり走ったりするたびに足の裏の筋肉を介して伝わる自己受容感覚情報などがなくても,視覚情報だけから自己の運動を知覚することが十分可能であることを示した.

"自己の誘導運動"のような錯視的運動を知覚させるには,視野の広範な部分に一様に流れる視覚情報を与えるのがよい.視野中心部の動きより,周辺視野領域に運動映像を提示する方が,"自己の誘導運動"は誘発されやすい.その際,誘導される運動は,必ずしも上に示したドラムの回転のような水平回転運動に限られない.視野の後方に過ぎ去る映像を与えれば,自己身体の前進運動感が誘導され,視野周辺部に上方または下方への映像の流れを提示すれば,自己身体の下降・上昇感が引き出される.

こうした映像の流れが生む身体運動感は,今日では"オプティカル・フロー"と呼ばれ,盛んに研究されている."ベクション"研究も,その仲間といってよい.生態学的視覚論を唱えるGibsonは,オプティカル・フローは,誤った身体運動感(自己の誘導運動)を引き起こすことが本来の機能ではなく,自己身体の動きをveridicalに知覚するという生態学的機能を果たすものと考えた.

5-4. Gibsonに発する"オプティカル・フロー"研究

"オプティカル・フロー"の働きは,視覚科学に対するGibsonの貢献の中で重要なものの1つである.それは,視覚情報の豊かさが環境を能動的に探索する知覚者にいかに重要な情報を与えているかを示すものである.こうした「視覚情報の豊かさ」に対する確信が,Gibsonを"直接知覚論",すなわち網膜に与えられた視覚情報だけで,環境と自己身体の位置・運動関係の一切を的確に知覚できるとの考え方へ導いた.大切なことは,"自己の誘導運動"という錯視的見え方とは異なり,"オプティカル・フロー"は,自己と環境のveridicalな知覚に貢献する機能と位置づけられる点である.

この情報が日常生活で役立つ例として,自動車の運転があげられる.

衝突を避けるため，われわれはブレーキを適切なタイミングで適切な強さでかけることができる．また，車間距離を適切に保つこともできる．このような何気ない操作において，"オプティカル・フロー"情報が役立っている．Gibsonが指摘したこのような情報の重要さは，彼を受け継ぐLee (1976, 1980など)らによる"time-to-contact"研究を生み，定量的検討へと発展した(Gibson自身は，視覚情報のもつさまざまな役割を定性的に体系化した)．

Leeは，"オプティカル・フロー"情報を分析し，接触(衝突)するまでの時間は，τ関数で特定できると提案した．τ関数とは，何らかの空間変数(たとえば拡大の中心との相対的位置など)を時間の導関数(たとえば拡大の中心とその点との相対速度)で除した比率のことである．この関数は，たとえば接触までの時間は，光学的拡大の逆数に比例することを定量的に特定する(Lee & Young, 1985)．定性的に言えば，視野内で物体表面の映像がより急速に拡大すれば，表面との接触までの時間が短いことを意味する．この種の情報には，次のような意味がある：あなたが，まだ(障害物などの)表面から十分に離れていれば，光学的拡大率は非常に小さいが，ぶつかる寸前なら，拡大率は非常に大きい．この関係性が成り立つには，正確には一定速度で接近している必要があるが，Lee (1980)は，たとえ加速度があっても，τ関数は，接触までの時間の近似値として有効に機能することを示唆している．

Gibsonは，"オプティカル・フロー"など，高次網膜像情報の果たす役割を最大限に評価することによって"直接知覚論"を打ち立てた．一方で，「知覚は問題解決過程である」とするRockの考えなどは，典型的な"間接知覚論"である．網膜情報だけでは，外界と自己の位置・運動関係を正しく捉えることは無理とする知覚論である．両者に対し，Palmer (1999)は，次のような中立的見解を示す：論理的には，直接知覚論は間違っている．なぜなら，網膜情報だけから実空間を一義的に復元することはできないからである．しかし，生態学的には，直接知覚論は正しい．自然視状況下では，実空間の正しい姿は，光学的に豊かな三次元環境から直接捉えることができるからである．これはまさ

に推論理論(間接知覚論)における"ヒューリスティックス"の役割と通じるものである．

ここで，"ヒューリスティックス"という新たなキーワードが出てきた．簡単に言ってしまえば，正しい答えを発見的に探ることである．この用語は，知覚以外の認知心理学領域で使われ始めた便利な言葉である．本書では，第10章で正面から検討することになる．"ヒューリスティックス"の検討を第10章まで先延ばしするのは，本章以降に登場する運動現象へのさまざまなアプローチの中に，"ヒューリスティックス"を考えるために必要な現象がいくつも登場するからである．それらの解説を踏まえて，改めてこの問題と向き合いたい．

Gibsonの直接知覚論においても，生態学的アプローチをとっていることから，"ヒューリスティックス"との結びつきは強い．Gibsonは，(錯視的な現象ではなく)正常なまたは自然環境下での光学情報の役割を強調して，生態学的アプローチへ突き進んだ．自然状況下では，推論理論が主張するところの"ヒューリスティックス"はほとんど普遍的にveridicalな知覚を導く．両理論とも，知覚がなぜ自然視条件下でveridicalになるかを説明する．ただ，Gibsonの生態学的アプローチは，推論理論とはまったく違うやり方で説明しているだけなのである．

5-5. 運動のベクトル分解と合成

物理学では，1つの運動を2方向に分解する(または逆に，2つの運動方向を1つに合成する)ことはよく行われる．たとえば，斜面上に置かれた物体にかかる力は重力方向のみであるが，それを，斜面に垂直な力と斜面に水平な力に分解し，斜面の摩擦抵抗との関係から，物体が斜面から滑り落ちるかどうかを計算する．こうした物理学における力の分解を運動知覚の世界に明確に持ち込んだのは，スエーデンの知覚心理学者，Johanssonであった．Uppsala大学のJohanssonは，のちの章で解説する"バイオロジカル・モーション"研究でよく知られている人物だが，その研究を始める前，彼は運動知覚にベクトルの考え方を持ち込むことの有効性を一連の研究で明らかにしていた．

図5-7がベクトル合成を理解する分かりよい例となろう(Johansson, 1950). 画面上に2つの●があり,両者は左下から出発し,片方は上に向かって運動を開始し,他方は右に向かって運動を開始する.この事態を,2つの物体は別のもので,それぞれ独立に上と右に動くと知覚することもできる.しかし,見方によれば,両者は勝手に別々に動いているのではなく,"全体として"ある方向に動いていると捉えることもできる.

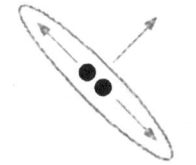

> 図5-7. 2つの点の運動はベクトル合成され,共通運動成分が検出される.そして,残った成分が,全体運動の中でのそれぞれの●の固有運動成分となる. （Palmer, 1999より引用）

大切なことは,両者を独立した動きと見るか,共通運動と見るかについて,どちらが正しいかでなく,観察者が現実にどちらの見方をとるかという心理学的問題である.そして,この例の場合は,2つの●に共通運動を見て取るのが心理学的事実である.こうしたことを踏まえ,Johanssonは,運動の共通成分の方向と大きさの現れ方を,ベクトルを使って見事に記述したのである.

さて,共通の動きは,当然のことながら,同じ方向で同じ大きさでなければならない.図5-7の場合,2つの●は方向こそ違うが同じ速さで動

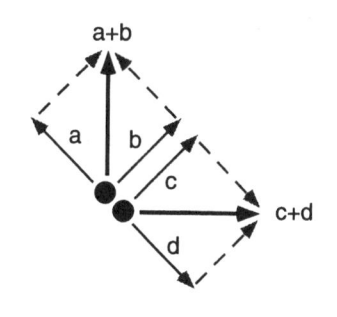

> 図5-8. 2つの運動から合成される共通運動成分は,図中のbとcのように,同じ方向で同じ大きさのベクトルである.
> （Palmer, 1999より引用）

いているので，両者の共通運動成分は，図 **5-8** に示すように，右斜め45度上方となる．こうして，それぞれの●が全体の動きの中でどのような成分を共有するかが確定する．共通運動成分が抽出できれば，残ったベクトル成分が，それぞれの対象物の固有の運動成分となる．そのような見え方が現実に生じることから，知覚される運動内容をベクトル分解することの有効性が確認できる．真上に向かって進んでいく●の部分運動は左45度上方に，また右に進んでいく●のそれは，右45度下方となる．

　上の説明では，2つの要素を含む運動では，まず両者に共通の運動成分が全体運動＝共通運動として抽出され，その残余として，それぞれの要素の部分運動＝相対運動が知覚されるとの順序が想定されていた．この順序性は認めてよいことなのだろうか．その検討の前に，「共通運動」と「相対運動」の中身を確認しておこう．

〇共通運動：複数の異なる物体の動きが共有するベクトル成分のこと．定義により，この共通の動きが，それらの物体をグループ化することになる．

〇相対運動：それぞれの物体がグループ全体との関係においてどのように動くかを示すベクトル成分のこと．共通運動ベクトルを取り除いた残りのベクトル．

　こうした定義からすると，まず"共通運動"成分が抽出され，その残余として"相対運動"が知覚されるとの順序性は必然のように思える．実際，Johansson (1950) も，その立場をとった．しかし，他の可能性も考えるべきだと，Palmer (1999) は指摘する．それは，まず相対運動が知覚系によって先に検出され，その残余として共通運動成分が知覚されるという順序性である．この考えは，Cutting & Proffitt (1982) が採用している．さらに，第3の可能性として，両成分が同時に抽出されると考えることもできる．いずれが正しいかは，現象レベルを超えた理論的問題であり，本書では踏み込まないが，残念ながら，現時点ではこの問いに対する明確な解答は得られていないようである．ただし，検出の順序はいずれであっても，Johansson がこの領域に導

入したベクトルによる運動分解法は,運動知覚の枠組みを階層的に捉える姿勢を促すことになった.すなわち,環境枠組み＞全物体の動き＞個々の物体の動きという階層性である.

5-6. 全体運動と部分運動の階層性を示す例

対象物の1点の動きを見せられただけでは,何のどのような動きか分からないことが多い.しかし,他の部分の動き情報が加わると,動きが明確に知覚できることがしばしばある.もっともよく知られた例は,サイクロイドであろう.暗闇で車輪の円周上の1点にランプを貼りつけた状況で車輪を転がしていくと,およそ車輪の回転とは見えず,サイクロイドという独特の軌跡を描く運動として知覚される.しかし,円周上の180度離れた1点に光点を加えてやると,車輪の回転が知覚できるようになる.第2の光点が車輪の回転中心であっても,多くの場合,車輪の回転が知覚される.ただし,場合によれば,図5-9Bに

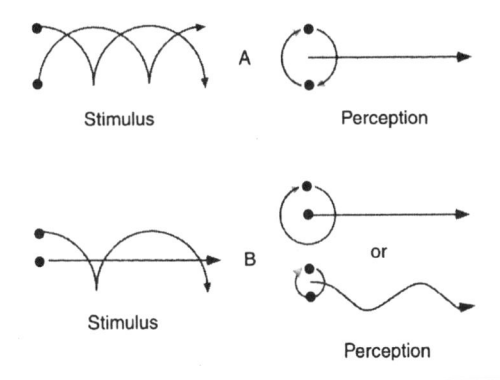

図5-9. 円周上の直径位置の2点が見える状態で円を回転させたときの軌跡と,そのときの知覚内容をAに示した.円周上の1点と円の中心が見える状態で円を回転させたときの軌跡と,そのときの知覚内容をBに示した.Aの場合は円の回転が明確に知覚される.それに対し,Bの場合は,円の回転が知覚されるか,あるいは小さく円が波打ちながら回転していくように見える.

（Palmer, 1999より引用）

描きこんだように，直径2分の1の円が，緩やかに波打ちながら回転するように見えることもある．それに対し，第2の光点を，円周上の180度離れた位置以外のところに与えれば，2点を端点とするバトントワラーのバトンの回転運動のように見える．

　サイクロイドに回転中心点を加えた上の例は，全体運動(共通運動)が把握できれば，部分運動(相対運動)もveridicalに知覚できる例と言えるが，逆に，全体運動が見えることにより，部分運動が"誤って"知覚される現象もある．ハトが地面を歩いているとき，首を突き出したり引っ込ませたりしながら歩いている様子は，誰もが見知っているだろう．確かにハトは，首を前に突き出しては後ろに引っ込める仕草を繰り返しながら歩いている．しかし，より大きな枠組みである空間枠組み基準に照らすと，ハトは決して首を後ろに戻したりしていない．ハトが外界を見るために必要なことは，外界空間枠組みに対して目の位置を静止させることである．ハトの歩く姿を見ていると，目があわただしく前進・後退運動を繰り返し，瞬時も静止していないように見える．もしそうなら，ハトの網膜に映る外界像は，絶えず揺れ動くことになる．そのような網膜像では，人ならずたとえハトでも気持ち悪くなるに違いない．実際のハトの目は，空間枠組み内で"前進"と"静止"を繰り返しているのである．そして，静止しているあいだに，外界像を的確に把握している．

　図5-10を見てもらいたい．これは，Frost (1982)が観測した，歩行中のハトの頭部と胴体，それに足の動きの時空間表示である．横軸に時間，縦軸に空間内での位置をとり，プロットされている．注目すべき点は，頭(目)の位置が，外界に対して前進と静止を繰り返している点である．それに対し，頭部と胴体との相対的位置関係に注目すると，頭と胴体は行きつ戻りつジグザグ運動を繰り返している．われわれは，胴体に代表されるハトの全体運動(共通運動成分)を知覚することにより，より大きな枠組みである空間内での目の位置を捉え損なっているのである．

　男女が組んで行う社交ダンスなどで，女性が男性のまわりをぐるっ

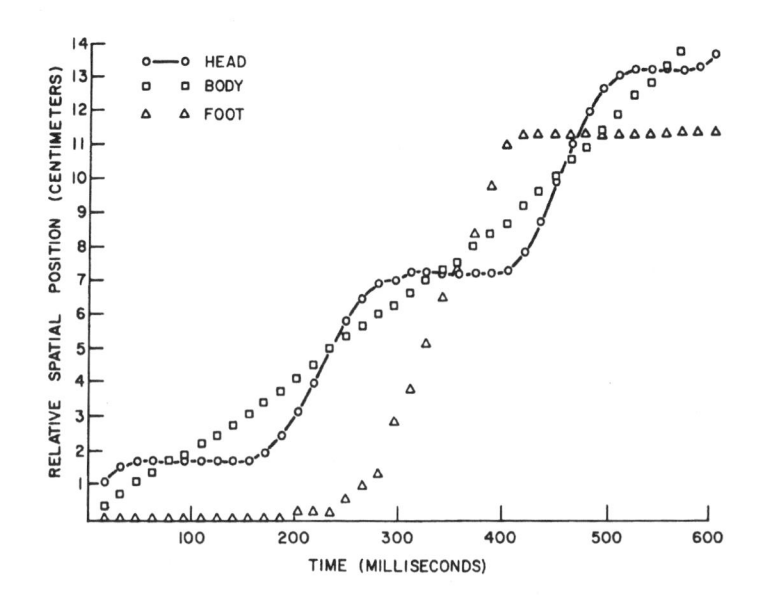

図 5-10. ハトは首を突き出したり引っ込めたりして歩いてなどいない．頭（HEAD）は，胴体（BODY）との相対的関係では行きつ戻りつしているが，実線で示すように，外界に対して頭部は，進んでは停止する動作を繰り返している．そのため，目あるいは網膜は，静止した外界像を捉えることができる
（Frost, 1982より引用）

と一周回るように見える動きがある．しかし，多くの場合，男性がすばやく回り込んで，女性はその場で自身を回転軸にクルッと回っているにすぎない．男性を回転中心に女性が大きく一回転するとなれば，ダンスにおける女性の動きは，過酷極まりないものとなる．男性にリードされるという受動的な動きを，男性以上の運動量でこなさなければならないからである．実際には，その場で回転しているにすぎない．もちろんそれは，男性のリードがうまければの話である．

第6章
対応問題

6-1. 2点間の対応
6-2. 3点同士の対応：Ternus効果
6-3. Wagon-wheel 錯視
6-4. 窓問題（aperture problem）
6-5. 窓問題における物理的対応点
6-6. 対応点が多数ある場合：バーバーポール錯視を例に
6-7. 対応点の運動方向が異なる場合：運動ベクトルの合成
6-8. 対応問題とKDE

6章 対応問題

運動とは,映像が時々刻々変化することである.しかし,だからと言って,時刻1での映像が,次の瞬間の時刻2においてまったく別の映像に変わってしまうわけではない.時刻1における点Aが時刻2では点Bに移動したことを,映像を見ている人は見て取ることができる.すなわち,両時刻で,どの部位同士が対応するかを,一義的に確定できる場合が多い.もっとも単純な場合は,それぞれの時刻で画面内に1点だけ現れる場合だろう.このときには,画面の切り替え時程が適切なら,2つの点が実は同じ点で,動いたために位置が変化したものと容易に対応づけることができる.どの点同士が対応するのかが問題になる事態,すなわち"対応問題"を考える必要が生じるのは,単一画面内に2つ以上の要素が登場する場合である.まずは,各画面に2つの図形要素が現れる状況から考えてみよう.

6-1. 2点間の対応

時刻1に2つの点(第1画面)が,そして時刻2に,それとは異なる位置に同じく2つの点(第2画面)が提示されたとき,どちらの点同士が対応することになるのだろうか.2枚の画面が適切な時間間隔で提示されると,対応する点同士のあいだに仮現運動が起こる.どの点からどの点への仮現運動が起こるのか.

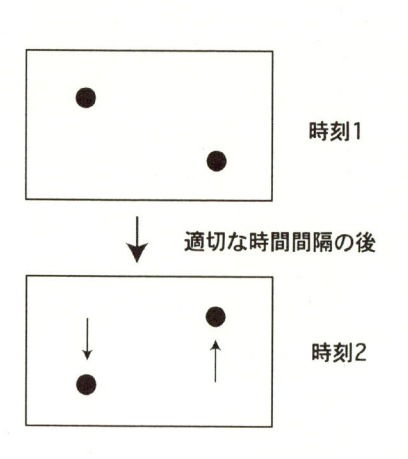

まず,同じ形,同じ大きさの2つの●が,時刻1,時刻2に,それぞれ存在する場合を考えよう.ただし,距離は同じでなく,図**6-1**のように,縦同士が近く,横同士は遠いとする.このよう

図 6-1. 仮現運動は近い点同士のあいだで起こる.

な状況では,近いもの同士で仮現運動が生じる.たとえ,遠いもの同士にとって最適な時相で継時提示されたとしても,近い点同士の仮現運動が起こる(Metzgerは"最小変化の法則"と呼んで,主要なゲシュタルト法則の1つと位置づけた).

それなら,2組の●同士が等距離にある場合はどうか.図 **6-2** の事態である.このときには,起こりうる仮現運動は二義的となる.ともに横に動くか,ともに縦に動くか,どちらかである.ただし,第1画面の2つの点が,第2画面の同じ1点に向かって仮現運動を起こすことはない.もちろん,第2画面に1点しか提示されていない場合には,第1画面の2点は,同じ点に向かって仮現運動を起こしうる.

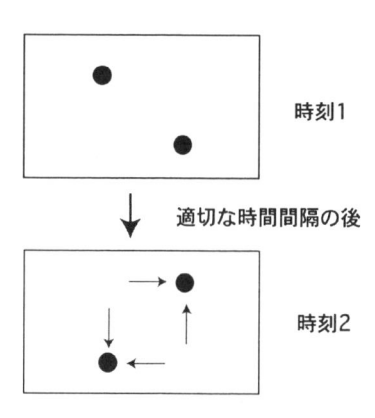

図 6-2. 候補となる点までの位置が等距離の場合は,仮現運動の起こり方は多義的となる.

次に,同時に提示される2点の形や色,大きさが違う場合はどうだろう.同じ物理的性質をもつもの同士の仮現運動が選好されるのだろうか.少なくとも,(移動距離など)他の条件が同じなら,同じ物理的性質をもつ図形同士のあいだで仮現運動は起こりやすいと考えたいところである.ところが,Kolers(1972)やNavon(1976)は,物理的性質の違いは選好に影響しないと言う.たとえば,赤い点同士での仮現運動の起こりやすさと同程度に,赤い点が途中で青い点に変わる仮現運動が生じると言うのである.このような知見は,距離の近さだけが排他的に仮現運動の起こりやすさを規定することを示唆する.

ところが,最近の研究では,これに反する見解が示されている.た

6章　対応問題

とえば, Mack, Hill, & Kahn (1989) は, 向きや形, 大きさのいずれかを混同しやすい変数からうまく分離してやれば, それらの変数が仮現運動の起こりやすさに影響を及ぼすことを示した. 図**6-3**のような, 横に並んだ●と■の第1画面と, 縦に並んだ■と●の第2画面が交互提示されると, 10秒間の繰り返し試行で, 同じ形同士のあいだでの仮現運動が, そうでないもの同士よりも, 8倍から10倍も起こりやすいと言う. しかし, 見方を変えれば, 割合こそ低いものの, 異なる形同士のあいだでの仮現運動も完全に排除されないことを意味していると言うこともできる.

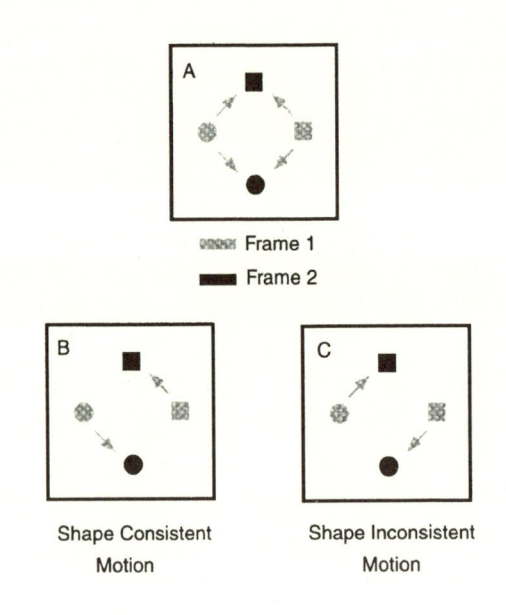

図 6-3. 距離が同じならば, 同じ形同士のあいだで仮現運動が起こりやすいのか？　確かに, Bのように同じ形同士のあいだで仮現運動は起こりやすいが, C のように違う形同士のあいだの仮現運動も排除されない. 　　　　　　　　　　　（Palmer, 1999より引用）

6-2. 3点同士の対応：Ternus効果

第1画面に等間隔の3点があり，第2画面でも同じ形の3点が位置を変えて表示される場合を考えよう．その際，第1画面の右2つの●と第2画面の左2つの●は，両画面で同一位置に提示される．ここで，仮現運動の起こりうるすべての組み合わせをあげるなら，6通りの対応パターンが考えられる．しかし，現実に起こりうるのは，以下の2パターンのうち，どちらかである．こうした3点間の対応問題は，"Ternus効果"として知られている(Ternus, 1926/1938)．

"Ternus効果"とは，図 **6-4** の事態において，3点がまとまって，す

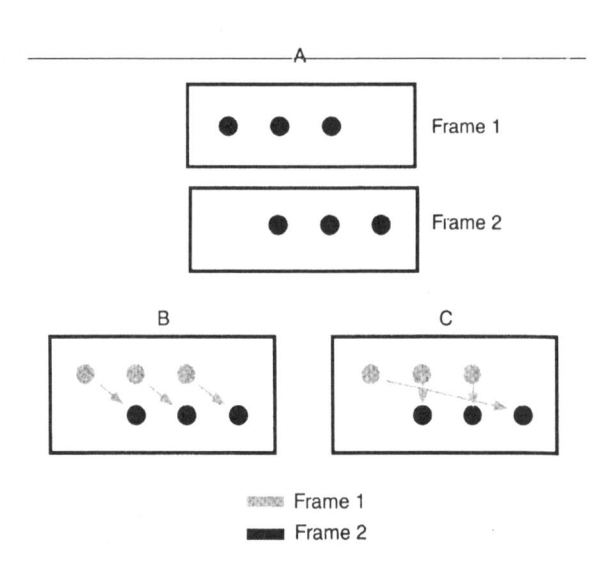

図 6-4．3点がまとまって動くTernus効果．両端の2点以外は位置を変えないにもかかわらず，Bのように3点がまとまって仮現運動を起こす．ただし，Frame1とFrame2の提示時間間隔が非常に短いときは，Cに示すように，両端の点同士の仮現運動が生じる．
（Palmer, 1999より引用）

なわちゲシュタルトを形成して，仮現運動を起こすことを言う．すなわち，B図の事態である．考えてみれば，これは奇妙なことで，両画面合わせて4つの位置に●が提示されるわけだが，真ん中の2つは，両画面でまったく位置を変えないわけだから，真ん中の2つの●は仮現運動を起こす必要がない．C図のように，左端と右端の●同士で動けばよさそうなものである．この，左端と右端の●同士のあいだでの仮現運動は，実は，ISIが0に近いとき，すなわち休止時間をおかずに2つの画面を切り替えたときに見られる．それに対し，適当なISIがあれば，3点は運命共同体として動き，Ternus効果が生じる．

このようなわけで，"Ternus効果"が起こるかどうかは，休止時間（ISI）次第と言える．このことを示したのは，Pantle & Picciano (1976)であった．また，Burt & Sperling (1981)によれば，対応問題を解決する際に，時間と距離のトレード・オフがあると言う．すなわち，速い交替のときには最小移動距離の仮現運動が選好され，遅い交替のときには長い移動距離の仮現運動か選好される．しかしながら，このルールをTernus効果に当てはめると，おかしなことになる．4つの●の端から端への移動距離は，Ternus効果が現れるときの隣同士への移動距離の3倍となる．にもかかわらず，ISIが極端に短いときにそのように移動量の大きい仮現運動が起こるというのでは，Burt & Sperlingの主張に合わないと思えるからである．ただし，3点すべてが隣に移るTernus効果においては，総移動距離は，左端と右端の1つの●同士の移動距離と同じになっている．

Ternus効果が生じるのは，3点同士のあいだとは限らない．Ternus (1926/1938) は，次に紹介するようなさまざまなケースでも，全体がゲシュタルトをなして移動しうることを示している．図6-5のうち，はじめの4つは，すべてまとまって運動し，Ternus効果を示す．六角形や三角形，それに，角度が変わっても三角形としてまとまった移動が選好される．Bでも，やはり全体が形を保って仮現運動を起こす．

しかし，6つのうち最後の2つの図形では，全体が形を保った仮現運動を起こさない．その理由は，EとFで異なっていると考えられる．

Eでは，第1図形と第2図形の形が異なるため，「ゲシュタルト性を保った仮現運動を起こすか」と問うことが，そもそもできないと考えられる．水平に並んだ点は静止しており，斜めに並んだ点同士が，仮現運動を起こすと言ってよい．それに対し，Fでは，X形を保ったまま仮現運動を起こす可能性，すなわちTernus効果が起こる可能性は十分考えられる状況だが，水平点列が切り離され常時提示されたまま静止

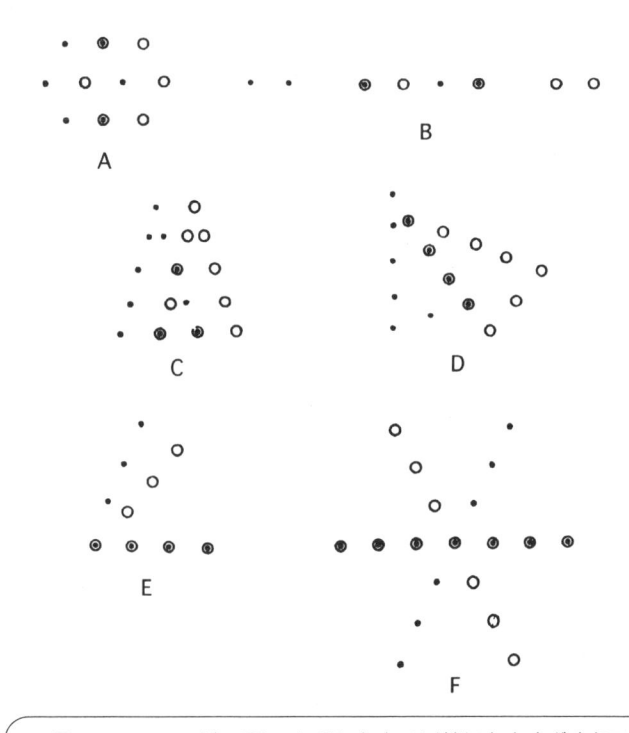

図 6-5. Ternusは，図6-4に示したもの以外にもさまざまなTernus効果を示していた．ただし，両画面の同じ位置に"I"形をなす点列が提示されるEとFでは，"I"が単独でゲシュタルトを形成するため，図形全体がまとまって移動するTernus効果は現れない．図中，・は第1画面，○は第2画面に提示される点列を表す．もちろん，実際には，両画面で同じ要素図形が提示される．
（Ternus, 1926/1938より引用）

していため，2つの斜め点列同士のあいだだけで仮現運動が生じることになる．

ここに示した例の多くには，第1画面と第2画面で重複提示される点列があった．それぞれの図での，白丸と黒点を重ねて表示した点列である．D以降は，重なる点はI型で一列をなしている．Dでは，第1画面と第2画面のそれぞれの図形は全体としてゲシュタルトを形成し，観察者はI型部分の存在に気づかない．それに対し，EとFの2つの図形では，継時提示において被験者は，常時存在するI型点列に明確に気づく．そうなると，I型自体がゲシュタルトを形成し，各画面における全体形(FでのX形)は壊れてしまう．その結果，X形の一部，すなわち一方の斜め点列のみが，画像の切り替わりに応じて仮現運動を起こすと知覚される．

6-3. Wagon-wheel 錯視

テレビのコマーシャルなどで，自動車が街中や山道をさっそうと駆け抜けているのに，車輪の回転が極端に遅かったり，反対方向にゆっくり回転しているのを見た覚えのある人も多いと思う．自動車の車輪でなくても，プロペラや扇風機の羽根であっても同じことが起こりうる．重要なことは，実際に見ているのではなく，テレビや映画で見ている点である．まれに，部屋の中で実際に扇風機が回っているところを見て，こうした印象をもつことがあるが，その場合，毎秒50ないし60Hzで規則的な点滅を繰り返す蛍光灯の照明下で羽根の回転を見ていることが，いわば"ストロボ効果"となって，テレビや映画と同じ状況を作り出していると考えられる．テレビの場合は毎秒30フレームの画像更新が行われ，映画の場合は毎秒24枚の静止画の連続提示である．こうした状況下で，Wagon-wheel 錯視は生じるのである．

Wagon-wheel 錯視が，いわゆる仮現運動状況に限られていて，日常生活で実際運動を観察しているときには生じないという事実は，先の2-3で言及した"window of visibility"，すなわち実際運動を観察しているときでも，われわれは時間サンプリングを行って視覚情報を間欠

的に処理しているという考え方の反証となるはずである．しかし，連続光を当てて回転物を実際に観察しているときにも，Wagon-wheel錯視が生じるというPurves, Paydarfar, & Andrews(1996)の知見があり，この問題をややこしくしている．

　Purves et al. (1996)は，太陽光や直流電灯照明下でも，車輪などが反対方向に動いて見えると言う．すなわち，連続光のもとでのWagon-wheel錯視を主張するのである．この見解は，眼球運動の停留が毎秒3ないし4回であることから，われわれは連続運動に対しても，毎秒3ないし4回の断続的サンプリングしか行わずに外界像を取り込んでいるとの可能性を示唆する．そこまで少なくないまでも，毎秒20回程度のサンプリングを行っているとの考え方も提案されている．しかし，Purvesらが実験で使用した，車輪の高速回転によって生じるon-off（白－黒）交替は，たとえ連続的に知覚されていたとしても，逆方向の動きの見え方を引き起こしうる．Purvesらが実際運動観察時に生じるWagon-wheel錯視の特徴としてあげている，次の3つの特徴は，その可能性を示唆しているように思う．

1. 連続光のもとでは車輪の静止は観察されない．
2. 連続光のもとでの逆回転は，徐々にではなく突然生じる．
3. 連続光のもとでの逆回転時の見かけの速さは，実際の運動方向が見えているときの速度よりも速い．

Wagon-wheel錯視の本質的特徴は，次の具体例で解説するように，車輪の回転が逆方向に動いて見えるだけでなく，実際よりゆっくり動いたり止まっているように見えるところにある．

　映画という断続的運動提示事態を例にWagon-wheel錯視を説明しよう．車輪の回転を，われわれは輪の部分の動きによって見るのではなく，車輪に取りつけられたスポークや，ホイール・カバーの模様の動きから捉えている．

　図**6-6**のAを見てもらいたい．単純に4本のスポークがついた車輪だとする．映画フィルムは，動いている対象物を，毎秒24回シャッターを切って静止画として撮影する．1回のシャッター速度は，最大

24分の1秒だが，屋外や強い照明を当てた明るいところでは，シャッター速度はごく短くなる．露光時間が短ければ，動いている被写体のぶれも少なく，鮮明な静止画としてフィルムに焼き付けられる．こうしてできあがったフィルム上の1コマ(Frame1) と次のコマ(Frame2)の映像関係に注目する．Frame1からFrame2までの24分の1秒間に，時計回り方向に15度回転している．車輪の回転が等速度だとすれば，24コマ，すなわち1秒を費やして，車輪はゆっくり時計回りに1回転することになる．

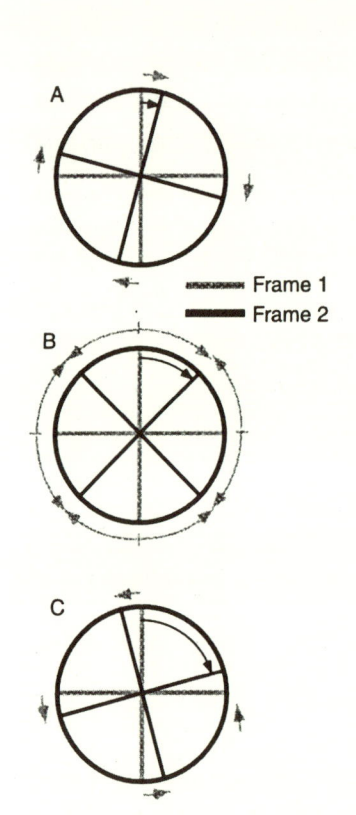

いま述べたことが，この映像を実際に見た観察者が抱く知覚印象である．しかし，事実は，1コマのあいだに，車輪は反時計回り方向に345度回転しているのかもしれない．他の可能性もある．スポークが1本ではなく4本あることから，1コマのあいだに，時計回りに105度，195度，285度回っているのかもしれない．反時計回りとしての可能性

図6-6．Wagon-wheel錯視の解説図．それぞれの図は，連続する2コマの映像を示している．車輪の客観的運動方向いかんにかかわらず，AやCでは，物理的変化量が少ない方向に回転するように知覚される．Bのようにちょうど真ん中付近にスポークがくると，どちらに回転していると知覚されるかがあいまいになる． （Palmer, 1999より引用）

もたくさんある.345度の他,75度,165度,255度かもしれない.いま述べた候補はすべて,1回転(360度)以内の場合であって,1コマのあいだに1回転以上回っている可能性も勘定に入れれば,候補は無限に存在する.このように,回転角度に対して多くの可能性があるにもかかわらず,われわれが実際に知覚するのは,図6-6Aのケースでは一義的に,1コマのあいだに時計回り方向15度の回転である.その理由は,しごく単純で,隣り合ったコマ同士,もっとも近いスポークに

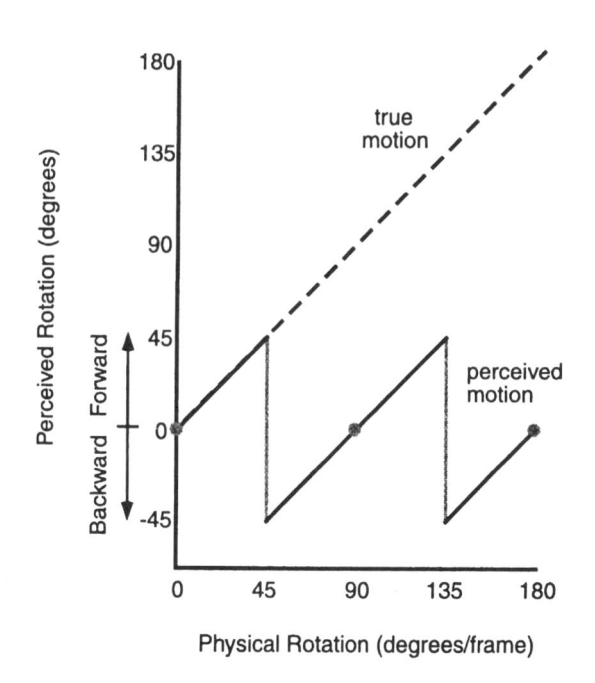

図 6-7. 4本スポークで生じるWagon-wheel錯視での車輪回転角度と知覚される回転角度との関係.実際の回転がどんなに速くても,4本スポークの場合には,1コマあたり時計回り・反時計回りとも,45度以上の速い回転は知覚されない.(Palmer, 1999より引用)

対応づけられるからである．したがって，Wagon-wheel錯視における対応問題でもっとも強力なファクターは"近接性"と言ってよい（Metzgerの"最小変化の法則"を思い起こしてほしい）．

多義性，あいまいさが生じるのは，図6-6のBのように，もっとも近いスポークまでの回転が，時計回りをとっても反時計回りをとってもほぼ同じになる場合である．4本スポークのケースで言えば，スポークの回転角度が45度付近のときである．このような場合には，今まで時計回りに回っていたかと思うと，次の瞬間，反時計回りに見えたりする．また，等速回転でなく，自動車が加速するときのように，刻々と回転数が変わっていくと，時計回りと反時計回りが入り乱れることになる．

図6-7は，4本スポークの車輪に対する，実際の車輪の回転角度と，知覚される回転角度および回転方向の関係をグラフ化したものである（Palmer, 1999）．実際の回転方向と速さを正しく（veridicalに）知覚できるのは45度／コマ以下の場合にすぎず，45度を超えると，回転角度ばかりか回転方向も誤って捉えてしまう．ここには180度の回転角度までしか表示されていないが，理論的にはこのノコギリ波状の関係は，どこまでスピードを上げても繰り返されることになる．

Wagon-wheel錯視の原理を応用し，高速で回転する物体の回転速度を測る測定器がある．「ストロボ式回転計測器」と呼ばれるもので，一定間隔で発光するストロボ光を回転体に照射し，回転体の模様が静止して見える発光数から回転数を読み取る装置である．ストロボの発光時間は非常に短いため，照射しているあいだ，映像はほとんどぶれない．上のWagon-wheel錯視の説明から分かるように，ストロボ発光のタイミングと回転物体の回転数がぴたりと合えば，ストロボ光は，回転物体をいつも同じ位置で照射することになる．その結果，回転物体に描かれた絵や文字が，あたかも静止しているかのように読み取れる．静止して見えるときのストロボ発光数から，物体の回転数を知るのである．

ただし，測定に際しては，注意すべき点が2つある．まず，回転物

体に繰り返し模様が描かれていてはならない．たとえば，上で取り上げた4本スポークのような十字模様が描かれていれば，90度ごとにストロボ照射と画像の静止が同期し，回転数を誤って読み取ることになる．回転体には，360度，すなわち1回転に1度しか重ならない図柄が描かれていなければならない．もう1つの注意点は，ストロボ光による画像静止は，回転物体の回転数の約数の照射数で起こる点である．たとえば，毎秒100回転している物体に対して，毎秒100回のストロボ照射だけでなく，50回，25回，20回‥‥，照射の場合にも回転物体に描かれた画像は静止する．そこで，回転数の計測にあたっては，予想される物体の回転数より明らかに高い照射回数から開始し，ストロボ照射数を徐々に下げていき，最初に画像が静止した照射数をもって，物体の回転数としなければならない．

6-4. 窓問題 (aperture problem)

まず最初に言うべきことは，本節で取り上げる窓問題は，これまでに説明した対応問題とは違い，仮現運動事態のみならず，実際運動状況においても等しく当てはまる点である．

もっとも単純な例として．丸い窓枠の中一杯に，斜め45度の直線が移動する場合を考えよう．図**6-8**の事態である．客観的には，斜め線が窓枠内を上から下に向かってまっすぐ通過している．図**6-8**は，通過途上の1コマである．斜線は，実際には上から下に動い

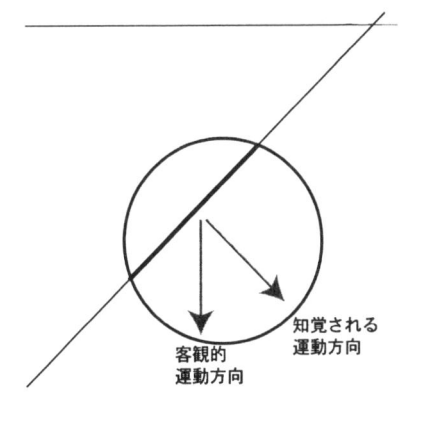

図 6-8． 丸い窓枠の中を動く斜め線．たとえ客観的に上から下へ斜線が動いても，右斜め下45度方向へ動くように知覚される．

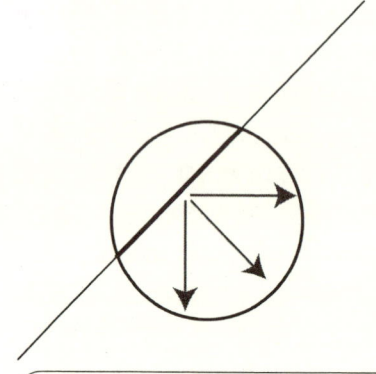

ているにもかかわらず，この運動を観察している人には，斜線は左斜め上から右斜め下に向かって直線的に進んでいくように見える．これは，錯視でも何でもない．実際に斜線を左斜め上から右斜め下に動かした場合にも，斜線の動きはこれとまったく同じになるからである．要す

図 6-9．斜線の客観的運動方向が，矢印で示した3方向のいずれであっても，物理的にまったく区別することができない．

るに，図 6-9 に描き込んだ3本の矢印のように，「上から下」「左斜め上から右斜め下」「左から右」のどの動きであっても，物理的にはまったく区別できない動き方になるのである．このことは，窓枠に通過線分の端が現れない限り，斜線の運動方向の特定が不可能なことを意味する．（理屈上は，この斜線の動きは，図 6-10 に示すように，右斜め上 45 度方向に向かう運動から左斜め下 45 度方向に向かう運動まで，180 度の範囲の動きとの可能性をもつ）．問題は，にもかかわらず，われわれは「左上から右下へ向かう斜め 45 度の動き」と一義的に知覚する事実の方にある．なぜ，そのような見え方に収束するのだろうか．

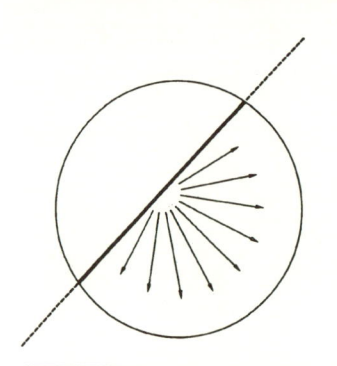

このような事態でのルールと

図 6-10．理屈上は，矢印で示した180度の範囲内の動きである可能性をもつ（ただし，右上斜め 45 度と左下斜め 45 度ちょうどの方向への動きでは線分はまったく動かないので，これらは除く）．

してまず考えられるのは，直線と直角をなす方向への動きが知覚されるという一般則である．そこで，このルールが他の場合にも成り立つかどうかを検討しよう．ゲシュタルト心理学者のWallachは，Berlin大学にドイツ語で提出した学位論文（Wallach, 1935）の中で，丸い窓枠をさまざまな窓枠の形に変えて，この問題を吟味した．

まず図**6-11**に示した，円，正方形，菱形の3種類の窓通過時の斜線の運動方向である．これらの形の窓では，すべて左上から右下に向かって，斜め45度の運動として知覚される．先ほどの"一般則"候補どおりの見え方である．そこで，まず，次のルール

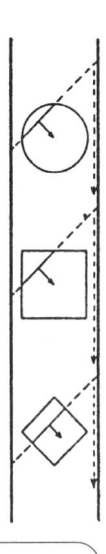

> 図 6-11．窓枠の形が，円，正方形，菱形のいずれの場合にも，斜線の運動方向は，右斜め下45度と知覚される．

を提示しておく．

〈ルール1〉：直線の向きと直角をなす方向への動きと知覚される

しかし，Wallachは，図**6-12**に示す3種類の窓枠では，この〈ルール1〉に反する見え方になることをデモンストレーションした．3種類の窓枠の形は，縦長長方形，横長長方形，それに鍵型である．それぞれの窓枠を通過するときに知覚される斜線の運動方向が，図中に実線矢印で描き込まれている．これら3種類の窓枠通過時に共通することは，斜線は窓枠の長辺に沿って動く点である．具体的に言うと，

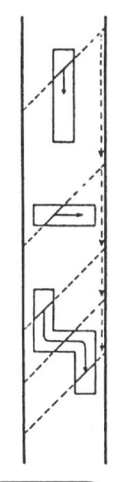

> 図 6-12．長方形や鍵型の窓を通過する場合には，斜線は窓枠の長辺方向に動くように知覚される．

横長長方形の窓枠を通るとき,斜め線は左から右へ水平に動くと知覚される.縦長長方形の窓の場合は,上から下へ垂直に動くように知覚される.そして,縦長長方形部分と横長長方形部分をもつ鍵型窓を通過する際には,斜め線は通過する時点における長辺に沿って動き,長辺の切り替わりに応じて,進行方向を縦から横へ90度変えるように知覚される.この事実から,新たなルール,
〈ルール2〉:窓枠の長辺に沿った動きと知覚される
が提案できる.

ところで,斜線の運動方向を厳密に見つめれば,たとえ長方形の窓枠を通過するときであっても,斜線はいきなり長辺に入るわけではない.図 **6-13** のように,窓枠に現れ始めてから少しのあいだは,ちょうど先の図 **6-11** の正方形窓枠を通過するときのように,直角をなす2辺のあいだを通過することになる.そのときには,上で示した〈ルール1〉が適用され,斜線と直角方向への動きとして知覚される.その後,斜線は,長辺と短辺が区別できる長方形部分に進入する.そうなれば,〈ルール1〉ではなく〈ルール2〉が適用され,長辺に沿った斜線の動きが知覚される.さらに,長方形窓の出口付近に近づくと,ふたたび長辺をもたない部分に進入し,自らの傾きの直角方向へ動くように知覚される.このようなわけで,窓枠全体を通過するには,たとえ縦長長方形という単一窓であっても,左斜め下→下→左斜め下と3回,進行方向を変え

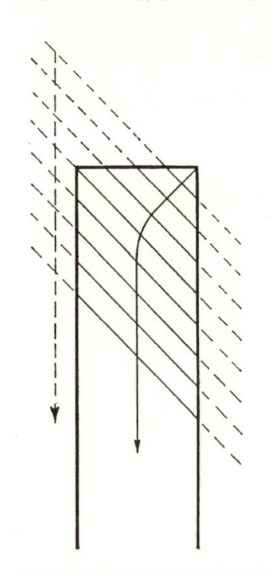

図 6-13. 長方形の窓枠を通過するときでも,斜線が長辺に達するまでは,正方形窓のときと同じように,斜め45度下方に向かって動くと知覚される. (Metzger, 1953/1968より引用)

ることになる．

　以上が，Wallach (1935) による，単一斜線の窓枠通過時の説明である．ぼんやり眺めていたのでは見逃しかねない現象だが，注意深く観察すると，誰もがこの動きを知覚することができる．

　これらのことから，直線が窓枠を通過する際にわれわれが知覚する斜線の運動方向は，2つのルールで説明できる．その際，両者が競合する状況では，〈ルール2〉が優先する．

　〈ルール2〉が成り立つ理由を，Metzger (1953/1968) は，見るものに何かを付け加えたり，何かを取り去ったりしなくてもすむような簡潔性が働くためと解説する．動くに伴い，今まで見えていなかったものが見えてきたり，見えていたものが隠れてしまったりしない見え方になる．つまり，できるだけ形を恒常に保つような動きだと知覚される．たとえ，縁から線分の新しい部分が現れるにしても，両端から均等に現れるように知覚される．

　窓問題を，このような2つのルールの組み合わせで説明しようとしたゲシュタルト心理学に対し，ここから先は，本章のテーマである"対応問題"の観点から，単一ルールで説明することを試みたい．

6-5. 窓問題における物理的対応点

窓枠を通過する斜線にはっきりとした目印点があれば，窓枠の形にかかわらず，斜線の運動方向は，veridical に知覚される．時間をまたいで対応づけの目印となるそうした点のことを "unique point" と呼ぶ．unique-point となりうるものの代表は，端点と屈折点である．もちろん，線に，模様などがついていれば，unique-point は無数に存在することになる．

　unique-point としての端点と屈折点を紹介する前に，窓枠を通過する斜線と窓枠との接点が unique-point として機能する可能性について，検討しておきたい．1本の斜線が縦長長方形の窓枠内を，上から下に動く場合を例に説明しよう．長辺通過中の時刻1と時刻2における斜線の移動距離と方向を描き込んだものが，図**6-14**である．左右の接点

6章 対応問題

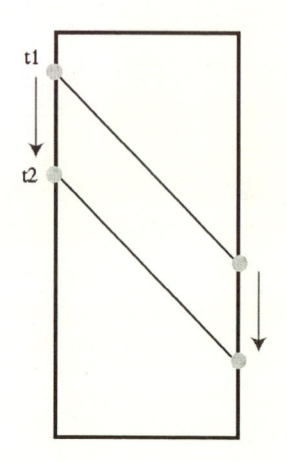

は，下方向に等量動いている．そして，接点はこの2箇所しかない．2箇所とも，下方向への同じ量の動きを示すので，われわれはそのとおりの動きとして，veridicalに知覚する．斜線と窓枠との接点は，端点としての機能を十分に果たすようである．

それでは，端点や屈折点がunique-pointとして働く場合の検討に移ろう．図**6-15a**を見てほしい．丸い窓枠の中を直線が通過している．時刻t1と時刻t2

図 6-14. 縦長長方形の窓を時刻t1からt2までのあいだに動く斜線の2つのunique-pointは，ともに上から下へ等量動いている．そのため斜線全体も，それらにより特定される動きとして知覚される．

ともに，窓枠内に端点が見えている．このような事態では，図中に矢印で示したように，直線の動きは，右斜め上方向と特定できる．図6-

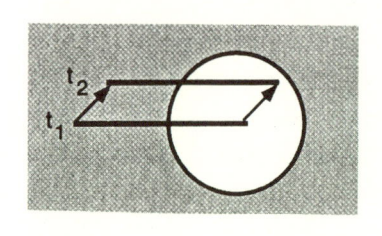

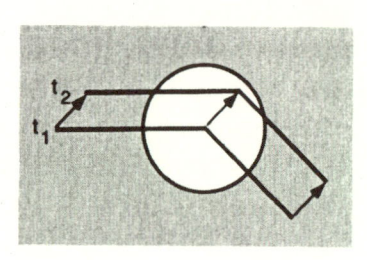

図 6-15. unique-pointは端点であってもよく（a），屈折点であってもよい（b）．どちらの場合でも，窓を通過する線分の動きはveridicalに知覚される． （Palmer, 1999より引用）

15bのように，unique-pointが屈折点の場合も同様である．時刻t1における屈折線は，時刻t2において矢印で示した方向へ動いたと知覚される．このように，1つでもunique-pointがあれば，その点の客観的運動方向と速さから，直線全体の運動を一義的に特定できる．それは，unique-pointを含む対象全体が，"剛体"として知覚されるからである．

　それに対し，対応点があるにもかかわらず，一義的な運動として知覚されない場合もある．それは，対象物（端点の見える直線など）が非剛体と知覚されるときである．たとえば，図6-15aの事態で，棒が移動に伴って伸びていくと見ることもできる．見方によれば，端点のある棒（剛体）の移動ではなく，上に動きながら右に向かって伸びていく棒と見ることもでき，そうなれば，運動方向は特定できないことになる．

　4-5で，「楕円は回せない」というアニメ制作現場での経験則を紹介した．同じことが，移動と変形の場合にも起こりうる．幼児番組などで，制作者は棒の移動を表現しているつもりでも，画面を見ている子供たちは，棒の伸縮と見てとってしまうかもしれない．直線（棒）や幾何学図形など，対象物が単純な形であればあるほど，変形と移動に関して，思わぬ取り違えが生じうる．

6-6.　対応点が多数ある場合：バーバーポール錯視を例に

縦長長方形の窓枠の場合（先ほどの図6-14），窓枠内を通過する斜線と窓枠との接点は，左右に1つずつ合わせて2箇所あった．そして，それらがともに下方向への同量の動きを指し示していた．それに対し，単一の運動事象にもかかわらず，複数のunique-pointが，異なる運動方向を指し示す場合もある．日本でもお馴染みの理髪店のポール，すなわちバーバーポールが引き起こす錯視を例に，この問題について考えていきたい．

　理髪店の前では，斜め縞模様の円筒状の看板が，グルグルと回転運動を続けている．客観的には，円筒のまわりを水平方向に回転している斜めの帯だが，見る人はそれを上へ上へ昇っていく無限運動と知覚

129

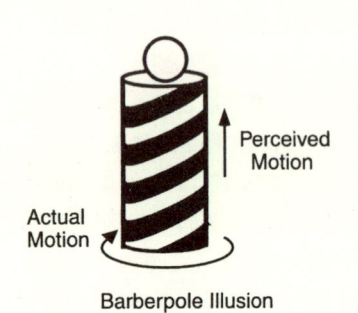

する．6-4で解説した斜線の窓枠内の通過運動の場合と同様，たとえ客観的には水平に回転していても，枠組みが縦長であることから，窓枠の長辺に沿った上方向への動きとして知覚される．

バーバーポールの模様が上

> 図 6-16．バーバーポールは水平方向に回転しているにもかかわらず，垂直方向に上がっていくように知覚される．
> （Palmer, 1999より引用）

へ上へ上がっていくように知覚される事実を，対応問題から捉え直してみたい．解説の要点は，unique-pointの数にある．図**6-16**に示したバーバーポールの左右の縁には，いくつものunique-pointが存在する．黒と白の縞模様の境目が(こちらから見て)ポールの枠と接するところがすべて，unique-pointとなる．ポールの両端にあるすべてのunique-pointは，同じ速さで"上"に進んでいく．

しかし，バーバーポール全体では，これら以外に，別の性質のunique-pointも存在する．それは，ポールの上端や下端と接する縞模様の境界線である．それらのunique-pointは，右から左に動いていく．この動きは，縞模様全体が右から左へ水平に回転していることを特定するはずだが，縦長のバーバーポール全体では，上方向への動きを特定するunique-pointの方が，左への動きを特定するunique-pointより圧倒的に多いことから，縞模様全体は，下から上へ動いていると知覚される．

バーバーポールと，先に説明した窓枠を通過する斜線運動とでは，対応点の数が違っている．窓枠を通過する1本の斜線の場合は，対応点は斜線の両端の2点しか存在しなかったのに対し，バーバーポール

では何本もの斜線が同時に登場し多数の対応点が存在していた．そのため，バーバーポールの場合には，たとえ矛盾する運動方向を示唆する対応点があったとしても，数的優位をもって，多数のunique-pointが示唆する運動方向が，最終的な運動方向感を支配することになる．

6-7. 対応点の運動方向が異なる場合：運動ベクトルの合成

次に，2つしかない対応点の運動方向が矛盾する場合を考えてみよう．たとえば，図**6-17**では，縦長長方形窓で，左端の端点は下方向への遅い運動を，右端の端点は上方向の速い運動を示唆している．結論を先取りすれば，たとえ両者の示唆内容が食い違っていても，それに見合う見え方をわれわれの知覚系は何とか見つけ出してしまうのである．その場合，対象物を剛体と見なしたままでは，事態を矛盾なく捉えることはできない．

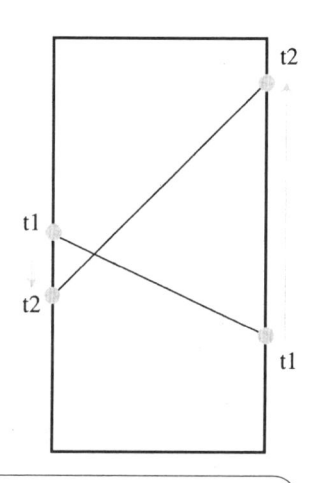

図 6-17．2つの端点の運動方向が矛盾する場合は，線分は剛体性を失い，ゴムひもが伸びながら変形していくように知覚される（図に描き込んだ灰色の丸はunique-pointを分かりやすくするために描き込まれたもので，実際には提示されない）．

われわれに生じる知覚は，右下がりの斜線が，左端では下に，右端では上へ"引き伸ばされる"ように変形しながら動くというものである．たとえば，ゴムひもが引き伸ばされるような動きとなる．

次に，2つの対応点の運動方向に矛盾ではなく，違いがある場合を考えよう．正方形や円形の窓，あるいは縦長長方形の入口付近や出口付近を斜線が移動する事態である．図**6-18**には，正方形の窓枠内を進む斜線が作る2つの接点の移動方向を，灰色矢印で描き込んだ．上接点の移動は右方向，左接点の移動は下方向である．この事態に対し，

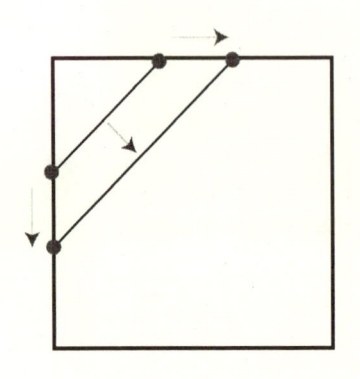

6章 対応問題

Wallach らは 6-4 で示した〈ルール1〉を当てはめ,「直線の向きと直角をなす方向への動きが知覚される」と記述した．これは, 実際の見え方と一致している．しかし，同じ事実は, 網膜に与えられた接点の運動ベクトルでも記述できる．2つの運動ベクトルを合成した方向への運動が

図 6-18. 斜線の運動方向は, 斜線と垂直方向へ動くと記述することもできれば, 2つの接点における運動ベクトルを合成した方向と記述することもできる．

知覚されると言えるのである．

このように，どちらの説明でも結果は同じわけだが，〈ルール1〉の場合は，他の運動事態を説明するのに，新たに〈ルール2〉という, まったく別のルールを持ち出さなければならなかった．それに対し, 対応点の運動ベクトル表現では, 前節で見たように, 剛体性を保ったままの動きと知覚する限り, これ1つの原理で説明できる．"思惟経済の原理"に照らせば, 後者の方がすぐれた説明と言えそうである．

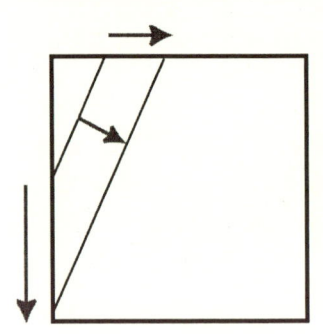

ただし，"対応点の運動ベクトルの合成"という説明法には，乗り越えなければならない問題が立ちはだかる．それは，移動する斜め線が，45度以外の傾斜の場合をどう説明できるかである．たとえば, 図

図 6-19. 傾斜角30度の斜線は, 正方形の窓の中を右斜め下30度方向へ進むように知覚される．

6-19に示すような，傾き30度の線が，正方形の窓枠を通過する場合を考えよう．実際に生じる運動方向感は，窓枠内に灰色矢印で描き込んだように，右から下30度の方向である．この事実は，Wallachの〈ルール1〉に合致する．それに対し，"対応点の運動ベクトル合成"では，うまく説明できない．その理由を，順序立てて説明しよう．

運動ベクトルを作図するための下準備を，図6-20のように行う．時刻1から時刻2までに動く2つの接点のベクトルは，右へ動く水平方向ベクトルよりも，下へ動く垂直方向ベクトルの方が大きい．これら

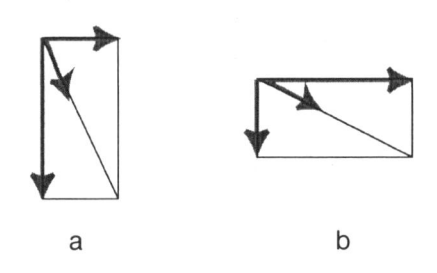

a　　　　　　　　b

図6-20．aのように，2つの接点の運動ベクトルをそのまま合成すると，実際に知覚される運動どおりのベクトル方向とならない（a）．しかし，bのように，水平・垂直両方向ベクトルを入れ替えて合成すると，知覚されるとおりの方向ベクトルとなる．

を合成すると，図6-20aのようになる．この合成方向では，残念ながら，知覚される斜線の運動方向と一致しない．ただし，無関係とも言えない．ちょうど，水平・垂直ベクトルを入れ替えて合成したベクトル（同図b）の方向と一致する．もし，この"ベクトル成分の入れ替え"を合理的に説明できるロジックが成り立つなら，説明はうまくいく．考えてみれば，斜線が斜め45度のときのベクトル合成においても，実は"ベクトル成分の入れ替え"が必要なのかもしれない．たまたま，両方向ベクトルの大きさが同じなので，入れ替えても変化がないだけかもしれない．この原理を踏まえた説明にいまだ出会っていないが，"ベクトル成分の入れ替え"を受け入れることができれば，剛体斜線の

窓枠通過方向の知覚は，ベクトル合成という単一原理で説明できそうに思える．

6-8. 対応問題とKDE

第3章で紹介したように，Wallach (Wallach & O'Connell, 1953) は，KDEを発案した人物である．KDE，すなわち"運動奥行効果"とは，回転する三次元実体物をスクリーンに裏から影絵として投影したとき，その影絵の動きから，もとの三次元実体物の形をありありと知覚する現象である．具体例については，4-2でも紹介したが，ここでは，対応問題に結びつけて解説していきたい．

図**6-21**を見てもらおう．これは，Palmer (1999) に掲載されている図である．Wallachらが実験に用いたのは，ここに示した2つの図の

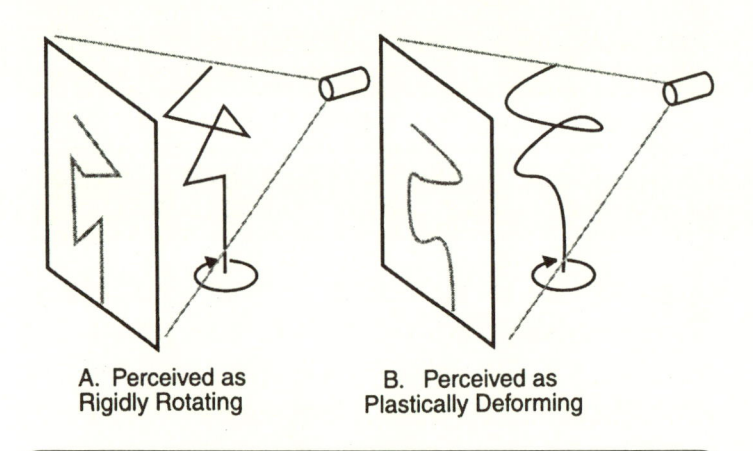

A. Perceived as
Rigidly Rotating

B. Perceived as
Plastically Deforming

図 6-21. 三次元骨組み立体物が回転する様子をスクリーン上に影絵として映し出して観察する．Aのように，いくつかの角張った頂点がある場合は，影絵からその立体物を知覚することができる．角張った点が，unique-pointとなり，対応点として機能するからである．それに対し，Bのように滑らかな曲線しかない場合は，スクリーン上の影絵は，二次元図形が形を変えていくように知覚される．　　　　　　　　　　　　　　　　　　（Palmer, 1999より引用）

うち，A，すなわち左側の角張った骨組み物体であった．この図には角が4箇所あり，さらにもう1つ，スタンドの垂直棒とつながる部分にも角がある．Wallachらが実際に用いた刺激はもう少し単純で，2箇所の角とスタンドとの接続部であった．このような図をゆっくり回転させながら，影絵をスクリーンに投影する．Wallachらの実験では，その影の動きから，50人中48人の観察者が，三次元実体物の形を知覚できた．それに対し，B図のように，角のない物体では，同じように回転させても，影絵からもとの三次元物体を捉えることができなかった．もちろん，両刺激とも，動かず静止しているときには二次元図形としか見えない（ただし，回転によりいったん三次元物体が見えてしまうと，静止しても三次元物体に見えることがある）．

A図のように角がある物体の場合は，回転中の刻々の変化に，対応点が存在する．そうしたunique-pointが3箇所もあり，かつ10秒間ほど連続して，対応点が変化する様子を観察することになる．その結果，もとの三次元物体が復元できるのである．それに対し，B図では，すべてが曲線からなっているため，対応点となるべきunuque-pointが同定できない．ゆえに，スクリーンに投影された二次元図形の非剛体的変化としか知覚

図 6-22． 複雑な形の曲線物体の影絵（左）であれば，回転に伴い，もとの三次元物体がありありと知覚できる．
（Metzger, 1953/1968より引用）

できない．

ただし，たとえ曲線だけからできていても，図**6-22**のようにきわめて複雑な三次元物体であれば，おそらく，おおよその対応点がおびただしい数存在するためと考えられるが，投影された影絵の回転から，三次元物体を知覚できる．この図は，Metzger(1953/1968)に紹介されたものである．

この性質は，Benussi－MusattiのSKEとも密接に関わることになる．SKEでは，(曲線図形であるため)外在的なunique-pointは与えられていない．それを逆手にとって，観察者は，網膜上の映像変化と矛盾しない範囲で，曲線上に対応点を想定していると考えられる．その結果，三次元物体の回転が知覚されるのであろう．だとすれば，図**6-23**の黒丸のように，偏心円上に，外在的unique-pointを強制的に与えてやれば，SKEは起こらない(三次元物体とは知覚されない)はずである．しかし，この図をターンテーブル上で回転させると，相変わらずSKEは現れ続けるのである．なぜなのだ

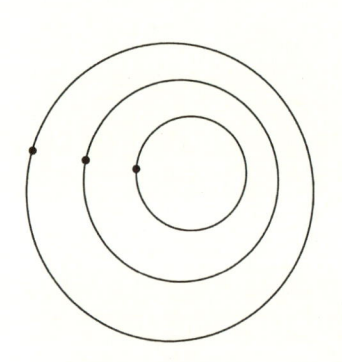

図 6-23． Benussi－MusattiのSKE図形の各円周上にunique-pointとなるべき黒点をつけても，やはりSKEが生じる．黒点はそれぞれの円周上で移動していくように知覚されるのである．

ろうか．この図の回転を実際に観察すると，黒点は，もはや円周上で固定したunique-pointとはならず，円周上を動いていく．そうなれば，もはやunique-pointとしては機能せず，黒点がないときと同じように，SKEが観察される．SKEは，それほど強力な知覚現象なのである．

第7章
事象・因果知覚と社会的知覚

7-1. 事象や因果性を捉えることは"知覚"なのか
7-2. Michotteの事象・因果知覚
7-3. Launching・Triggering・Entraining
7-4. Michotteの"圧縮"研究
7-5. Michotteの実験における"擬人化"
7-6. Heiderの"社会的知覚"
7-7. Michotte実験を物理法則から捉え直す
7-8. 2種類の古典物理学

7章　事象・因果知覚と社会的知覚

運動現象全体を見渡すにあたり，事象知覚や因果知覚をどのように位置づけるかは，思いのほか難しい作業である．なぜなら，われわれが日常，ものの動きを見ているとき，そのほとんどは，広い意味での事象知覚や因果知覚と言ってよい心的活動だからである．すなわち，それが何の動きであるか，あるいは動きを生みだしている原因は何かということまで見て取っている．要するに，動きの知覚は，程度の差こそあれ，事象・因果知覚とつながっている．本章では，「事象・因果の知覚」をできるだけ限定して捉え，Michotte が開拓した研究領域と，Heider が行った社会的知覚を中心に解説していきたい．そこに収まらない現象は，続く第8章の「素朴物理学から representational momentum へ」と題する章，さらには第9章の生物の動きを扱う章で検討していきたい．

7-1.　事象や因果性を捉えることは"知覚"なのか

物体や生き物の動きに事象性や因果性を見て取ることは，知覚と呼ぶべき心の働きなのか．それとも，より高次な「解釈」や「推論」に属することなのだろうか．運動視を扱った解説において，Leslie (1995) は，この問いを見つめる出発点にふさわしい，哲学者 David Hume の文章を引いている．

> テーブルの上にビリヤードの球がある．別の球がそれに向かってかなりのスピードで動いてくる．それらはぶつかり，それまで止まっていた方の球が動き出す．これこそ，感覚か反省によりわれわれが知ることのできる因果関係の完全な例である．(Hume, 1740, p.292)

この Hume の「感覚か反省」は，「感覚と反省」に分けられるものなのだろうか．Leslie (1995) の解説は，次のように続く．

> Hume は議論を続け，この事象に関してわれわれに見ることが

> できるのは，その時空間的性質だけだと言う．すなわち，2つの物体の空間的接触と，それから遅れることなく第二の物体が動くことだけである．Humeが主張するように，われわれは因果関係を見る［感覚する］ことはできないのである．Humeに言わせれば，因果関係の観念は，この時空間関係が繰り返されることにより形作られる統計的連合の結果［反省］なのである．（pp.123-124）

Humeは，「感覚と反省」に分けるべきだと言う．ただし，彼の言う「反省」とは，「統計的連合の結果」と，いかにも連合主義者らしい．Leslieは，このようなHumeに対し，自らの考えを次のように述べている．

> 私は，Humeの分析の最初の部分は正しいと思う．すなわち，われわれがこの事象の中に見ることができるのは，時空間的性質だけだとの主張である．それは，彼の観察に関する理論が正しいからではなく，それこそが視覚の仕事だからである．視覚とは，空間と空間的配置に関する時間的に広がる明確な情報をつくり出すものだからである．しかし，それゆえに因果関係についてわれわれの抱く観念が統計的連合に基づくという彼の下した結論は間違っている．"完璧な"因果の事例と見なしうる「突き飛ばし」を作りだしているのは，"力"の完璧な伝達を伴う機械的相互作用なのである．（p.124）

Leslieは"力"という目に見えない作用因を持ち出し，経験に基づく統計に頼らず，「機械的相互作用」という決定論的因果論に持ち込もうとした．物理学の概念である"力"は因果的規定力をもち，それは知覚とは一線を画すべきものとする．

ところで，心理学では，"素朴物理学"や"直観物理学"という心の働きが提案されている．それは，上で見たHumeの「統計的連合」，すなわち経験の積み重ねによってでき上がった強固な結びつき（連合）で

はなく，(いつも正しい結論を導き出すとは限らないが)"力"の働き方を合理的に捉えようとする心理機能である．だが，"素朴物理学"を提案するだけでは，事象や因果の把握が，はたして知覚なのか，それとも，より高次な認知作用なのかという当面の問題に正面から答えたことにならない．その点，本章のキーパーソンであるMichotteは，「事象や因果性の把握は知覚である」と言明した．そしてそれらを，"事象知覚(event perception)""因果知覚(causal perception)"と名づけた．

7-2. Michotteの事象・因果知覚

Michotte (1963)は，数多くの実験的研究を重ね，因果知覚が直接的知覚であると結論づけた．Michotteを評した重要文献に，Thinès, Costall, & Butterworth (1991)がある．また，鷲見(1991)は，Michotteの生涯の業績を解説している．本章では，これらの資料を手がかりに，Michotteの運動知覚についての考え方を見つめていきたい．

まず，知覚における因果性が，解釈などではなく，知覚の直接結果だとするMichotteの主張を，Costall (1985)をもとに，鷲見(1991)は次のように解説する．

> 私［Michotte］がYaleの学会で示した問題提起は，これまでの伝統的心理学が述べてきた学説と全く異なる．なぜなら，因果印象は一定の物理事象から直接与えられる，と考えたからである．つまり，"ある物が他の物に働きかける"，"その物に一定の変化を生じさせる"，"ある仕方で，あるいは別の仕方でそのものを変形させてしまう"などといった事柄のすべてが"見る"ことの中にすでに含まれていると考えたからである．われわれが知覚する内容は，空間的・時間的に協応し合う二つの運動印象に限られるのではない．ナイフの進行とパンの切断を見るのではなく，ナイフがパンを切っていく実際の作用をそこに見るのである．(p.100)

「ナイフがパンを切っていく実際の作用をそこに見る」という例には，説得力がある．確かにわれわれは，2つの運動現象(ナイフの動きとパンの変化)を別々に捉え，そこから間接的に因果性を推論するというまどろっこしいことはしていない．

やや理屈っぽい解説になった．次節では，運動の現象に焦点を戻し，よく知られているMichotteの実験例を紹介していきたい．

7-3. Launching・Triggering・Entraining

Michotteは，第1章で紹介した運動刺激提示装置(円盤法)を使い，2つの視対象の時空間的位置関係をコントロールして，さまざまな運動事象を生み出していった．中でも，次の3つはよく知られている．いずれも，2つの正方形要素が登場する(本来は黒と赤であったが，以下の図では黒と灰色で区別する)．

まず，"Launching"である．これは，"突き飛ばし"と訳すのが適当であろう．図**7-1**を見てもらいたい．左から中央に向かい，一定の速さで黒い四角形(Aと呼ぶ)が動いてくる．そして，中央付近にあって最初は止まっていた灰色正方形(本当は赤，Bと呼ぶ)に接触する(AとBの命名は，続く2種類の因果的運動にも同様に用いる)．すると，Aは停止し，Bが右方向に動いてスリットから姿を消す．スリットの窓枠内で起こるこのような一連の動きを見て，観察者は，「AがBを突き飛ばした」と知覚する．

ここで，"突き飛ばし"と

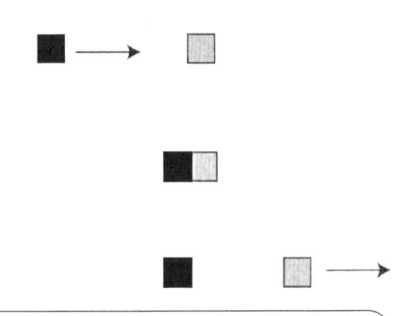

> 図7-1．Launchingの例．一定速度で近づいてきた黒い四角が静止している灰色四角（実際には赤色）に接触し，その後，黒が静止し，灰色が先ほどまでの黒色四角と同じか少し遅い速度で動き去っていく．この一連の動きを見るとき，われわれは"突き飛ばし"との因果性を知覚する．

いう因果性を知覚するためには，次のような条件が満たされなければならない．まず，タイミングに関して，BはAと接触したあと，200ミリ秒以内に動き始めなければならない．次に，運動方向に関しては，Bの動きは，Aとほぼ同じ方向でなければならない．そして，動きの速さに関しては，Bの動きは，Aより遅いかほぼ同じでなければならない．これらの物理的条件がすべて満たされたとき，われわれはそこに，"突き飛ばし"という因果性を知覚する．

次に，"Triggering"である．この用語は，ピストルなどで"引き金を引くこと"を意味する．図 **7-2** を見てほしい．左から近づいてきた

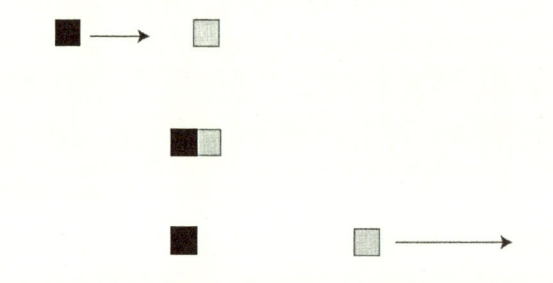

図7-2. Triggeringの例．先ほどのLaunching（突き飛ばし）との違いは，接触後の灰色四角の動きが，近づいてきた黒色四角の動きよりも速い点だけである．接触により引き金が外されたかのように，灰色四角が飛び出していく因果性が知覚される．

AがBと接触したあと，Aはそこに停止するが，Bは近づいてきたAより速い速度で右方向へ消えていく．すなわち，接触後のBの運動速度のみが，先ほどの"突き飛ばし"と異なっている．この違いだけで，まったく異なる事象と知覚する．

3つ目は，"Entraining"である．これは，"牽引"と訳されることもあるようだが，引っぱるというよりも後ろから押していくことから，"押し出し"または"運搬"と訳す方が適切だろう．図 **7-3** を見てもら

いたい．上記2つの運動との違いは，接触後もAは停止せず，Bと一緒に右方向へ動いていく点だけである．この違いが，われわれに"押し出し"という知覚印象を与える．

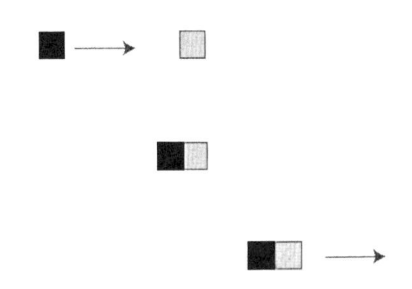

図7-3．Entrainingの例．接触後，黒色四角が，接触したまま灰色四角と一緒に動いていく点だけが，前二者の動きと違っている．これにより，"押し出し"という因果性が知覚される．

Launching・Triggering・Entrainingをすべて日本語で命名している研究者はあまり見あたらない．小松ら(小松・増田, 2001; 小松, 2002)は，順に，追突印象・引き金印象・運搬印象と名づけ，池田・梅津(2003)は起動効果・触発効果・駆動効果と名づけている．

7-4. Michotteの"圧縮"研究

前節の3つの因果類型は，Michotteの研究の中でよく知られているものであるが，同時にこれらは，知覚内容を刺激の物理的特性でうまく記述できるものであった．たとえば，接触後のBの運動速度が接触前のAをしのぐという物理的同定可能な性質が，"引き金を引く"という因果性を特徴づけた．その意味から，類型化に成功した運動事象と言える．それに対し，100を超えるMichotte (1963)の実験の中には，因果性が物理的性質とうまく対応しないものもあった．本節で紹介する，"圧縮"も，その1つである．鷲見(1991)の解説に従って，実験の様子を見ていこう．

図**7-4**は，AがBの方向へ進み，接触後もそのまま進行すると同時に，BはAの進行に合わせて次第に形を縮小していく状況である．Michotteが驚いたことに，誰一人としてBが縮小すると答えなかった．皆，Bは変形せず，そのままの形でAの背後に滑り込んでいくよ

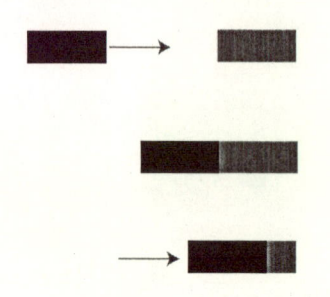

うに見た．そこで彼は，「図形B はたとえその姿を失っても，現象的にAの背後に保存される」 ＝"phenomenal permanence" を想定することになった．

前節の3つの運動事象では，

図7-4．"圧縮"か"滑り込み"か．一定速度で動いてきた黒い長方形が静止していた灰色長方形に接触したあと，黒色長方形はそのまま進み，灰色長方形は縮んでいく．しかし，観察者は，それを灰色四角の"収縮"とは知覚せず，灰色長方形は黒色長方形の後ろ側に"滑り込む"ように知覚する．

知覚内容を刺激の物理的性質でうまく記述することができた．それに対し，"圧縮"では，"滑り込み"というまったく異質な事象が知覚された．そして，その説明に，"phenomenal permanence"という，（物理的性質ではなく）現象次元での性質が持ち出された．この点は重要で，生じた事象に説明を与えようとする段階で，説明次元に多義性を生むことになる．

　この点に関連して，"現象"を重視するゲシュタルト心理学も，説明ストラテジーに曖昧さを抱えていることを指摘したい．たとえば，"近接の要因"，これは，近いもの同士が図としてまとまりやすいとの主張であるが，そこで言う"近さ"とは，物理的近さ（具体的には網膜上での近さ）なのか，それとも現象的近さ（奥行距離まで見定めた上での近さ）なのだろうか．Rock (1983) は，この点に重大な疑義を感じた．いやしくも法則である以上，網膜上での物理的近さが明確に記述できるのに，それが優先されずに現象的近さが優先される場合もあるとすれば，そこには恣意性が否めない．ゲシュタルト心理学とRockとのあいだの溝については，第10章で改めて取り上げることにする．本節でのポイントは，100を超えるMichotteの実験中に，物理的に記述できる事象・因果性だけではなく，現象的レベルで記述すべきものも混在

していた点である．

7-5.　Michotteの実験における"擬人化"

Michotteは，"意味"を知覚の直接対象とすることを基本に，晩年に向かい，因果知覚の研究パラダイムを完成させていった．彼が事象・因果知覚の考え方に行き着いたのは，60歳を過ぎてからであった．それまでのMichotteは，WundtやKülpe，さらにはゲシュタルト心理学に接近しては離れるという思索遍歴をたどった．しかしながらMichotte (1952)は，自伝の中で，決してそのような遍歴が一貫性のない回り道ではなく，1つの信念を貫き通すためのものだったと振り返る．自伝中の記述を，鷲見 (1991)から引用しよう．

> もはや，あと残すところわずかとなった私の生涯をいま振り返って考えてみるに，私の生活は，若い頃に抱いた考えをいつも基礎においてそれを忠実に守り続けてきた人生であった．私の生涯は常に実験とともにあり，何時かきっとすっきりした形で統合され得るであろうという確信を抱きながらひたすら事実を積み重ねてきたのである．長年かかって成し遂げてきた実験の数々，何らかの結論を導き出そうと思索にふけったさまざま，皆すべてが私の頭の中から一時も去ることのなかった一つの問題を解くための努力だったのである．もし私がこれまでの自分の過去を振り返ってみて一つの仕事を成し終えたという満足感にひたることができたとするならば，実にこのことにあるといえよう．私は，自分を虜にした一つの問題に自分の持てるすべての情熱を傾け没頭してきた．その問題は私の心の中でしだいに膨らみ，熟成してきたのである．最初はスケッチ風の略画的解決でしかすぎなかったが，長年の間に問題も解答も次第により完全な姿へと変えていった．そして，それらはその最終場面で突如として装いを新たに登場したのである．私がこの十年間行ってきた現象学的研究の数々は，実験と思索に明け暮れた私

の生涯の総決算に当たるものといえるだろう．(鷲見，1991，p.103)

"現象"を通して"意味"を直視したMichotteは，"意図性"の問題に直面することになった．それはまた，"擬人化"の問題でもあった．Michotteの素朴な運動現象を見た観察者たちは皆，"突き飛ばす"とか，"後を追いかける"など，容易に運動印象を"擬人化"して記述しうることを認めた．この点について，Michotte (1991) 自身，次のように記している．

> AやBという文字は，小さな四角形そのものとして意味をもつのではなく，それらが人間の名前に相当するものとして価値をもっている．そこで実験は，次のような解釈を与えることになる：「Aが近づいてきたとき，Bは恐くなって走って逃げた」，「AとBは一緒になったが，仲が悪く喧嘩し，Bは自分の方から離れていった」，「猫がネズミに近づき，突然飛びかかり，それを持ち去った」．
> 　これらの報告は，しばしばまったく自発的に起こり，どの場合もこれらの反応を生じさせるのに何の努力も必要としなかった．
> 　どうして，こうなるのだろうか．どうして，現象を人間や動物に翻訳する傾向を生むのだろうか．この点は，重要な検討課題である．(p.105)

Michotteにあっては，事象や因果は直接知覚される．それに対し，擬人化などの心的作用は，刺激物の運動と"機能的に関連する"と位置づけられた．そして，これについては，直接的とも間接的とも判断せず，次のように結んでいる．

> 本論文で提案した考えは，感情の問題を扱っていなかった一連

の実験での偶然の観察に発していた．そのため，ここに示した
考えの多くは，単なる示唆にすぎず，より徹底した議論と興味
深い実験を行っていくための基礎をなす出発点と言えよう．
(Michotte, 1991, p.116)

"擬人化"まで含めて直接知覚であると見なすことに，Michotteは慎重であった．おそらくそれは，「ナイフの進行とパンの切断からナイフでパンを切る事象を直接知覚する」こととは，一線を画すべきことと考えていたのだろう．

7-6. Heiderの"社会的知覚"

Michotteの"擬人化"に関する説明を追っていると，ゲシュタルト心理学者としてスタートし，社会心理学の領域でさまざまな業績を上げたHeiderの運動刺激を連想する．Heiderは，意図性や感情などが直接知覚か間接知覚かという問いへは踏み込まず，社会性に重心を移してそれらをうまく利用した．

意図性や感情を扱った運動現象に関するHeiderの研究では，Heider & Simmel (1944) がよく知られている．Heiderは寡作の研究者で，その後，このテーマについてもまあり論じていないが，『American Psychologist』の記事(Heider, 1967)に，この研究の後日譚を含めた解説が現れる．Marianne Simmelと一緒に行った実験では，3つの幾何学図形が画面内を動き回る短い"映画"を観察者に見せ，見たことについて簡単な説明を書くように求めた．観察者のほとんどは，丸や三角という幾何学図形の動きを，人や動物の動きとして捉え，しかも全体を1つのストーリーに仕上げた．

Heiderらのこの研究は，確かにインパクトの強い重要なデモンストレーションではあったが，もともと意味ありげな動きを盛り込んでいるのだからそう見えるのは当たり前と言えなくもない．幾何学図形のどのような動きがどのような社会的知覚を促すかの条件分析は行いにくい．それを行おうとして映画の一部を変えると，たとえばテンポが

7章 事象・因果知覚と社会的知覚

変わってしまうなど，一部に対する操作が他の統制不可能な変化を引き起こしてしまう．

この難点を克服するためHeiderのとった方策は，スムーズな動きを表現する映画映像に代えて，一連の静止画を紙芝居風に次々提示することであった．図 **7-5** に示したのが，それである．これだと，他に影響を及ぼすことなく，1枚だけ刺激を変えることが可能である．また，1枚の中での一部の変更も，物理的に完全にコントロールできる．各画像を1秒ずつ提示するなら，一連の提示には24秒を要することになる．これを用いた実験でも，スムーズな運動が知覚されないにもかかわらず，被験者たちは映画の場合と同じようなストーリーを報告した．

Heider自身は触れていないが，事象や因果性が直接知覚の対象であるかどうかを考える上で，紙芝居風の静止画提示においても，（運動が

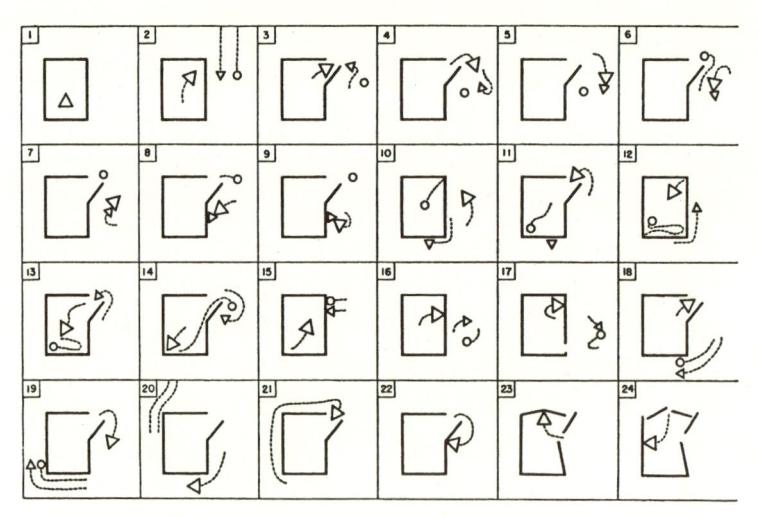

Dotted Line Indicates Path of Movement

図 7-5．アニメーション映画のように連続的な映像を用いて行ったHeider & Simmel（1944）の実験に引き続き，一連の静止画の順次提示に変えた．それにより，動きや要素の変数操作が容易になった．　　　　　　　　　　　　　　　（Heider, 1967より引用）

知覚されないにもかかわらず)意図性や感情が把握されたという事実は重要である．Michotteは，"円盤法"などを用いて，仮現運動ではなく実際運動を提示することにこだわり，スムーズな動きの中に，"突き飛ばし"や"押し出し"事象が直接知覚されることを主張した．"突き飛ばし"や"押し出し"などが，もし一連の静止画からでも把握できるとすれば，因果性の知覚は運動知覚から切り離せることになる．"擬人化"などの社会性の把握のみならず，"突き飛ばし"や"押し出し"などの事象まで，断続提示において把握できるとなれば，事象・因果知覚の直接性は俄然あやしくなる．逆に，動きを奪った視覚提示では，事象性や因果性が知覚できないことになれば，事象・因果の直接知覚説に有利となる．このような観点に立つ研究はまだ行われていないが，今後，検討を要することだと思う．

7-7. Michotte実験を物理法則から捉え直す

Michotte (1963)は100を超える実験を通して，事象性・因果性に関するさまざまな運動現象を扱った．Runeson (1977) は，そうしたMichotteの運動事態に，"運動量保存の法則"という物理法則が当てはまるかどうかを検討した．Runesonは，Johanssonの研究室で学び，Gibsonの生態学的アプローチ，特に"アフォーダンス"の考え方に触発された若き研究者であった．そして，Uppsala大学に提出する学位論文としてまとめたのが，Runeson (1977) であった．JohanssonやGibsonの強い影響下にあったことから，Runesonは現実世界での物理法則＝運動量保存の法則に基づいてMichotteを捉え直すことを発想しえたのだろう(Johansson，Gibson，Michotteの学的緊密性については，9-4で取り上げる)．

さて，"運動量保存の法則"とは，式で書けば次のとおりである．

$$m_A \times v_A + m_B \times v_B = m_A' \times v_A' + m_B' \times v_B'$$

m_A，m_Bは接触前の2つの物体AとBの質量，v_A，v_Bは接触前の2つの物体の移動速度を表す．また，m_A'，m_B'は接触後の2つの物体AとBの質量，v_A'，v_B'は接触後の2つの物体の移動速度を表

す．要するに，接触前の運動エネルギー総量と接触後の運動エネルギー総量は等しいとする法則である．たとえば，AとBが同じ大きさなら，質量も等しいと想定できる．もしそうなら，Aが30cm/秒で近づいてきて，止まっているBに接触してAが静止するなら，Bは30cm/秒で動かなければならない（摩擦などのロスがあるため，必ずしも等号式は成り立たず，左辺＞右辺であってもよいとする）．これに合致する運動が観察されるとき，"運動量保存の法則"が守られたと言える．Michotteが扱ったさまざまな運動現象のうち，この法則の検討に付せるものはわずかであった．その結果を受けてRuneson (1977)の下した評価は，特殊なケースでは"運動量保存の法則"に適う運動事象もあるが，全般的に見れば，「Michotteは現実の衝突事象を正しくシミュレーションしていない」(p.35)というものであった．中村(1991)はさらに詳細に，Michotteの運動事象と運動量保存の法則の関係を吟味した．彼らの結果からは，一概に一致・不一致を結論できないが，少なくとも，限れらた状況では運動量保存の法則に合致する．しかし，Michotteの運動事象はこの法則に合致する事態ばかりを扱っていたわけではないので，法則に反する運動事態もかなり認められた．運動量保存の法則は，次節で述べるように，目に見える動きの側面と，同じ大きさなのに質量が異なる可能性など目に見えない側面もあり，単純な評価を難しくしている．

　視点を変えて，Palmer (1999)の検討を参考に，現実のわれわれは，"運動量保存の法則"に適う知覚をはたして実践しているのかについて考えてみたい．たとえば，見かけ上，同じ大きさのAとBに対し，質量の違いを汲んで運動の性状を的確に捉えることができるだろうか．この問いに対し最初のころは，勇気づけられる肯定的な結果が得られていた．すなわち，純粋な視覚情報から相対的質量の判定を正しくできるというものであった(Kaiser & Proffitt, 1984, 1987; Todd & Warren, 1982)．しかし，より広範なタイプの衝突事態が検討されるにつれて，物理的相互作用の記述に必要な質量比率を十分に使用しておらず(Gilden & Proffitt, 1989)，むしろ，次の2つの単純なヒューリス

ティックスに基づいて判定していると考えられるようになった．
1. Ricochet heuristic.(跳ね返り)：やって来たボールが最初止まっていたボールより高速で跳ね返れば，止まっていたボールの方が重い．
2. Clobbering heuristic.(打つ)：やって来たボールが止まっていたボールを高速度でもっていけば，やって来たボールの方が重い．

"ヒューリスティックス"という重要な概念が出てきた．これについては，第10章で正面から検討することになる．中村(1991)らの検討も，Runesonの問題意識を発展させ，Michotteが行ったさまざまなケースを評価対象にしている．中村の見解もまた，質量保存の法則を原則とするが，「幼児期以降の経験によりさまざまなヒューリスティックスが形成され，特に衝突前と後とで速度の大小関係が逆転するような複雑な衝突事象においては，この力学的枠組みに従った相対質量の知覚が困難となり，ヒューリスティックスに依存して判断するようになる」(p.231)というものであった．

7-8. 2種類の古典物理学

"運動量保存の法則"には，2つの側面が含まれている．目に見える物体の動きと，目には見えない物体の質量である．"運動量保存の法則"では，両者は同じ式の中に含み込まれているが，心の中の法則性を検討しているここでの作業では，両者を分ける姿勢も必要である．物理学の用語を使えば，前者を"運動学的要因"，後者を"力学的要因"と呼ぶ．
○ "運動学的要因(kinematic factors)"とは，質量の違いが関与しない純粋な動き情報，すなわち位置，速度，加速度など
○ "力学的要因(dynamic factors)"とは，質量を伴って運動に制約を与える，空気抵抗や摩擦，弾みなど(中村，1991は，"力学的"を表す英語として，"kinetic"を用いている)

このように分けた上で，心の中での法則は，"運動学的要因"だけしか処理できないのか，それとも"力学的要因"まで含めた法則的把握が可能なのかを検討すべきである．そうした観点に立った研究に，

Cooper & Munger(1993)がある．彼らの実験内容を理解するには，次章で解説する"representational momentum"，特に 8-3 に登場するする Freyd & Finke(1984)の実験パラダイムを理解してかからなければならない．ここでは，結論のみを紹介し，どのような現象観察からそう結論されたかについては，8-3 で Freyd & Finke (1984) の実験内容を紹介したあと，8-4 で解説したい．

さて，Cooper & Munger(1993)が下した結論は，"運動学的要因"と"力学的要因"のうち，われわれの心の中の法則では，前者，すなわち"運動学的要因"のみしか機能しないというものであった．

この結論は，Runeson(1977)や中村(1991)の見解とは異なり，力学的要因に関しては否定的なものである．そのため，当然ながら，Cooper & Munger (1993)には反論も多い．その点の検討は，8-3 で取り上げる Freyd & Finke(1984)の実験パラダイムを踏まえて行いたい．心の中の法則性として，少なくとも"運動学的要因"が機能するとする点では，これまでの見解は一致している．それに対し，"力学的要因"については，機能しないと結論づけた Cooper & Munger (1993)らに対し，弱いながらも機能するとの見解も多い．詳しくは，次章で見ていくことにしよう．

第8章

素朴物理学から representational momentumへ

8-1. 素朴物理学をデモンストレーションする運動例
8-2. 素朴物理学は経験から学習するものではない
8-3. "representational momentum"という用語
8-4. "力学的要因"もある程度は機能する
8-5. "representational momentum"の性質
8-6. 1枚の静止画による"representational momentum"
8-7. "representational momentum"の支持・不支持例
8-8. 乳幼児による検討

8章　素朴物理学から representational momentum へ

前章のRunesonの研究の折りにも言及したが，われわれは物体がどのように動くかを捉えるとき，心の中の"法則性"を当てはめようとする．ただし，その法則性は，物理学的に正しいとは限らず，勝手な思い込みをあてはめる場合もある．両者を含め，"素朴物理学"（または"直観物理学"）と呼んでよいはずだが，"素朴物理学"には，"誤った思い込み"とのニュアンスを強調する面がある．そこで本章でも，誤った思い込みに基づく心の中の法則性を"素朴物理学"とし，物理的に正しい法則性に重点を置くときには，"representational momentum"という用語を用いたい（ただし，乳幼児に焦点をあてる8-8では，乳幼児研究には"representational momentum"はあまり用いられないため，「誤った信念に基づく」という限定を外して"素朴物理学"を用いることにする）．

"representational momentum"は，日本語に訳しにくい用語である．直訳に近い"表象的惰性"とか"表象的慣性"と訳されることもあるが，そのように訳してみても，意味内容はよく伝わらない．この用語の意味内容については，具体的現象を通して，8-3で解説する．

8-1.　素朴物理学をデモンストレーションする運動例

まず，"誤った思い込み"とは，どのようなことを言うのか．図**8-1**は，安西（1985）が紹介する素朴理論に関わる問題である．皆さんも，そこでの問いに，まず答えてみてほしい．引っ張るべき糸が糸巻きの下から出ているので，"素朴（直観的）"に考えれば，糸巻きはこちら側から見て時計回りに回転し，その結果，右方向に転がっていくと答えたいところである．すなわち，2) と答えたい．しかし，物理学的に"正しい"答えは，そして実際に生じる糸巻きの運動は，1) なのである．

1980年代に，McCloskeyと彼の仲間たちは，"素朴物理学"について，いくつかのショッキングなデータを報告した．彼らは，大学生を対象に，静止画からどのような物理的結果を予想するかを，言語で記述するように求めた（McCloskey, Caramazza, & Green, 1980）．

図**8-2**に示したのが，古典的問題の1つである．C形のチューブの

下に示す図のように，枠の真ん中に芯を通して，芯に糸が巻きつけてあります。
いま，下に示すように，糸を引っ張ると，物体Aはどうなるでしょうか？
ただし，物体Aは転がることはあっても，決してすべることはありません。

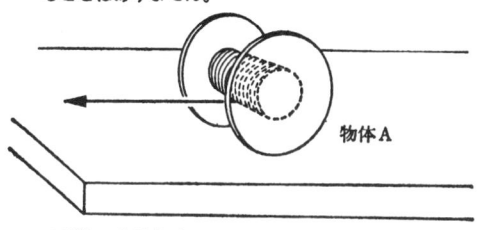

物体A

*正しいと思う番号に○印をつけて下さい。
1) 左(反時計回り)に転がる。
2) 右(時計回り)に転がる。
3) 動かない(釣り合っている)。
4) その他(具体的に書いて下さい)

図 8-1． 素朴物理学に基づいて物理的事象を解決しようとすると，ときにわれわれは正しい答えから遠のくことがある．
（安西，1985より引用）

中から転がり出た球は，どのような軌道をとるだろうか．その軌道を描くように求めた．驚くべきことに，研究に参加した大学生の約3分の1が，球は曲線軌道を描くと答えたのである．実際には，C形チューブが地面に平行，すなわち水平に置かれているかぎり，図に実線で示したよ

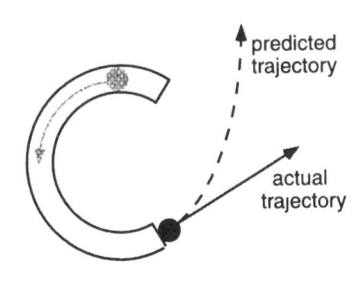

predicted trajectory

actual trajectory

図 8-2． 水平に置いたC形チューブから転がりでた球は，どのような軌跡を描くだろうか．素朴物理学に基づいて，曲線軌道を描いて飛び出すと答える人が少なくない．
（McCloskeyらが行った1980年の研究．Palmer, 1999 より引用）

うに，まっすぐ直線軌道で飛び出すことになる．

図**8-3**は別の例である．Caramazza, McCloskey, & Green(1981)は，振り子がもっとも高いところにきた瞬間に糸を切ると，錘はどのように動くかを尋ねた．ここでも，3分の1の大学生が，振れた方向に向かって落ちていくと答えたのである．正解は，もっとも高いところにあるときには錘は静止しており，そこで糸を切られるわけだから，その位置から真下に落ちていくことになる．

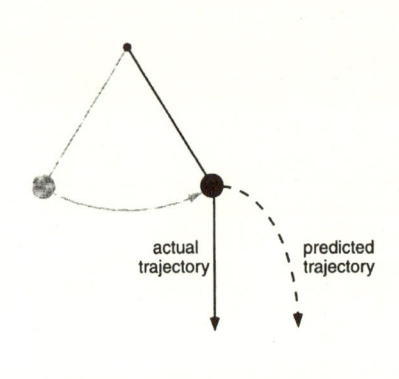

> 図 8-3. 振り子が左右に振れているとき，もっとも高い位置にきた瞬間に糸を切ると，錘はどのような軌道を描いて落ちていくか．素朴物理学に基づいて，曲線軌道を描くと答える大学生が少なくない．
> 　　　　（Caramazzaらの1981年の研究．Palmer, 1999より引用）

8-2. 素朴物理学は経験から学習するものではない

"誤った信念に基づく"素朴物理学は，当然のことながら，物理的事実に反する内的表象である．言い換えれば，物理法則が支配する日常生活経験から学習したものではあり得ない．何らかの類似現象から類推した勝手なルールである．興味深いことは，個々人が勝手に作り出したルールであるはずなのに，少なくとも相当数の人たちが共有している点である．

素朴物理学と学習の関係を見つめるのに適切な運動現象を紹介しよう．前章で取り上げたMichotteにヒントを得て，イタリアの知覚心理学者Metelli (1982)が行った実験を取り上げたい．図**8-4**を見てほし

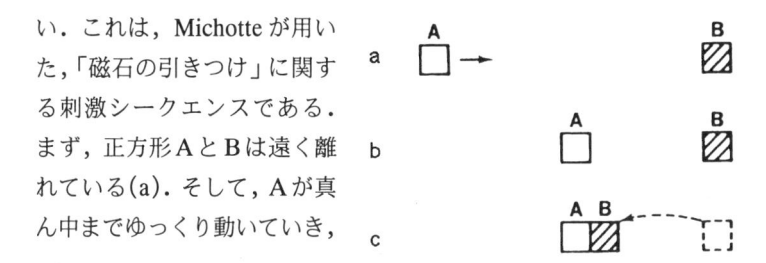

い．これは，Michotte が用いた，「磁石の引きつけ」に関する刺激シークエンスである．まず，正方形AとBは遠く離れている(a)．そして，Aが真ん中までゆっくり動いていき，

> 図 8-4．磁石の引きつけ．磁石 Aが鉄くずのような物体Bにゆっくり近づくと，あるところで Bは急に Aに引きつけられる．ところが，この運動事象を観察した被験者の多くは，Bが能動的にAに飛びついたと知覚する．　　　　　　　　（Metelli, 1982より引用）

静止する(b)．次の瞬間，正方形Bが正方形Aに接触する位置に飛び移る(c)．これは，われわれの過去経験で体験してきた磁石の引きつけ現象である．特に，Bが鉄くずのように軽い場合，まさにこの通りのことが起こる．ところが，このシークエンスを観察した人は，正方形Bは能動的に(すなわち自己駆動力をもって)飛びついたのであって，(磁石のように)受動的に引きつけられたのではないと捉える．どうしたことか，学習によって知っているはずの物理的事実に反する事象を知覚するのである．

　一方，正方形Aが真ん中まで飛び移り，そののち正方形Bがゆっくりと Aに接触する位置まで動くシークエンスを見ると，観察者はそこに磁石の引きつけを知覚する(Metelli や Kanizsa の考案による)．これは，過去に経験したことのない頭の中での解決，すなわち素朴物理学に基づいた捉え方である．Metelliらは，AがBより大きいと，磁石による引きつけ印象はさらに強まると付け加えている．

　素朴物理学に関する日本語による解説には，中島(1987)などがある．そこには，前節で紹介したMcCloskeyらのもののほか，素朴物理学の実例がいくつも紹介されている(中島論文では，"直観物理学"という名称が用いられている)．また，McCloskey が自らの研究を概説したMcCloskey(1983)には邦訳もある．

8-3. "representational momentum"という用語

"素朴物理学"には,「誤った信念に基づく」との含意があるのに対し,同じく内化された物理法則を指す言葉ではあるが,"representational momentum"はそのような意味を含まない.この言葉を最初に提案したのは,Freyd & Finke(1984)である.そして,最近になって,『Visual Cognition』という心理学専門雑誌が,このテーマの特集号を編んだ.特集の編者であるThornton & Hubbard(2002)は,冒頭の解説論文で,"representational momentum"の研究パラダイムを,次のように説明している.

> "representational momentum"は,Freyd & Finke(1984)によって最初に提案された.彼らのもともとのパラダイムは,1つの長方形が描かれた3枚の断続的静止画を観察者が見るものであった.そして,これら3枚の誘導画面に引き続き,短い保持期間を置いて(250ミリ秒),第4の"prove"となる長方形が提示される.観察者は,proveが,誘導画面の3枚目の長方形と同じ向きかどうかを判定するよう求められる.(p.1)

3枚の誘導画面と4枚目のprove画面の位置関係をFreyd & Finke(1984)の図形を用いて具体的に説明しよう.図**8-5**を見てもらいたい.刺激はすべて,コンピュータで制御され,モニター上に提示される.左の3枚が誘導画面となる.まず,1枚目の水平に近い長方形が250ミリ秒提示され,次に,2枚目,3枚目も250ミリ秒提示される.それぞれの刺激間間隔(ISI)も,すべて250ミリ秒である.長方形の傾きは,約17度ずつ反時計回りに回転する.3枚目の提示が終了すると,やはり250ミリ秒の間隔をおいて,4枚目のTest図形(prove)が提示される.観察者に求められる課題は,4枚目のテスト刺激の長方形の向きが,3枚目の長方形の向きと同じか違うかをできるだけ迅速に答えることである.実験は,96試行行われ,そのうちの半数(48試行)

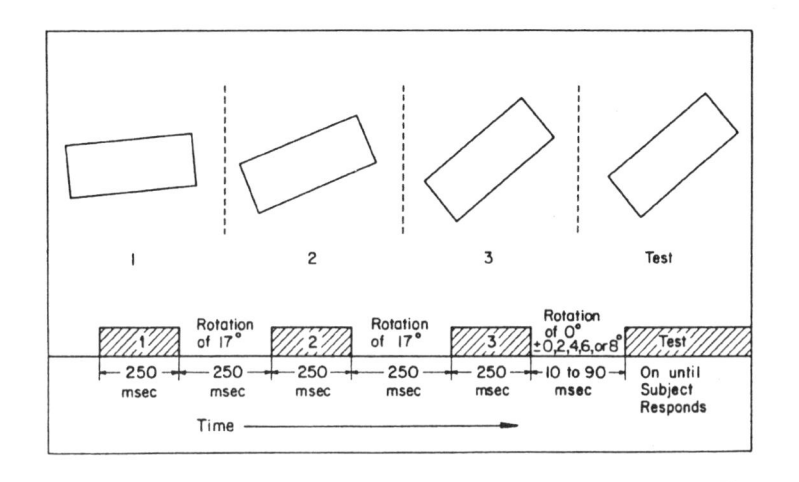

図 8-5. representational momentumを扱う典型的実験事態. 250msの提示とISIのシークエンスで，3つの長方形を17度ずつ回転させたものを提示し，4枚目にテスト刺激の長方形を提示する．観察者は，テスト刺激の長方形の向きが3枚目の長方形と同じかどうかを判断するように求められる．その結果，3枚目よりさらに同方向に回転したテスト刺激に対し，「同じ」との反応を頻発する．
（Freyd & Finke, 1984より引用）

では，テスト刺激は3枚目の長方形と同じ向きに提示さる．この場合には，「同じ」と答えることが正答となる．残る48試行のうちの半数では，テスト刺激は3枚目の長方形からさらに6度進んだ向きに提示され，別の半数は，3枚目の長方形から6度戻った向きに提示される．これら48試行では，「違う」が正答である．

　実験結果は，きわめて明快であったが，それを紹介する前に，この実験での"仕掛け"を説明しておくべきだろう．1人の観察者は96試行を行うわけだが，それらはすべて先ほどの図8-5に示したように，回転を誘導する方向が反時計回りであった．もちろん，別の一群の観察者には，誘導方向を時計回りとする条件も行っていたが，その場合もすべてが時計回りである．この操作が，回転を誘導することに積極的影響を与えたと推察できる．

8章 素朴物理学から representational momentum へ

　実験結果を，図8-6に示した．この図では，正答となるべき試行，すなわち，テスト刺激の長方形(4枚目)が3枚目の長方形と同じ向き条件の結果は省かれている．「Forward」条件とは，3枚目までの断続提示によって誘導される回転方向の延長方向に6度進んだ向きにテスト刺激が提示される条件である．また，「Backward」条件とは，誘導回転方向とは逆に6度戻る方向に提示される条件である．まず，A図の反応時間データから見ていこう．(3枚目とは)「違う」と答えるのに，「Forward」条件の方が明らかに長い時間を要している．このことは，3枚目の長方形とテスト刺激の長方形の傾きの違いを見分けるのに，「Backward」条件より「Forward」条件で難しかったことを意味する．次に，B図の誤答率データにおいても，「違う」と答えるべきところを，「Forward」条件では，誤って「同じ」と答えた率が，「Backward」条件より断然高かった．

　Freydらの実験では，上記の結果は，3枚目までの誘導図形により回転が内的に表象されたためと結論された．その証拠となる統制実験も

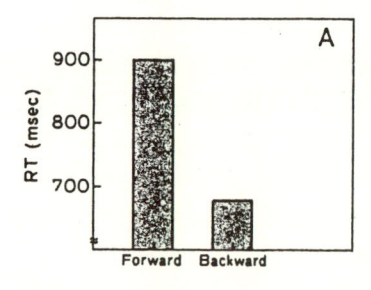

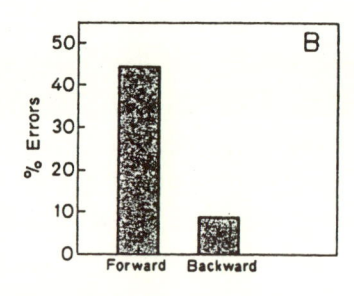

図8-6. Freyd & Finke（1984）の実験結果．Forward条件とは，3枚目までの断続提示で誘導される回転方向より6度進んだ向きにテスト刺激が提示される条件，Backward条件とは，それとは逆に，6度戻される条件である．それらに対し，正しく「違う」と答えるまでに要した平均反応時間（A）と，誤って「同じ」と答えた誤答率（B）が示されている．結果は明快で，Forward条件では，representational momentumを反映する反応時間の長さと誤りの多さが認められた．　　（Freyd & Finke, 1984より引

行われていた．統制実験で用いられた刺激を，図 **8-7** に示す．3 枚目の長方形の傾きは，先ほどの実験とまったく同様だが，1 枚目と 2 枚目の順序が入れ換えられており，運動方向が内的に誘導されない．その結果，図 **8-8** に示すように，反応時間(C図)においても誤答率(D図)

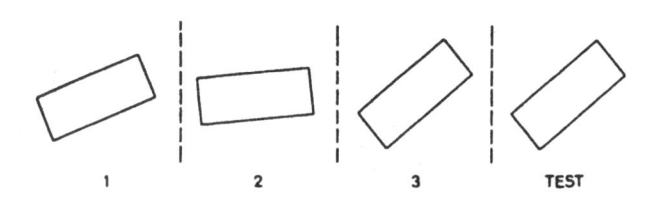

図 8-7. Freyd & Finke（1984）の実験で用いられた統制条件での長方形提示シークエンス．実験条件のときとは，1と2の順序が逆なため，representational momentumは誘導されない．

においても，「Forward」条件と「Backward」条件に違いは認められなかった．

下すべき結論は明白である．断続的に提示される3枚の刺激が，一貫した方向性をもって提示されたことが，観察者に回転の内的表象を

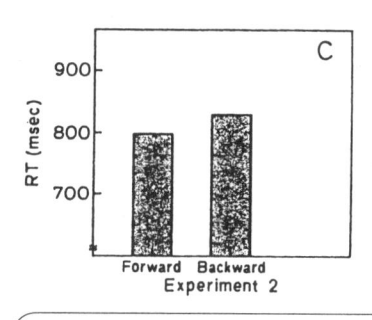

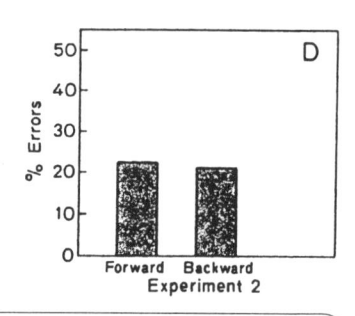

図 8-8. Freyd & Finke（1984）の実験での統制条件の結果．平均反応時間においても，誤答率においても，Forward条件とBackward条件間に差は認められない． （Freyd & Finke, 1984より引用）

作らせたのである．ちょうど，物理的回転を急に静止させることができないのと同じように，心的にも一定ペースの回転を表象すると，急に止まることができない"慣性(惰性)"が働くのである．このような心的機能を，Freyd & Finke (1984)は"representational momentum（表象的惰性あるいは表象的慣性）"と名づけた．

8-4. "力学的要因"もある程度は機能する

前節に記したパラダイムを用いて，Cooper & Munger(1993)は次のような実験を行った．実験では，"力学的要因"も心の中の法則として機能するかどうかに焦点が絞られた．実験に用いた刺激は，底面積は同じだが，体積(質量)の異なる線画図形で，使用する図形の質量評価をあらかじめ行ったところ，実験参加者たちは体積の異なる二次元立体図形を，確かに異なる質量と捉えていると確認された．その上で，Freydらの実験に倣い，各立体図形を17度ずつ回転させる3枚の図形を(上から見たtop viewで)提示した．図8-9に示すように，したがってTop wiewの外枠は，いずれの図形においても同じ正方形となる．そして，3枚目と4枚目の図形が同じかどうかの判断が求められた．結果は，ここでも回転方向へずれた図形を「同じ」と答える誤答率は高かった．しかし，誤答率はどの図形に対しても変わらなかった．この結果から，質量の違いは反映されないことになる．

　Cooper & Munger (1993)が行ったもう1つの実験でも，"力学的要因"に否定的な結果が得られた．それは，一方向には流線型で，反対方向には抵抗の大きな動きとなる図形を用いて行われた．1枚目から3枚目まで17度ずつ直線的に進む図形を提示し，3枚目の位置と4枚目の位置の異同判断を求めた．たとえば，三角形のような図形で，抵抗の少ない頂点方向への前進と，抵抗の大きな底辺方向への前進が比較された．結果は，どちら向きの図形にも，前進方向へずれる誤答が現れたが，2つの条件間に誤答率の違いはなく，空気抵抗を反映する結果にならなかった．このような事実から，Cooper & Munger (1993)は，"力学的要因"に否定的な結論を下した．

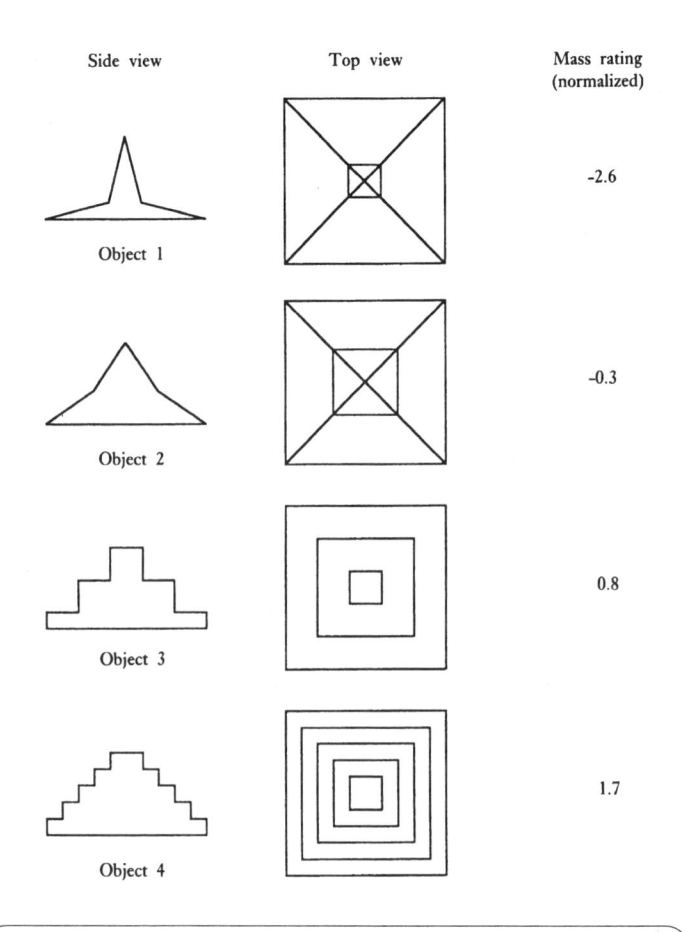

	Side view	Top view	Mass rating (normalized)
Object 1			-2.6
Object 2			-0.3
Object 3			0.8
Object 4			1.7

図 8-9. Cooper & Munger (1993) の実験で用いられた，底面積は同じだが体積が異なる立体図形の二次元表記．

しかしながら，"運動学的要因"に比べれば効果は弱いものの，"力学的要因"も確かに機能するという知見も得られている．たとえば，Natsoulas (1961) は，次のような検討を行った．Aが左から中央まで一定速度で進んで停止する．接触直後，Aよりも小さなBが先ほどのAと同じ速度で動いた場合，"突き飛ばし"と知覚されることが多い．と

163

ころが，BをAの3倍の大きさにすると，"突き飛ばし"よりも"解き放ち(triggering)"と知覚されることが多くなった．この事実は，"力学的要因"が機能していることを意味する．ただし，2物体の大きさ比の効果は，速度比の効果に比べて小さい．

長田(1977)も，物体AとBの速度比と大きさ比を系統的に変化させ，"突き飛ばし""制動(ブレーキ)""解き放ち"反応の割合を比較した．その結果，上記のNatsoulasと同様，速度比が強い影響力をもつのに対し，大きさ比は弱い影響力しかもたなかった．しかし，弱いながらも，大きさ比の効果も有意だったことから，"力学的要因"の機能を積極的に評価した．

8-5. "representational momentum"の性質

適切な状況を作ってやれば，直線移動以外にも，拡大・縮小など，さまざまな力学的性質について，"representational momentum"が観測できる．たとえば，Hayes & Freyd (2002) は，球形物の水平移動のほか，正方形の拡大・縮小を扱った．拡大は，図 **8-10** に示すように，3枚の誘導画像がだんだん大きくなる正方形で構成された．そして，4枚目のテスト刺激に対し，3枚目と同じ大きさかどうかの判断が求められた．結果は，前節までと同様，"representational momentum"を支持するものであった．

Bertamini(2002)は，"representational momentum"の一般的性質として，以下の諸事項を指摘している．
1. 3枚の画像をシャッフル提示すると，"representational momentum"の効果が認められないことから，これは一貫性ある動きに依存した現象である．
2. 仮現運動を起こす時相から外れたゆっくりした提示でも効果が現れることから，感覚レベルでの運動検出に依存するものではない．
3. 認知要因が重要であるにもかかわらず，誤りのフィードバックや刺激提示の仕組みの知識を受けつけない．
4. 少なくとも最初の300ミリ秒のあいだは，保持時間が伸びるほど，

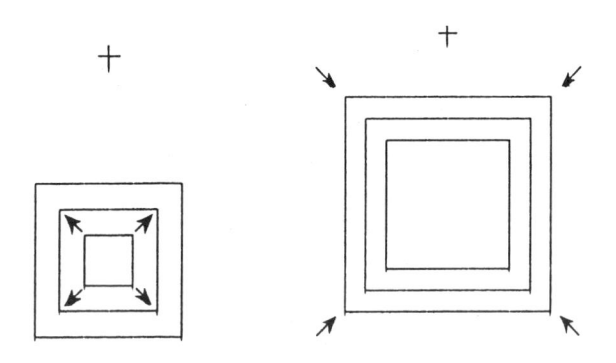

図 8-10. representational momentum による誘導は，回転だけでなく，図形の拡大や縮小の変化でも誘導できる．
(Hayes & Freyd, 2000 より引用)

歪みが大きくなる．
5. 歪みの大きさは，想像された速度に依存するが，prove が与えられるときには効果は小さくなる．
6. 効果は表象物の形に依存し，形が変われば効果は小さくなる．
7. 対象物の縮尺を変えても，奥行方向の動きであっても，効果は生じる．

8-6. 1枚の静止画による"representational momentum"

前節までは，"representational momentum"を，3枚の静止画の一貫性ある提示を通して検討してきた．しかし，1枚の絵だけによっても，"representational momentum"現象は起こりうる．たとえば，Freyd (1983) は，"representational momentum"を提案する前年に，次のような事実を指摘していた．図 **8-11** の上の写真を見てもらいたい．高いところから飛び降りている途中を活写したスナップ写真である．次に，もう一枚，同じような写真を観察者に提示し（下図），先ほど見た写真と同じか異なるかの判断を求めた．その結果，写真の人物が，下方向にずれて映っている場合は，上方向にずれている場合に比べて，判断

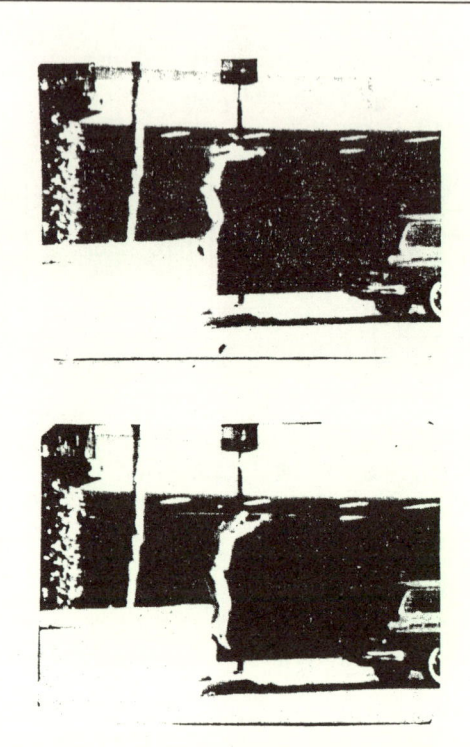

図 8-11. Freyd（1983）が用いた写真刺激．高いところから飛び降りている途中を活写した上の写真を観察者に提示し，次に下の写真を提示する．少し下に下がった時点の写真だが，多くの観察者にとって，その異同を答えることは難しい．

に要する時間が長くなった．すなわち，重力方向への動きの示唆が，下方向へのずれの検出を困難にしたのである．

また，Freyd & Pantzer（1995）は，明確に方向性をもつ形態を用いて，上と同じように，1枚の画像のみで運動が暗示されることを示した．たとえば，矢印や三角形などが用いられ，位置の記憶は，そのような対象物が指し示す方向へずれたのである．前節で紹介したCooper & Munger（1993）による，3枚の画像を直線的に進めた実験で，このよ

うな効果が認められなかったことと対照的な結果である.

興味深いことに,Bertamini(2002)は,最初の画像とテスト画像との提示間隔が300ミリ秒以内に,representational momentun効果のピークがくると指摘している.このことは,3枚の画像による誘導パラダイムにおいても,proveが250ミリ秒のISIで提示されていたことと呼応する.なぜ,250ミリ秒という時間が最大の効果を引き起こすかについては,今後,検討するべきであろう.

ところで,静止画像自体が運動方向を誘導する力をもつことは,絵画の領域ではよく知られている.Arnheim(1954/1964)は,『美術と視覚』と題された本の「緊張」の章で,次のように記述している.

> しばしば自然界にみられるつよい視覚運動は,物理的な力が運動,緊張,収縮,成長過程などをとおしてつくった形をおもわせる,というところからきている.大洋の波のひじょうに力学的なカーブは,水がつきあげられ,引力によってひき下げられた結果である.海岸のぬれた砂上の波の跡は,波の運動によって一面にできた輪郭である.雲のふくらみや山の起伏する姿にも,われわれは直ちにそれを生じた機械的な力の本性を知ることができる.(p.549)

自然界を写し取った優れた絵画には,静止画であるにもかかわらず,躍動感と緊張感が満ちあふれている.中には,明らかに方向性をもった運動が描き込まれることもある.それらを生き生きと描き出す技能は,本節に示した1枚の静止画による"representational momentum"と通じるものと言えよう.

知覚心理学者の北岡明佳は,インターネット上の「Viperlib」に,錯視的動きを誘発する図形を数多く登録している.その中に,「嵐電」(京都市街と嵐山方面を結ぶ半路面電車)の車両が,緩やかな下り坂を下っているところを正面から大きく写し取ったスナップ写真がある(図**8-12**参照).これなども,"representational momentum"で説明できる現

象と言えるかもしれない．静止画写真の電車がこちら側に迫ってくる動きを，かすかではあるがありありと見てとることができる（ただし，北岡は動く建物や橋の動きも紹介しており，これらも含めて，"representational momentum" で説明することには無理がある．北岡自身は，まったく別の理由を考えている）．

図 8-12．北岡の一連の"動く静止画"の中にも，representational momentumが働いていると考えられるものがある．（北岡氏自身は，電車が手前に動くように見えるこの現象を，他の説明原理により説明している）

8-7. "representational momentum"の支持・不支持例

モーターの回転原理をご存じだと思う.シャフトを取りつけた回転体にN極とS極の永久磁石が組み込まれていて,支持枠側に巻き付けられたコイルの極性が電気的に切り替えられることにより,支持枠の一方の極側に引きつけられていた回転体は反発し,半回転する.ところが,その時点では,回転体の極はまたもや入れ替えられているため,再び反発して元の位置に向かおうとする.このとき,いったん180度回転した回転体は,元の位置まで180度逆戻りすることなく,往路では通らなかった反対側を回って一周する.これは,本章で説明している"momentum"すなわち"慣性"という物理的性質と同じである.勢いづいて半回転した回転体は180度を通り越し,反発に際しては,そのままの方向回転を続ける.こうして,素早く支持枠のSN極を切り替えれば,モーターは同一方向へ回り続ける.

"representational momentum"が物理法則を取り込んだ内的表象であるとすれば,次のような状況では,モーターの物理的回転と同様,対象物はグルグル回るように知覚されるはずである.それは,図**8-13**のような2画面の切り替えによる仮現運動事態である.同じ形の縦長の長方形と横長の長方形が,適切な提示時間とISIで交互提示されると,90度回転する仮現運動が観察される(回転ではなく,縦長長方形から横長長方形へ変形していくように見えることもあるが,ここではその場合は取り上げない).そしてふたたび,縦長長方形に切

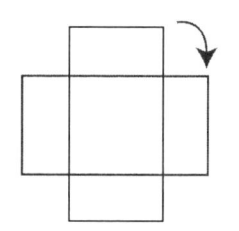

図 8-13. 仮現運動が生じる時相で縦長長方形と横長長方形を交互提示しても,モーターの回転のようには,くるくる回り出さない.2つの画面の提示内容を区別するため,縦長長方形を黒い線で,横長長方形を灰色線で表したが,実際には両者は同じ線種で交互提示される.

り替えられると、さらに90度進み、半回転すると期待できる。さらに、このような切り替えを繰り返していけば、モーターの場合と同様、長方形は回転し続けるように知覚されるに違いない。ところが実際には、90度回転した長方形は、同じ経路を90度戻る往復運動を繰り返すのである(Palmer, 1999)。おそらくここには、"representational momentum"の機能を打ち消す、別の強い原理が働いているのだろう。

こうした不支持例がある一方で、同じような仮現運動でも、回転を支持する事例もある。長方形ではなく、図**8-14**のように、正方形とそれを45度回転させた菱形の交互提示である。両者を適切な提示時間とISIで交互提示すると、正方形はどちらかの方向へグルグルと回転を始める。

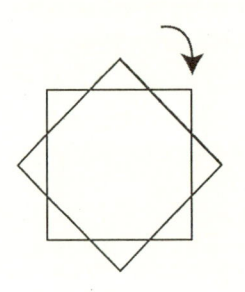

この運動観察の原点は、Wertheimer (1912)に遡ることができる。図**8-15**aに示したのが、Wertheimerのデモンストレーションである。水平ー垂直の十字

図 8-14. 正方形とそれを45度回転させた図形（菱形）を交互提示すると、モーターのように、グルグル回り出す。2つの画面の提示内容を区別するため、正方形は黒線で、菱形は灰色線で表示したが、実際には同じ線種で提示される。

形とそれを45度回転させた十字形を、適切な時間間隔で交互に提示することを繰り返す。その際、観察者が、回転するように見るという能動的注意を投入すれば、注意を向けた方向への回転が知覚されると、Wertheimerは説明する。このデモンストレーションにヒントを得て、フェルストラーテン(Verstraten)・蘆田(1997)は、図**8-15**bに示す4枚ずつのディスクを時相1と時相2で交互提示すれば、やはり注意を向けた方向へディスク全体が回転していくように知覚されることを示した。それに対し、もし、そのような能動的注意を投入せず、刺激全体の中央付近を見つめていれば、周辺でディスクがランダムに点滅を

a　　　　　　　　　b

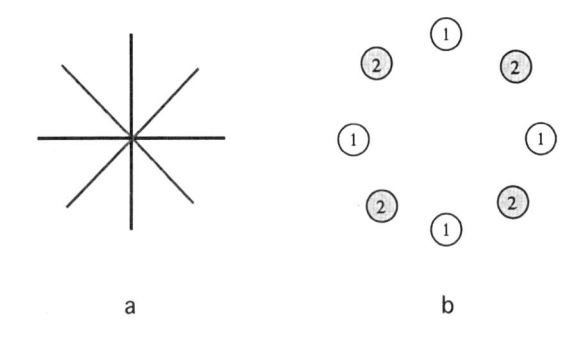

> 図 8-15. 交互提示による仮現運動が往復運動ではなく回転運動を起こすことをデモンストレーションする研究例. a.水平－垂直の十字を時相1に，それを45度回転させた十字（2つの刺激を区別するため，図では灰色で示したが実際には時相1の十字と同じ色で提示される）を時相2として交互提示すると，回転運動が知覚されることを，Wertheimer（1912）がデモンストレーションした. b.十字の端点に当たる位置に置いた4つのディスクを時相1と時相2で交互提示すると，ディスクが回転しながら点滅していくように知覚されることを，フェルストラーテン・蘆田（1997）が示した. a, bいずれの場合も，回転運動と見ようとする能動的注意を投入したときにだけ，回転が知覚される.

繰り返すように見えたり，あるいは時相1のパタンと時相2のパタンが行きつ戻りつするようにしか知覚されない．

　先述の縦長・横長方形の場合とは違い，正方形・菱形の場合は，1回の仮現運動による回転が45度ですむ．このことが，representational momentumに適合する仮現運動の発生に，少なくともある程度は促進効果をもつことは十分に予想できる．

　直線運動に関する仮現運動においても，representational momentumを支持する事例が存在する．Ramachandran & Anstis（1983）による，次のような運動現象である（図**8-16**参照）．上下2行に等間隔に並べられた光点を，左上からと右下から，同期させて同じテンポで横方向に点滅させていく．そうすると，左上から始まった光点の動きは，そのまま右端の点まで，まっすぐ進むように知覚される．当然，もう一方

の右下から始まった光点は，左下までまっすぐに進む．当たり前のことのようだが，真ん中の4点のみに注目すると，6-1で解説したように，水平・垂直の仮現運動は，同じ程度，起こりうるはずである．まず，左上と右下が同時に点灯し，次に左下と右上の点灯へと切り替わる．そうすると，水平方向への仮現運動と垂直方向への仮現運動は，起こりやすさにおいて違いはない．真ん中の4点に関してこのような性質があるとすれば，長い点列で左上と右下から始まって進む仮現運動も，中央でU字型に方向を変えてもおかしくない．しかし，現実には，U字型の仮現運動は生じない．この事実は，representational momentum，すなわち"慣性"の働きを支持する．ただし，点滅のスピードにもよるが，光点の横同士の距離より上下（縦同士）の距離を60％程度に近づけると，U字型の逆戻り運動が観察されると，Ramachandran & Anstis (1983) は述べている．この事実を，ゲシュタルト心理学の用語で説明すると，まっすぐ進むという"よい連続の要因"が後退し，"近接の要因"が優位になるためと言える（寺地洋了氏，

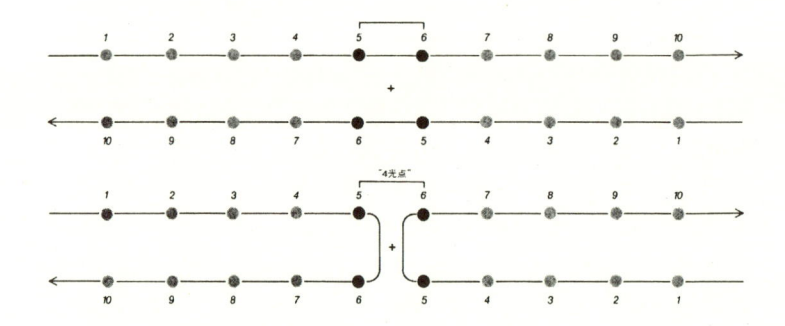

図8-16. 上2行では，左上と右下から1つずつ同じテンポで光点が点滅していく．すると，真ん中の4点では，下2行に示したようなU字型の折り返し運動が知覚されてもよいはずなのに，実際には左上からスタートした光点は右上の端までの直線的仮現運動が知覚される．"慣性"というrepresentational momentumの働きを示す運動現象と言える．（Ramachandran & Anstis, 1986/1986より引用）

私信).

　本節で取り上げた諸現象の多くは，発表した研究者自身，取り立ててrepresentaitonal momentumという枠組みで捉えているものでなかった．現象そのものに価値ある知見は，理論に依存しない価値をもちうる．したがって，たとえその理論が廃れても，現象自身の価値は生き続けることになる．

8-8.　乳幼児による検討

乳幼児に見られる"representational momentum"の様子を調べていけば，物理法則が内化されていく発生・形成過程を調べることができるに違いない．ただし，乳幼児にあっては，"慣性"などの高次な物理法則ではなく，より素朴でプリミティブな物理法則を扱うことが多いので，乳幼児研究においては，"representational momentum"ではなく，"素朴物理学"と呼ぶことにしたい．本章冒頭で，"素朴物理学"には「誤った信念に基づく」との含意があると指摘したが，本節での乳幼児を対象とする検討では，「誤った信念に基づく」という制約を外し，文字どおり，素朴でプリミティブな物理ルールの内化として，"素朴物理学"の発生過程を見ていきたい．

　Spelke & Van de Walle (1993) は，乳幼児の直観的な物理的推論の様子を，Michotteの因果知覚を材料にPL法で検討した．"PL (Preferential Looking) 法"とは，日本語では"選好注視法"と呼ばれるもので，言語による反応を求められない乳幼児に対して，左右1対の刺激を提示し，どちらの刺激をより長く見るかを計測することによって，両者が弁別できているかや，一方をより新奇な刺激と受けとめているかなどを見極める計測法である．具体的な実施法は，左右に提示された2種類の刺激のあいだにあけられた小さな窓の裏から，実験者が乳幼児の顔を観察し，左右どちらかの刺激を乳幼児が見ていると判断した時間を，ストップウォッチで計測するものである．そのような実験者による実時間での観測に変えて，ビデオカメラで乳幼児の顔を撮影しておき，実験終了後，視線方向を計測するというやり方も

とられている.乳幼児は,同じような刺激を繰り返し見せられると飽きて見なくなってしまう(馴化).ところが,いままでとは違う新奇な刺激が現れると,それを長く見つめる(脱馴化).この性質を利用して,当たり前の物理的ルールに合致する運動事象に馴化させた乳幼児に,ルール破りの新奇な刺激を提示して,それに対して脱馴化が生じるか否かを調べることによって,ルールの内化の有無を判定するのである.

ここでは,Baillargeon & DeVos (1991) の行った実験を例に,具体的に解説していきたい.図 **8-17** を見てほしい.馴化セッションでは,背の低い人参が背の高いついたての後ろを通過する運動事象と,背の高い人参が背の高いついたての後ろを通過する運動事象が,乳児に対して何度も提示される.どちらの事象も,通過中に,ついたての上から人参が現れることはない.これらは,物理的ルールに適った事象で

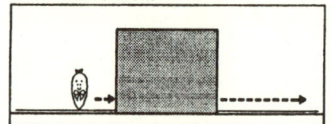

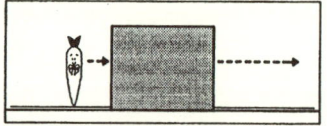

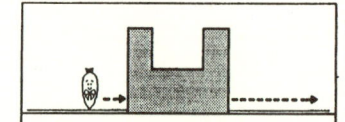

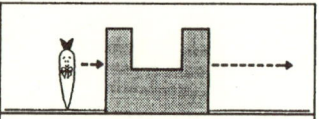

図 8-17. 乳幼児が物理的因果事象を知覚できるかどうかを調べるために行った実験のセッティング.背の高い人参は,ついたての上方にあけられた切れ目に現れなければならない.当たり前の見え方に馴化した乳児が,素朴物理学に反する刺激事態に対して脱馴化を起こすかどうかを指標として,物理法則が内化されているかどうかが調べられた.　(Baillargeon & Devos, 1991より引用)

ある.この提示を繰り返し,乳幼児が刺激をもはや注視しなくなったところで,テストセッションへ進む.今度も,背の低い人参と背の高い人参がついたての後ろを通過するのだが,ついたての中程には大きな切れ込みがあり,背の高い人参の場合には,そこから通過中の人参の上部が見えなければならない.しかし,そこに人参が現れないため,"素朴物理学に反する"新奇な事象となる.

結果は,次のようになった.背の高い人参が大きな切れ込みのあるついたての後ろを通過するテスト刺激に対して,3.5か月児は脱馴化を示した.しかし,それより幼い乳児では,"素朴物理学"に適うテスト事象(背の低い人参が通過する事象)とそれに反するテスト事象(背の高い人参が通過する事象)を左右に並べて提示したところ,両者に対する注視時間に違いを示さなかった.このことから,乳児は,3.5か月齢までに,遮蔽事象の結果に影響を及ぼす重要な変数を知るようになると見なせる.

乳児を対象としたこの種の実験では,さまざまな刺激材料が工夫されている.それらについては,Sperber, D.Premack, & A.J.Premack (1995)編集の『Causal cognition』の諸章に委ね,ここでは,その文献中に示されているSpelke, Phillips, & Woodward(1995)が行った総括的見解を紹介しておきたい.これまでの研究は一致して,乳児はかなり早い時期から,"結合(cohesion)""連続(continuity)""接触(contact)"の原理を身につけていると彼女らは言う.次ページの図8-18には,それぞれの原理に適う具体的運動事象と,その原理に反する運動事象の概念図を引いておいた.

乳幼児を対象に,ここで示した検討事例は,前章の事象・因果知覚とも密接に関連する.それと同時に,次章で扱う"生物性"の知覚とも強く結びついていく.章を改め,生物性に対する乳幼児の反応のありさまを見ていくことにしたい.

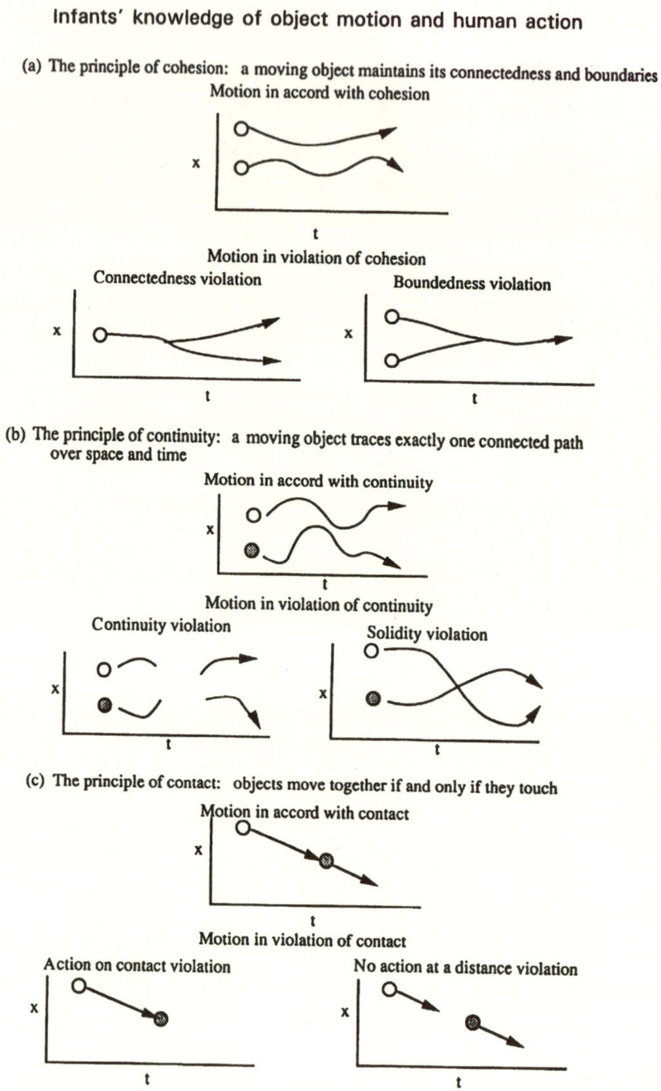

8章 素朴物理学から *representational momentum* へ

Infants' knowledge of object motion and human action

(a) The principle of cohesion: a moving object maintains its connectedness and boundaries

Motion in accord with cohesion

Motion in violation of cohesion
Connectedness violation　　　　　Boundedness violation

(b) The principle of continuity: a moving object traces exactly one connected path over space and time

Motion in accord with continuity

Motion in violation of continuity
Continuity violation　　　　　Solidity violation

(c) The principle of contact: objects move together if and only if they touch

Motion in accord with contact

Motion in violation of contact
Action on contact violation　　　　　No action at a distance violation

図8-18. 結合（cohesion），連続（continuity），接触（contact）の原理に適合する運動と適合しない運動の概念図．
（Spelke et al., 1995より引用）

第9章
生物の動きと無生物の動き

9-1. 乳児による生き物の動きの把握
9-2. 動きを大別する基準1：無生物対生物
9-3. 動きを大別する基準2：自己駆動力とAgent
9-4. Johansson－Gibson－Michotte
9-5. Johanssonのバイオロジカル・モーション
9-6. 剛体定理とバイオロジカル・モーション

生物の動き,すなわち"バイオロジカル・モーション"と言えば,まず,Johanssonの研究を思い浮かべる.しかし,ここでは,第8章の最後に取り上げた,乳児の"素朴物理学"の話題から始めたい.それを踏まえて,Johanssonをはじめとするバイオロジカル・モーションの解説へと進みたい.さらにそのあと,さまざまな運動現象を系統立てて整理しようとするとき,無生物,すなわち物質の動きと,生物,すなわち意志や駆動力をもつ生き物の動きに大別することが,はたして適切な分類基準と言えるかどうかを検討したい.吉村(2002)では,この二大別が,適切な分類基準になると主張した.しかし,常識的とも思えるこの分類基準は,必ずしも明確なものではない.たとえば,自己駆動力をもつ自動車は,生物と共通の運動性を示す.あるいはまた,われわれは無生物を容易に擬人化して,生き物や人間の動きに見立ててしまう.こうしたことから,別の分類基準にも目を向けるべきである.本書も終盤に近づいたこの章では,現象から離れたこうした枠組み論にも関わっていきたい.

9-1. 乳児による生き物の動きの把握

前章の最終節で,乳児はかなり早い時期から,"結合(cohesion)""連続(continuity)""接触(contact)"の原理を身につけているという,Spelke et al. (1995)の見解を紹介した.しかしそれは,物質の動きに対する反応特性であって,相手が生き物となると,これらのルールに反した動きであっても,乳児はルール破りだと捉えないことがある.ここでは,7か月児に対して,Woodward, Phillips, & Spelke (1993)が行った,接触原理に関する実験を紹介する(未発表研究であるため,Spelke et al., 1995 から引用した).図 9-1 を見てもらいたい.無生物の物体で構成された動きと,それと同じ動きを人で構成したバージョンが並記されている.

まず,物体バージョンから説明しよう(図 9-1 左図参照).馴化セッションでは,ある物体 X が左から中央に進んでくる.中央にはついたてがあり,その右端に,別の物体 Y の一部が見えている.左からやっ

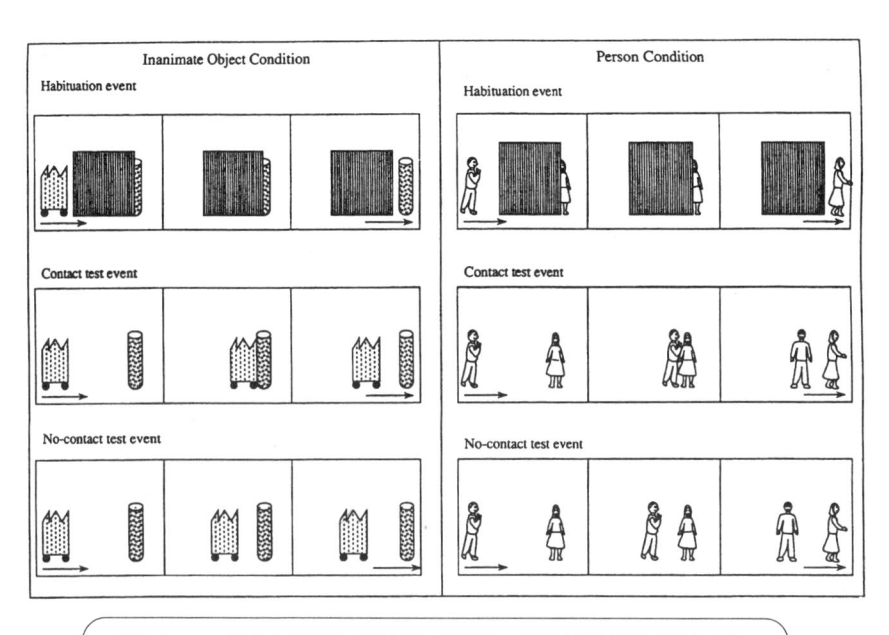

図 9-1. 馴化と脱馴化を利用して乳児の事象知覚を調べるために行ったWoodward et al.（1993）の実験．ものは接触しなければ他の物の動きを引き起こせないが，人は接触がなくても動きの反応を引き起こしうる．（Spelke et al., 1995より引用）

てきた先ほどの物体Xは，ついたての後ろにすっかり入ってしまい，少しあとに右端に一部分見えていた物体Yが右に向かって進み，やがて画面から消えていく．物理的動きの記述は，以上のとおりであるが，この一連の動きを見た乳児は，これをどのような事象と捉えるだろうか．おそらく，Xがついたての後ろでYに接触し，Yが突き飛ばされて右に消えていくと捉えると思われる．このシークエンスを何度か提示すると，乳児は馴化し，やがて注視しなくなる．

こうした馴化のあと，ついたてが取り除かれ，テストセッションへと進む．テストセッションでは，図9-1に示すように，2種類のシークエンスがあり（中段と下段），どちらか一方が提示される．XがYに接触し，Yが右端に消えていくシークエンス（接触条件）と，中央に進

んできたXがYに接触する前に，Yが動き始めて右端に消えていくシークエンス（非接触条件）である．乳児が，もし先ほどまでの馴化セッションで，XがYに接触したあと，Yを突き飛ばしたと捉えていたなら，接触条件を見せられてもそれほど新奇さを感じないだろう．すなわち，脱馴化を起こさない．それに対し，非接触条件を見せられると，意外な事象とみて注視し，脱馴化を起こす．同じ乳児の，2つのテスト条件の注視時間を比較した結果，予測どおり，非接触条件に対する注視時間の方が長かった．乳児は，動いてきた物との"接触"が引き起こす物理的ルールを内化させていたのである．

さて，同じ動きのシークエンスを，今度は，XやYという物体の代わりに人物を用いて行った（図9-1右図参照）．2人の人物を区別するため，一方を男，他方を女の画像とした．そして，物体の場合と同じように，接触条件と非接触条件とで注視時間を比較した．結果は，ともに脱馴化を起こさず，両条件で注視時間は変わらなかった．人の場合は，触れなくても相手に影響を及ぼしうることを，生後7か月の乳児は理解したのである．

このような見解を踏まえ，Spelke et al. (1995) は，物体の動きに対して乳児が内化させているルールと，生き物の動きに固有のルールのリスト化を試みた．以下に示す10項目が，それである．最初の3項目は人を含めたすべての物体の動きに共通するルール，そして4から10までの7項目は，人など動物の動きに固有のルールである．

○物体の動きにも適用されるルール
(1) 結合(cohesion)：人は全体が結びついて動く
(2) 連続(continuity)：人はつながった経路を通って動く
(3) 重力(gravity)：人は支持表面の上で留まったり動いたりする
○生物の動きに固有のルール
(4) 自己駆動力をもった動き(self-propelled motion)：人の動きは接触の原理に束縛されない
(5) 社会的応答性(social responsiveness)：人は社会的パートナーの動

きに随伴して反応する
(6) 社会的相互作用(social reciprocity)：人は本質的に社会的パートナーの行為に反応する
(7) コミュニケーション(communication)：人は社会的パートナーに情報を供給する
(8) 感情(emotion)：人の行為は動機や感情の状態に影響される
(9) 目的指向性(goal-directedness)：人は目的を達成するために行為する
(10) 知覚(perception)：人の行為は知覚によって導かれる

(p.55)

ごく自然な人や動物の行為ルールのようだが，こうして並べられると，物質の動きとの違いを改めて認識することになる．

Spelke et al.(1995)は，後半7項目の「生物の動きに固有の原理」をスペキュレーションによって導き出したのではなく，さまざまな研究者たちが示してきたデータから抽出した．関連するいくつかの実証的知見を紹介しよう．

まず，「社会的応答性」に関しては，"still-face procedure"を用いたTronick, Als, Adamson, Wise, & Brazelton(1978)などによる実験がある．乳児の親かあるいは実験者が，乳児と数分間，相互作用を行い，突然，中性顔の表情になり，動きをとめる．このような表情に対し，乳児は，生後3か月になるまでに，微笑みをやめ，心配顔になる．なぜ，このような応答性を示すのかについては，現在研究が進められている．

次は，随伴性に関する研究である．乳児は，人に対しても無生物に対しても，随伴性を習得することができる．大人が自分の動作に随伴する動きをしている様子をビデオ映像で見ると，乳児はポジティブな感情を示す(Hains, Rehkopf, & Case, 1992)．

次は，模倣行動に関する知見である．Meltzoff & Moore(1992)などは，生まれて間もない新生児でさえ，大人の顔や感情表出を模倣する

ことを示した("舌出し反応"など). また, 自分の動作を模倣する大人に関心をもって反応すると言う.

最後に, Bates, Benigni, Bretherton, Camaioni, & Volterra (1979) などによる, コミュニケーションにおける情報伝達性に関する研究である. 9か月ごろ, 乳児は人同士の相互作用における伝達的側面を理解するようになると言う. このころ, 乳児がコミュニケーションを意図していることを示唆する3種類の行動が現れると言う.

a) 乳児は, 自分の伝えたいメッセージが伝えられなくても我慢し, うまく伝わるまでメッセージの形を変える
b) 何かが欲しいとき, 相手に伝わったかどうかを確認するかのように, 視線を欲しいものから相手に移す
c) 相互作用場面で, パターン化した身振りを使うようになる

生物の動き, とりわけ人の動きを物理レベルで記述するのは難しい. 乳幼児は, 感情や意図を読み取ることを, 間違いなく早い時期から身につけている. こうした読み取り能力を, 本書の最初の方で取り上げたWertheimerの運動刺激に対する知覚と同一レベルに並べるのは適切でない. しかし, ゲシュタルト心理学, 少なくともWertheimerにあっては, 人の動きから乳児がどのようなメッセージを読み取るかという問題まで視野に入れていたことは間違いない. 彼は, 1912年のモノグラフでは物理的運動を捉える心理機能と取り組んだが, やがて「生産的思考の研究」(Wertheimer, 1945/1952) へと進んでいった. 同時代のゲシュタルト心理学者であるDuncker(1935/1952)も,「問題解決」という思考領域に軸足を移した. ゲシュタルト心理学者の中には, コミュニケーションや対人知覚などに焦点を当て, 初期の社会心理学を基礎づけた研究者も多かった(たとえばHeiderやLewin). そうなると, 表情や仕草などの"動き"から感情や意図を読み取る心の働きも, Wertheimer以来, 一貫して"動き"を捉えようとしてきたゲシュタルト心理学の営みの中で展開されたと考えるべきかもしれない. そのような広大な作業で, 無生物と生物の二大別が, "動き"を捉える上で適切な分岐点となるのだろうか. 次節では, この問題を考えていきたい.

9-2. 動きを大別する基準1：無生物対生物

まず，無生物と生物に大別することの利点と問題点から考えよう．すでに述べたように，吉村(2002)では，この分類を推奨した．たとえば，Michotteの行った一連の事象・因果知覚に関わる運動現象を，「A君がB君に思い切りぶつかって突き飛ばした」などと擬人化して捉えれば，「A君には悪意があった」とか，「B君は突き飛ばされないように抵抗した」などの意図や感情と直接結びつくことになる．そうなれば，「"突き飛ばし"であることの物理的制約を明らかにする」という物質レベルでは留まれない．おそらく，Michotteの"突き飛ばし"現象を人々に観察させれば，誰もが何らかの擬人化を行うに違いない．それらをノイズとして排除できなければ，"突き飛ばし"を物理的に規定したことにならない．

その一方で，無生物の動きに限定できれば，物理次元での評価に収まるかと問われれば，そうとも言えない．自動車は無生物だが，自然法則に縛られることなく，上り坂をぐんぐん進んでいく．自動車の場合は，運転する人がいるので，意図をもった生物による動きと見なせるかもしれないが，電気などのエネルギーで駆動される機械類の動き全般を，生物の仲間に含めることには無理がある．

Gelman, Durgin, & Kaufman(1995)も，生物と無生物に分けることを模索した研究者である．彼らは，Judith Stewartの未発表データ（学位論文や学会発表）を利用し，コンピュータ画面上に提示された小点のさまざまな動きが，生物と無生物のどちらの動きと知覚されるかを吟味した．Stewart自身は，Newtonの運動法則に従う運動軌道をとるとき，われわれは動いている対象物を無生物と知覚し，Newton法則を侵す軌道をとるなら，生物と知覚するという単純な仮説のもとで検討を行った．実験に用いられた運動刺激を図9-2に示す．図では，Newton力学に合致するかどうかをおおよその基準に，"無生物(inanimate)" "生物(animate)" "中立的(neutral)"に分け，それぞれに簡単な説明が付されている．これらの刺激全部をランダムな順序で，21名の大学生

9章　生物の動きと無生物の動き

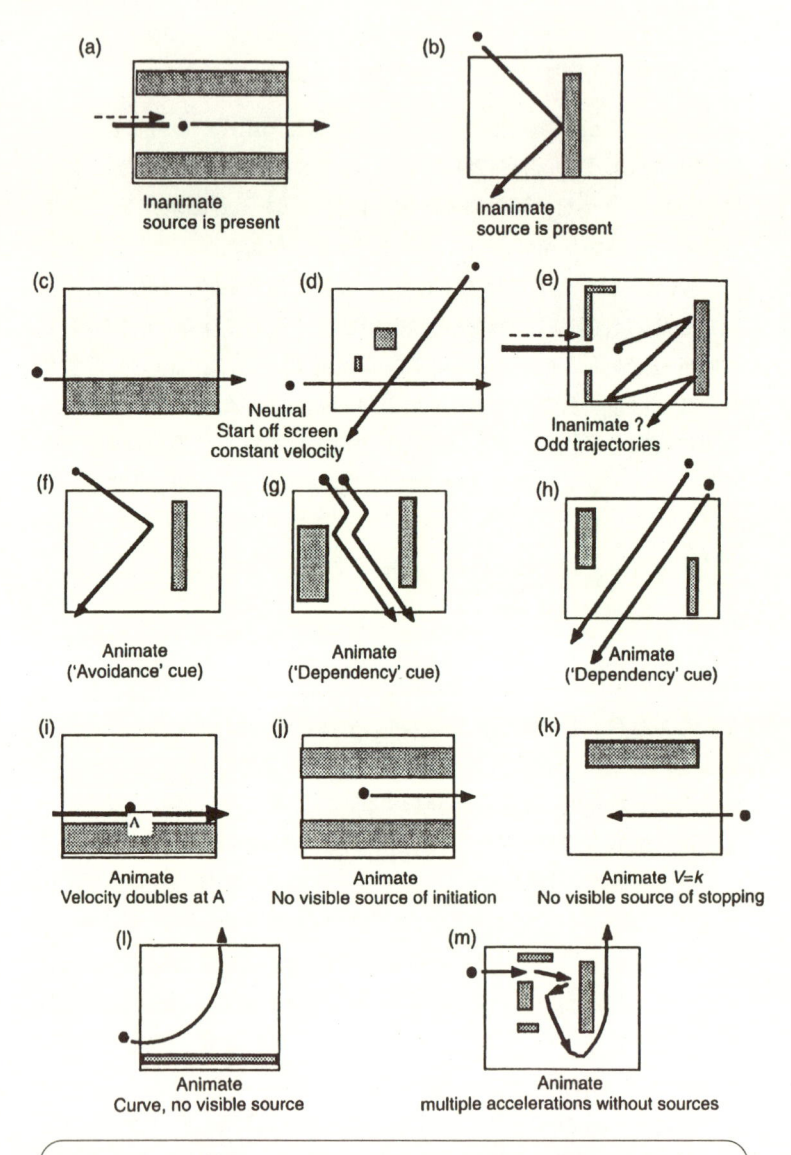

(a) Inanimate source is present
(b) Inanimate source is present
(c)
(d) Neutral
Start off screen
constant velocity
(e) Inanimate ?
Odd trajectories
(f) Animate
('Avoidance' cue)
(g) Animate
('Dependency' cue)
(h) Animate
('Dependency' cue)
(i) Animate
Velocity doubles at A
(j) Animate
No visible source of initiation
(k) Animate $V=k$
No visible source of stopping
(l) Animate
Curve, no visible source
(m) Animate
multiple accelerations without sources

図9-2. Judith Stewartの未発表データに示された無生物と生物，それに中立的な動きのパターン．（Gelman et al., 1995より引用）

に観察させ，何のどのような動きに見えるかの報告を求めた．

　自由記述によるデータ収集であったため，コード化にはかなりの難しさを伴った．ここでは詳細へは言及せず，主要な結果のみを解説する．データをコード化する作業の中から，"生物(animate)" "無生物(inanimate)" "機械的(mechanical)" "その他(other)" の4つに分類することが適切と見なされた．図9-3が，それらをまとめたものである．おおよそ，無生物との反応が多かったものを下の方に，生物との反応の多かったものを上の方に配した．最上部や最下部のように，ほとんどの観察者が無生物か生物のどちらかと反応した刺激もあったが，中程には，生物・無生物の両反応が入り交じるものも多く見られた．点刺激の動きだけからは，生物とも無生物とも見極められない刺激が多

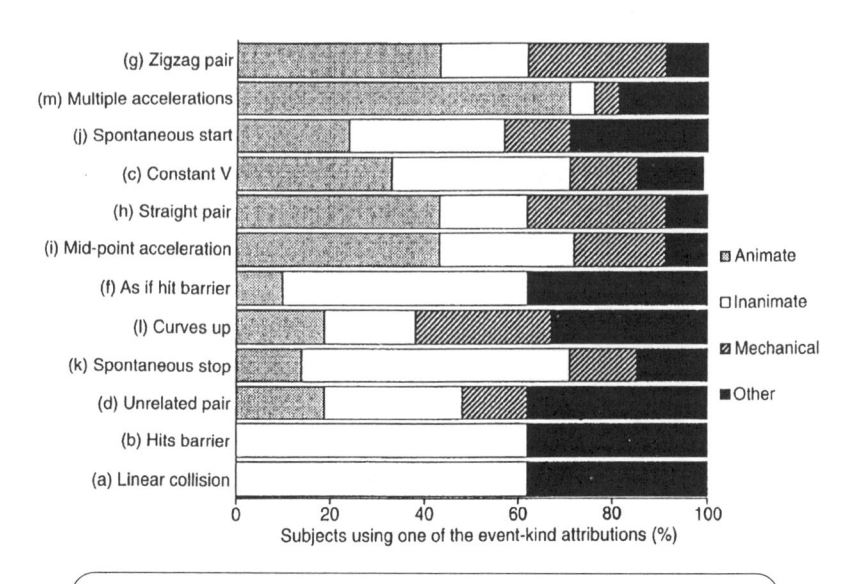

図9-3. aからmまでの刺激の中には，多くの被験者が生物の動きと捉えた運動刺激もあれば，ほとんどの被験者が無生物と答えたものもあったが，多くは，両反応が混在した．生物反応の多かった刺激を上部に，無生物との反応の多かったものを下部に配してある．　　　　　　　　　　　　　　　（Gelman et al., 1995より引用）

いことが分かる．比較的単純な動きのbottom-up情報（データ駆動）だけからは，生物の動きか無生物の動きかは特定しにくいのである．

　こうした結果を受けて，Gelman et al. (1995)ではさらに，教示によって，生物の動きと見るか，無生物の動きと見るかの方向づけを行った上で，何の動きに見えるかの具体的報告を求めた．bottom-up情報に加えてtop-down情報を与えたのである．これより，見え方は生物または無生物の一方に収束するのだろうか．図9-4が，2種類の教示に対する反応結果である．上の図が，無生物と見るように教示した場合，下の図が，生物と見るように教示した場合のデータである．かなりの割合で，教示どおりの見方に収まった．確かに，全員が，教示に従う見方をしたものも少なくない．しかし，教示による方向づけを行わなかった実験（図9-3）で，生物性または無生物反応が強力だった刺激においては，たとえ教示によるtop-down情報が与えられても，逆方向の教示に完全に従うことはできなかった．たとえば，もともと生物としての反応の多かった(g)は，生物教示には100パーセント従えたものの，無生物教示には60パーセントほどしか従えなかった．要するに，(g)のジグザグ・ペアは，生物性がきわめて高い運動刺激と言うべきである．逆に，(a)や(b)は，同じ理由から，無生物性が極めて高い運動刺激と言える．

　以上見てきたことから，ある動きを，生物と無生物，どちらの動きと捉えるかについては，確かに典型性を有する運動刺激がある一方で，中間に位置する運動も多く，生物ー無生物という分類基準だけに頼ることはできない．次々節で取り上げるJohanssonに始まるバイオロジカル・モーション研究では，生物運動の典型を見ていくことになる．しかし一方で，この二分類の中間に位置する運動パターンも多く存在することから，弁別力のある他の分類基準を探る努力も必要となる．次節では，そうした候補を見ていきたい．

9-3.　動きを大別する基準2：自己駆動力とAgent

　チンパンジーに言葉を教えた研究で知られるPremackは，"心の理論"

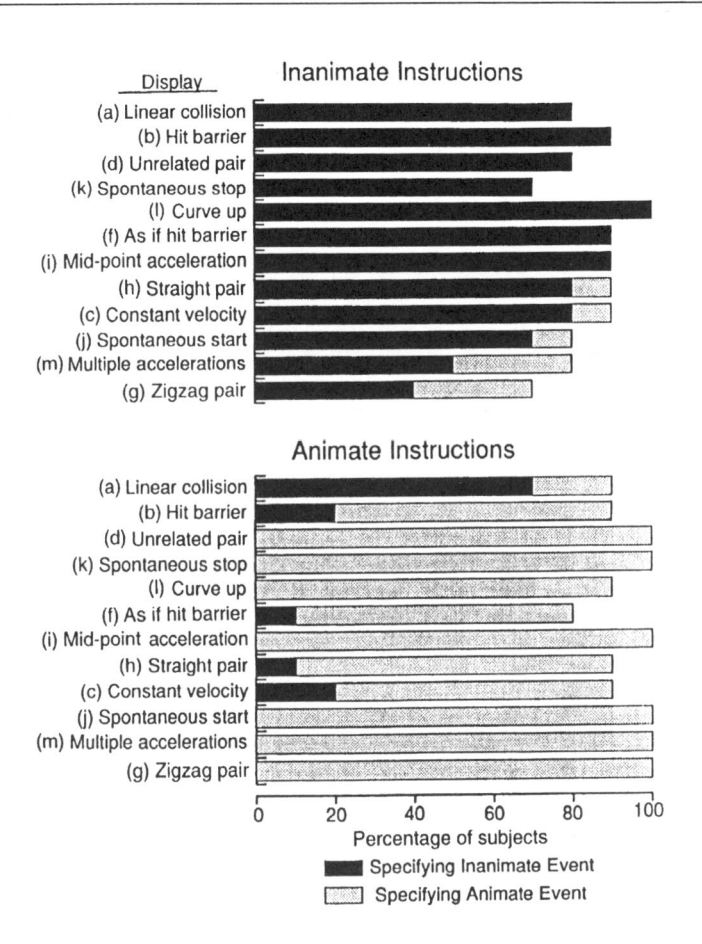

図 9-4. 無生物（または生物）と捉えるように教示された状況下での生物－無生物反応の割合. （Gelman et al., 1995より引用）

という概念の提案者でもあった．そのPremack (1990) は，生き物であるか否かではなく，自己駆動力 (self-propelled) を有することを分類の基準として重視した．自己駆動力があると見るかどうかによって，大人のみならず乳幼児でも，知覚内容が規定されると，Premackは主張

する．すなわち，自己駆動力をもたないものの動きからは"因果性"を，自己駆動力をもつものの動きからは"意図性"を捉えると言うのである．自己駆動力をもたないものの動きには，他のものによって動かされたり，重力に従って動いたり，風や水に流されたりなど，他に動きの原因がある．それに対し，自己駆動力をもって動くものには，代表的には生物であるが，他にも乗り物や機械類など，その動きには意図（目的）がある．無生物と生物に分けるよりも，自己駆動力の有無による分類の方が，運動全体の分け方として適切なのかもしれない．

ただし，Premack自身は，分類することにはこだわっておらず，のちに（Premack & Premack, 1995），自己駆動力をもつものは目的指向的な動きをするという"意図性"に重点を置き，社会システムまでを取り込もうとした．たとえば，自己駆動力をもつもの同士の動きである図9-5では，薄い色の球が黒い球の"邪魔をする"という社会的事象が捉えられる．こうなればもう，7-6で解説したHeiderらの社会的相互作用とまったく区別がつかないところにきている．

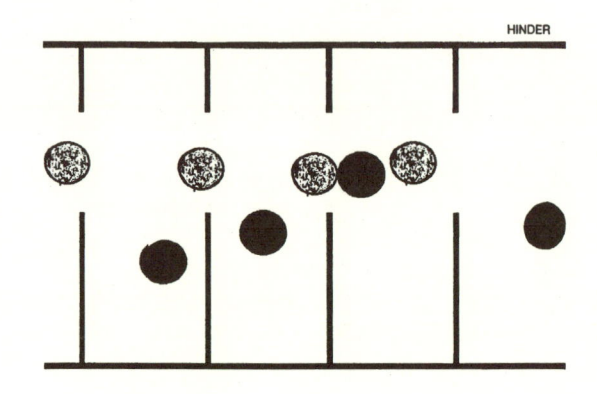

図9-5．"邪魔をする"という意図性をもった丸い物体の動き．薄い色と黒色の球の動きを，5コマ分同時に表示している．右端のペアから左端のペアに向かって事象が進行する．
（Premack & Premack, 1995より引用）

これとはまた異なる観点から，対象物の動きの二大別を提案する研究者がいる．Leslie (1995) の"Agent性"という基準である．"agent"とは，実行者という意味だが，Leslieは，大文字で表記する"Agent"に，次のような意味を込めている．"Agent"とは，個々の運動に対して与えられる名称ではなく，対象そのものに対する名称である．たとえば，石は，ときにものを壊す原因物になりうるが，それはAgentではない．Agentとは，このような事象により定義されるものではなく，対象そのものに与えられる名称なのである．また，必ずしも動物(生物)である必要はない．"Agent"を特徴づける下位理論として，以下の3項目を提案する．

1) 単なる物理的対象物にはない，機械的特性がある．内的で更新可能なエネルギーや動力源をもっている．
2) 単に動くというのではなく，事象の一部を担う動きをする．知覚情報に基づき，目標を追ったり，環境に反応したりする．また，Agent同士，相互作用しあう．
3) その行動は，認知的特性により決定される．単なる物質は，認知的特性をもたない．

　これまでに示した3種類の分類基準(無生物－生物，自己駆動力の有無，Agent性)は，いずれも一方は，重力や外力など物理法則に支配される受動的動きしかできないものである．本来，分類とは，どこかに線を引き，すべてのものをどちらかに属させること目的とする．しかし，前節のGelman et al. (1995)の研究からも分かるように，あらゆるものの動きを2つのカテゴリーに分けることは現実には無理である．おそらく，両者の典型事例にしか有効な分類の意味は当てはまらないのだろう．

　結論として，bottom-up的な動き情報だけから，どちらに属する運動かを決めることは難しいと言うべきである．そのような状況にあって，次節以降で取り上げるJohanssonのバイオロジカル・モーションは，特異な研究領域である．個々の点の動きだけでは，およそ何の動きかつかめないにもかかわらず，クリティカルな数箇所の点の動きが

与えられると，いともたやすく，微妙なニュアンスまで分かってしまうのである．このような運動事象の発見は，運動視研究に強いインパクトを与えた．そのため，生き物なら何であっても，クリティカルな部位の動きが与えられれば，何であるかの同定が可能に違いないと期待させてしまった．実際には，少数光点がベクトル合成のような全体運動を構成し，本来の動きとは異なるものに見えてしまうことも多い．

9-4. Johansson－Gibson－Michotte

Johanssonは，人体の関節につけられたいくつかの光点の映像から人間の動きを知覚する研究を最初から行ったのではなく，"剛体性の知覚"を出発点に，人間の動きへと進んでいった．この道筋は，重要である．個々の部位光点の動きそのものは，図 **9-6** 左図に示すように，無秩序としか言えないのに，そこから三次元性の剛体を見て取ることは，動きの"不変項"の抽出と言えるからである．身体の滑らかな動きと

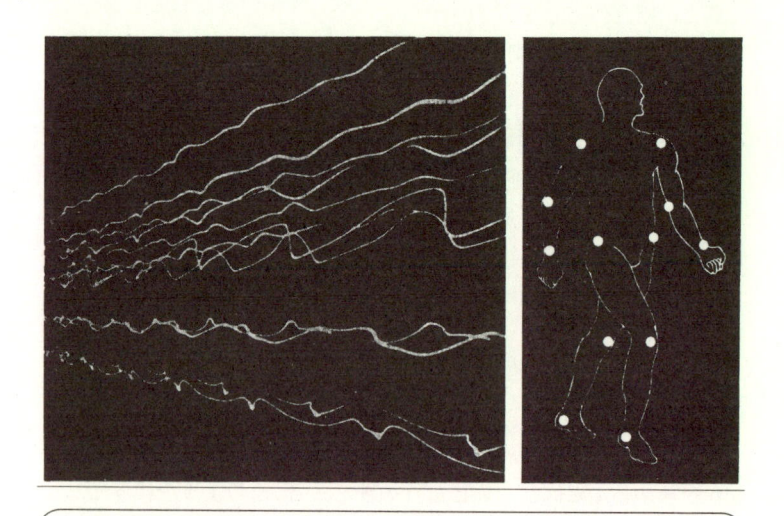

図 9-6. 身体関節の要所要所に光点をつけ，暗室で歩行している様子を撮影したときの光点の軌跡．光点の軌跡を見ても，何の動きかはまったく分からない．　　　　　（Johansson, 1975より引用）

剛体性は，相反することと思われるかもしれないが，そうではない．この問題については，9-6で解説する．

"不変項(invariant)"とは，Gibsonの最重要概念の1つである．そうした概念を，GibsonはJohanssonと共有していた．次に示すのは，小松(2002)に紹介されているJohanssonへのインタビューだが，それと知らずに読むと，Gibsonへのインタビューと思うほど，彼らの基本姿勢は共通している．

> 能動的である知覚者にとって，日常の視知覚とは，環境に対する身体の動き，環境の中での対象の動きの知覚を意味している．つまり，我々の知覚している世界の常態は運動状態である．‥‥知覚とは，その絶えず変化しているという世界から，ある形態・ある事物・ある部分を，個別化し特殊化して切り出してくることである．そういった意味で，運動の知覚は，知覚を知る上で本質的に重要である．(pp. 65-66.)

人の歩行は，典型的な"事象(event)"と言えよう．ここに，Johanssonの仕事は，Gibsonを介して，Michotteの"事象知覚"とも密接に結びついている．GibsonがMichotteの研究を知ったとき，Michotteに対して，非常な驚きと賞賛をおくった．以下に記すのは，鷲見(1991)が紹介する，Michotteに対するGibsonの賞賛である．

> 彼［Michotte］の研究は，アメリカの心理学者ギブソン(J.J.Gibson)に非常な驚きと共鳴を与えたのである．それはギブソン自身の次の言葉の中に見出される．すなわち，「私とほとんど同じ考えをもった知覚心理学者は他にもいるが，彼らと全く同意見というわけではない．しかし，最近になって，驚くほど意見の一致を見た一人の研究者に出会った．その人はルーバンのアルバート・ミショットである．ただし，"外界"に関しての考え方では双方互いに意見を異にしているといえるかもしれな

いが．彼は宗教哲学者であるMercierの弟子であり，私とい
えば，唯物論的思想の持ち主であるE.B.Holtの弟子である．彼
は保守的なベルギー貴族で純粋なキリスト教信奉者であり，私
は教会制度に疑問を抱きながらアメリカ中西部の日曜学校に通
う急進派であった．互いに驚くほど異なる環境の中で過ごして
いながら，両者互いに意見の一致を見るにいたったのはなぜか．
それは真理探究の可能性を信じさせるような目標を互いにかち
取ることができたからである．」(p.103)

　Gibsonは，Johanssonに抱いたのと同種の共感を，Michotteに対し
ても抱いたのである．おそらく，Gibsonの賞賛がなくても，Johansson
やMichoteeの研究の先見性とユニークさは，グローバルに評価される
ことになったに違いないが，今日の英語圏の研究者のあいだで彼らの
研究がより早く評価されるようになったことに，Gibsonの果たした役
割は大きい．

　少し話はそれるが，筆者が専門とする"逆さめがねの世界への知覚
順応"研究においも，Gibsonが，20世紀前半にドイツ語圏のInnsbruck
大学で行われていたKohler(1951,1953)らの一連の研究を知ったこと
から，Gibsonの肝いりで英語への翻訳が実現した(Kohler, 1964)．
Gibson自身が英訳を担当したわけではないが，翻訳論文に前書きを寄
せ，この研究の重要さに賛辞をおくっている(Gibson, 1964)．本書の
3-7でも紹介したように，Gibsonはさらに，SKEを扱ったMusatti
(1924)のイタリア語論文の英語訳も企てている．翻訳はHoward Flock
らによるものであった．ただし，この翻訳に対しては，「原文とつき合
わせて引用すること」と，手厳しい．結局，英語訳での公刊は実現し
なかったようである．

　話を，MichotteとGibsonに戻し，再び鷲見(1991)から，Gibsonの
賞賛ぶりを紹介しよう．

　　ギブソンの驚きがいかばかりであったかはLeonard Carmichael

に当てたつぎのような手紙でも示されている(Reed, 1988).
「我々は今長旅を終えて,ルーバンのミショットのところから
帰ってきたところだ.彼はまったくすごい.彼の実験は確かに
革命的と言えるだろう.彼の実験は実にうまく巧みに出来てい
て,それは event perception の枠をはるかに超えている.彼は
空間知覚に関してのすばらしい実験を沢山行っている.皆すべ
て未発表で,今後それらの結果を発表する気はないらしい.私
の持っていった資料についても彼は充分に理解してくれた.彼
は全くインテリジェントな人物だ.あの古風な老紳士に出会っ
てからというもの,カトリック信者の心理学者に対する私の偏
見は変わったようだ」(pp.103-104)

書かずもがなの最後のコメントは,後に枢機卿になる Mercier の弟子
である Michotte へのユーモアを込めた親近感の表明であり,いかにも
Gibson らしい.
　Gibson － Johansson － Michotte は,"知覚の直接性"を基本に据え
る観点を共有している.なお,本節でも一部引用したが,Gibson を核
とする Johansson や Michotte との交流の様子については,小松(2002)
の解説を参照してほしい.

9-5. Johansson のバイオロジカル・モーション

スエーデンの Uppsala 大学の Johansson(1973, 1975)は,単純な2点の
影絵を見ているとき,われわれはそれらの点が剛体の棒の両端であっ
て,そのため三次元的に動いていると見る傾向のあることを示した.
ここから出発して Johansson は,人間の関節の動きから身体の動きを
知覚する研究へと進んでいった.役者の関節(足・首・膝・尻・肩・
肘・腕)に小さなライトをつけてさまざまな動作をしてもらい,暗闇
で映画に撮影した.本節では,Palmer(1999)の解説に沿って,Johansson
に始まる"バイオロジカル・モーション研究"の主要な流れを追って
いきたい.

9章 生物の動きと無生物の動き

　光点を身体につけた役者が，暗闇の中でじっと座っている限り，複数の光点は星座のような"布置"をなすにすぎない．ところが，ひとたび動き出すと，1秒もしないうちに，しかも紛れもなく，人間の動きだと知覚できる．歩いているか駆けているかも簡単に区別でき，2人が腕を組んでフォークダンスを踊っている様子も，難なく知覚できる．こうして，人の動きに対するわれわれの知覚系の感受性と弁別力の高さが示された．

　研究はさらに，歩き方の微妙な違いの実験的検討へと進められていった．Johansson（1975）自身も，同一人の普通の歩き方と足を引きずる歩き方が弁別可能であることを示した．この方向性を受けて，**Cutting, Proffitt, & Kozlowski（1978）**は，両足首と膝，尻の3か所ずつの光点だけで，歩いている人物の男女の弁別がおおよそ可能であることを明らかにした．図**9-7**に示すように，平均的には，男性は両肩幅が広く，女性は両尻幅が広い．結果として，男の方が女よりも運動の中心が低くなる．この差が，性の弁別の手がかりになるようである（Cutting, 1978）．また，Beardsworth & Buckner（1981）は，自分の歩き方を見ることは稀なはずのに，自分の歩き方が他人の歩き方より同定しやすいことを見出した．

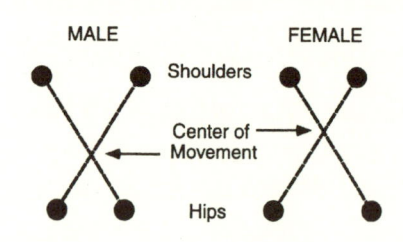

　人の動きの弁別性とは別に，少数の光点のみの運動映像を通して，動いているもの一般の同定可能性という方向性も生まれた．たとえば，Cutting（1982）は，風の力によって木や茂みがど

> 図 9-7. Cutting（1978）の研究では，肩と腰に付けた光点の動き方から，歩いているのが男女いずれであるかを捉えることができた．平均的にみて，男性は両肩幅が広く，女性は両尻幅が広い．結果として，男の方が女よりも運動の中心が低い．
> 　　　　　　　　　　　　　　　　　（Palmer, 1999より引用）

のような構造になっているかを知覚できるわれわれの能力の高さを示した．こうした研究が，人間の身体に限らず，柔軟な接続部をもつ動きの問題一般へと，研究の関心を広げていった．

9-6. 剛体定理とバイオロジカル・モーション

本章での中心的研究者であるJohanssonは，9-4で指摘したように，バイオロジカル・モーション研究に先立ち，ベクトルによる運動の合成と分解という問題に着目していた．当時の一連の研究の中で，彼は図 **9-8** に示すような運動現象を見出していた．画面上を動く2つの光点は，長方形の軌道を点対称的に動いているにすぎない．にもかかわらず，剛体性をもつ棒の両端につけられた光点として，複雑な軌道を三次元的に動く運動が知覚される．この現象について，当のJohansson (1975/1975) 自身は意外だったらしく，次のように記している．

> 予想としては，2つの光点(おそらく伸び縮みするように結ばれている)が，長方形の上を互いに追いかけっこをしているように

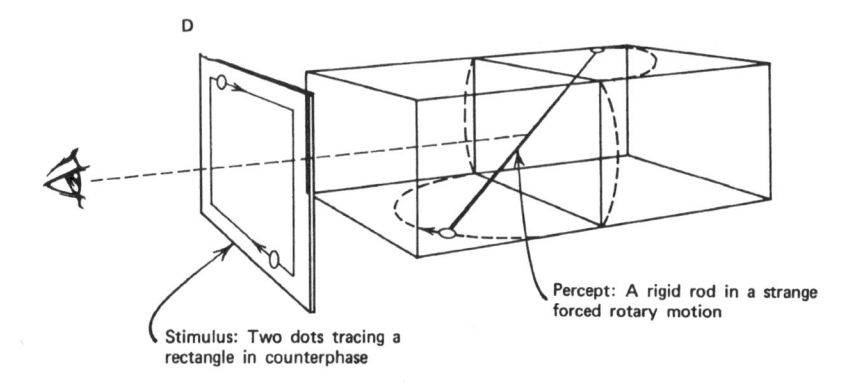

図 9-8． 画面上で2つの光点は長方形の軌道を点対称的に動いているのだが，観察者はその動きから，剛体性をもつ棒の両端につけられた光点として，複雑な三次元的動きを知覚する．
（Johansson, 1977より引用）

> でも見えるのではないかと思われたが，そうではなく，幻の棒がはっきりと知覚され，それが，あるときはほぼ垂直な平面上を回転し，急に前後に傾いたかと思うとまた垂直に戻るといった，奇妙な回転運動を続けるように見え，しかもそのあいだ棒の長さは，つねに一定に保たれているのである．視覚系は，射影空間で不変性を抽出して知覚する傾向が非常に強く，2つの動く光点によって描かれる単純な長方形よりも，おそらくこれまでに見たこともないような，非常に複雑で不自然な運動の方が，好んで知覚されているのである．（邦訳書，p.79）

引用文中，とりわけ重要なのは，知覚される「棒の長さは，常に一定に保たれている」点である．ここで登場するのが，"剛体定理"である．
　Hoffman（1998/2003）は，ここに示したJohanssonの観察事態は，Ullman（1979）の"剛体定理"によってうまく説明できると考え，以下のように記している．

> 視覚的な物体や動きを構築しようとするとき，あなたは，それまで自分が二次元で構築してきたものと矛盾しない形で，三次元の剛体の動きを構築できないかチェックする．三次元の剛体の動きを投影したときに，それまでの二次元の構築の結果と矛盾しない場合にのみ，三次元の剛体の動きを構築できるのだ．それが矛盾しないということは，めったに起こらない特殊なケースである．そこで，矛盾が起こらないことが判明した場合にはほとんど例外なく，あなたは三次元の剛体とその動きを構築することに決める．（邦訳書，p.209）

こうして，棒のように，向きは変えるが長さも形も変えない剛体が，ありありと知覚されることになる．おもしろいことに，Johanssonは，数個の光点の動きから，刻々と形を変える生物の動きを知覚するバイオロジカル・モーション研究に取りかかる前に，形を変えない剛体性

知覚を研究していたのである．

　しかし，剛体性と形を変える生物性の知覚を正反対なものと捉えることは間違っている．Hoffman（1998/2003）も，この点を，次のように的確に指摘している．

> 私たちが歩くときに脚と腕がどのように動くかを観察すると，面白い可能性が浮かび上がってくる．たとえば，ひざを境にして，脚の上半分，下半分はそれぞれ剛体であり，その動きの大部分は，同一平面を行き来するものだ．それが剛体であるのは骨があるからであり，同一平面を動くのは，関節が本来もっている性質のためと，できるだけ小さい力で動こうとする性向が私たちの体にあるためである．（邦訳書，pp.212-213）

要するに，バイオロジカル・モーションの知覚は，部分的剛体同士の位置関係の把握と言えるのである．Johansson自身の問題意識の中にあって，剛体性研究とバイオロジカル・モーションは，無理なく連続するものであった．バイオロジカル・モーション研究では，「不規則で無秩序な動きであるにもかかわらず，人の動きが知覚できる」と考えるのではなく，「一見，不規則で無秩序な動きの中に，"剛体"としての人の動きの復元に必要な情報が含まれている」と言うべきなのである．これはまさに，Gibsonの"不変項"と，軌を一にする考え方である．

第10章
問題解決とヒューリスティックス

10-1. 体制化の法則
10-2. 知覚は問題解決過程：Rockの知覚論
10-3. "ヒューリスティックス"という考え方
10-4. ヒューリスティックスに対するGibsonとJohansson
10-5. 知覚と思考

筆者は，知覚のグランド・セオリーとして，Irvin Rockの「知覚は問題解決過程」という考え方に共鳴している．そして数年前，同名のタイトルを掲げ，日本では体系的に取り上げられることのなかったRockの知覚論を1冊の本にまとめた（吉村，2001）．そこでは，静止画媒体である書物では扱いにくいという理由から，運動視の問題を故意に避けていた．しかし，「問題解決としての知覚」の特徴は，運動現象にもっともよく現れる．そこで，今度は運動現象のみに焦点を当て，知覚の問題解決性を吟味することを企てた．その際には，運動現象をコンピュータ画面上で実際に再現して確認しながら進めることを重視し，動きのデモンストレーションを作成し，Rockの運動知覚論（吉村・清水，2002）としてまとめた．この作業を通して，Rockにまつわる問題に限らず，運動現象は奥深くおもしろいことを実感した．それと同時に，広大な広がりをもつ運動現象全体を鳥瞰しておくことの必要性を痛感した．このような経緯で，今回，本書に取り組むことになったのである．第1章から第9章までで，心理学における運動現象の主要な領域をほぼ見渡したこのタイミングで，知覚を問題解決過程と捉えることの位置づけを行いたい．

　本書でのさまざまなテーマの解説のおり，"ヒューリスティックス"という用語が何度か登場した．この概念は，知覚心理学で生まれたものでなく，思考・認知領域でのKahneman & Tversky (1972) の主張であった．知覚領域でも，"ヒューリスティックス"とは，われわれが通常（常にではないが），正しい答えに到達するために使う発見的方法という意味をもっている．言ってみれば，これは"問題解決"と近い概念である．そこで本章では，"問題解決"と"ヒューリスティックス"の類似点と相違点を探りながら，これらの概念によって知覚を捉えることの生産性を検討していきたい．

10-1. 体制化の法則

"問題解決"にせよ"ヒューリスティックス"にせよ，これらに基礎を置く知覚論は，知覚とは，あらかじめ明記された法則に従って遂行さ

れるものではなく,刺激の関係性や環境状況など,利用できる(あるいは利用すべき)さまざまな情報を取り入れ最良の解を求めようとする心的過程と見なす点で共通している.そこで想定される対立的主張は,直接知覚論や,「明記された法則」に従って知覚は進行するとする考え方である.ゲシュタルト法則を明示化することに努めたゲシュタルト心理学は,さしずめ対立する巨大学説の1つと言えそうである.

しかしながら,「明記された法則」を目指すゲシュタルト心理学と,"問題解決"や"ヒューリスティックス"に基づく知覚論が正面から対立するという図式を描くことは単純すぎる.ゲシュタルト心理学は,"体制化"という用語を掲げるが,その"体制化"をいかにして実現するかに関して,"問題解決"や"ヒューリスティックス"と共通する面をもっているからである.

現在でも,"体制化"という用語は,盛んに使われている."体制化"とは,本来はゲシュタルト心理学の用語なのだが,狭い意味でのゲシュタルト法則に則った"体制化"だけではなく,現在では,関与する要素が単純に加算的あるいは並列的に作用するのではなく,統合的・有機的に働くありさまを広く"体制化"と呼んでいる.このような拡大的解釈をとれば,"問題解決過程"を標榜するRockの立場も,"ヒューリスティックス"という主張もすべて,"体制化"に含まれると言ってよいかもしれない.

だが,何もかもを含む考え方は,何も主張していないことに等しい.たとえば,"近接の要因"の"近接"とは,必ずしも"網膜上での近接"ではなく,奥行距離まで考慮に入れた"現象的近接"を含むとする考え方をもう一度取り上げよう.Gilchrist (1977)は,明るさ対比は,網膜上での近接ではなく,奥行距離まで読み取った現象的近接に従って現れることを明らかにした.もし,網膜上での近さが決定力をもてないなら,次なる候補として"現象的近接"が明るさ対比の決め手となるというのなら構わない.しかし,より直接的な網膜上での近接性が明確であるにもかかわらず,それを侵して現象的近接が決め手となるというのでは,法則としての一貫性がない.こうした観点に立てば,

10章 問題解決とヒューリスティックス

次に示すHoffman (1998/2003) の運動知覚に関する一連の法則も, 重要な局面においてあいまいさを残している.

> われわれの知覚系は,
> 【法則29】できるだけ単純な動きを構築する
> 【法則30】動きを構築する際には, できるだけ少数の物体を構築して, できるだけその物体を保存する
> 【法則31】できるだけ全体に同じような動きを構築する
> 【法則32】もっとも滑らかな"速度場"を構築する
> 【法則33】もしそれが可能で, 他の法則もそれを許す場合には, 画像の動きを, 三次元の剛体の動きを投影したものだと解釈する
> 【法則34】もしそれが可能で, 他の法則もそれを許す場合には, 画像の動きを, 三次元の剛体の平面的な動きを投影したものだと解釈する
> 【法則35】光源はゆっくりと移動する

記述を具体的レベルに求めている点は評価できる. しかし, 「できるだけ」とか「もしそれが可能で」などの頻出は, 最終的に"問題解決"や"ヒューリスティックス"に頼らなければならないことを言っているように思える.

要するに, 「明記された法則」で知覚が進行するとすることには無理があるのである. Hoffmanの諸法則は, 「明記された法則性」を目指している点で, 科学的には健全である. "体制化"を達成する仕事を, 安易に, 思考や推理など, 高次な心的機能に委ねてしまうのでは"ホムンクルス論"につながってしまう. しかし, 上の諸法則に頻出する"構築"や"解釈"は, いったい誰が行うのだろうか. そこにはすでに, ホムンクルスを想定してしまっているのではないだろうか.

本節では, "体制化"の意味内容のあいまいさを指摘した. それは, ゲシュタルト心理学に突きつけられた問いであるとともに, "問題解

決"や"ヒューリスティック"への問いでもある．Gibsonらの"直接知覚論"を巻き込んだ三者関係は，お互い同士の単純な対立関係で捉えることはできない．それぞれに，共有する考えと対立する主張，さらにはグレイゾーンを抱えている．

10-2. 知覚は問題解決過程：Rockの知覚論

難しい議論に迷い込んでしまった．本節では具体的運動現象へと軌道を戻し，解説を組み直したい．図**10-1**を見てもらおう．この図は，Rock (1983) が自らの著書で，"偶然の一致という解決の拒否 (rejection of coincidence)"の具体例として用いたものである．5本の線分は，同時に提示されるのではなく，1本ずつ順番に提示されていく．端まで進めば逆の順番で戻り往復運動を繰り返す．提示間隔は，仮現運動が現れ，1本の線分が連続的に姿を変えていくように見えるタイミングがよい．隣り合った線分同士は，長さも傾きも異なっている．しかし，この動き

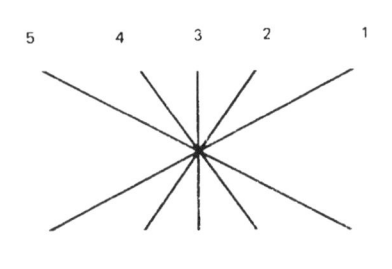

> 図 10-1．線分の影絵がここに示した5本の線分の軌道を順に動く往復運動を繰り返すと，観察者は線分が長さと傾きを変えながら変化していくとは知覚せず，一定の長さの棒が剛体として奥行方向に回転しているように知覚する．

を見ている観察者は，2つの属性（長さと傾き）を，たまたま同期させながら変えていくようには知覚しない．われわれの知覚系はそのような偶然の一致を好まず，奥行方向への広がりを導入することによって，一定の長さの棒が回転している単一事象と見るのである．もちろん，網膜情報からそのような解釈が許される場合に限られるが，知覚系はできるだけそうした解決を求めようとする．それは，上述のHoffmanの【法則33】とも合致する．一定の長さの棒の三次元的回転を，二次

元スクリーン上に映し出した影絵と見ることは，網膜情報とも矛盾しない．

さて，ここに主張されている"偶然の一致という解決の拒否"を，たとえばゲシュタルト法則の1つと見なすことはできないのだろうか．もし，法則と見なせば，それに従わなければならない．その意味で，Rockは，法則と考えなかった．"偶然の一致という解決の拒否"は法則として"先に"あるのではなく，さまざまな手がかりと網膜上で起こっている事実をつき合わせ，可能な候補の中から，"結果として"選択される解決なのである．

この点において，ゲシュタルト法則とは対照的と言えそうである．しかし，そうした対立図式も単純には描けない．たとえば，ゲシュタルト心理学について解説する境(2002) は，次のように記している．

> ヴェルトハイマーが見出した「群化の要因」に関しても，「近接による群化」や「類同に基づく群化」といった表現を見かけることが多い．「洞察するから，問題が解決する」，「体制化するから，まとまって見える」，「近いから，まとまって見える」．これらは，いずれもゲシュタルト心理学者の主張ではない．「群化の要因」は，群化の原因を述べているのではなく，「まとまって見えるとはどのようなことか」という，知覚に関する記述である．(p. 135)

この解説は，先に述べた，筆者によるRockの解説とほとんど違わない．

次の例は，基本的な仮現運動に関する現象である．図10-2を見てもらいたい．まず，四角形を提示せずに，aとbの2つの画面の交互提示を，○同士のあいだで仮現運動が起こる最適時相で行う．その上で，両画面に図のような黒い四角形を加える．たとえ四角形という付加物があっても，○に関する限り，仮現運動は引き続き起こるはずである．ところが，このような刺激布置では，○の仮現運動は消失すると，

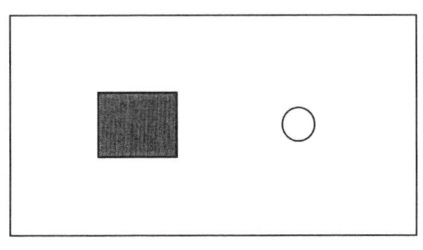

a. 時刻1に提示される図版

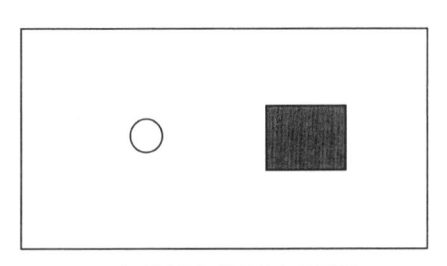

b. 時刻2に提示される図版

図 10-2. 運動を起こす理由がなくなれば，たとえ最適時相での交互提示であっても仮現運動は消失する．そのことを示すためにRock（1975）が行ったデモンストレーション．黒い四角形が常時存在する左右の○を交互に覆うと解釈することにより，○には仮現運動を起こす必要がなくなるとRockは言う．

Rockは言う．○は左右位置に常時あり続け，どちらか一方の○を黒い四角形が交互に遮蔽するように動いて見えると言うのである．○が仮現運動を起こす必要がないとの知覚的解決が可能となれば，あえて仮現運動は起こらないのである．

別の例を示そう．図 **10-3**a を見てもらいたい．6-4 の窓問題のところで解説したように，斜線が窓枠(四角形)内を上から下に適当な速さで動き続けているとき，窓枠が横長長方形なら，斜線は左から右へ水平方向に動いて見える．今回は，斜線は1本でなく，バーバーポールのときのように，何本もが次から次に現れる．ただし，斜線には黒点

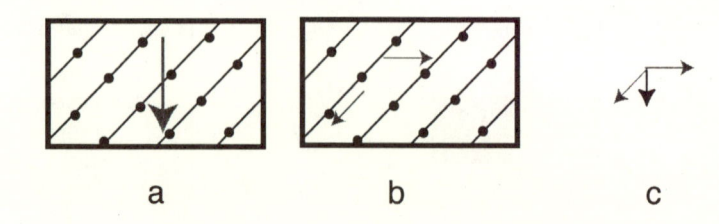

10章 問題解決とヒューリスティックス

図 10-3. 斜線が横長長方形を移動すると，客観的運動方向にかかわらず，長辺である横方向へ動くように知覚されるはずだが，aのように，斜線上に点が施されれば，客観的運動方向どおり，下への動きが知覚される．しかし，しばらく見続けていると，ときおり，bのように，斜線だけが右方向へ動くように知覚される．そのとき，点列の方は，斜線上を滑るように左下に動くと知覚される．観察者自身にも自覚のないまま，下方向への全体運動は，cのように，右方向への斜線の動きと，左斜め下方向への点列の動きにベクトル分解されるのである． （Rock, 1975より作図）

が付加されており，客観的な動きである上から下への動きであることが，黒点といういくつもの unique-point の存在のため，明確に見て取れる．にもかかわらず，この運動事態をしばらく見続けていると，やがて斜線が，不安定ながらも，長方形の長辺に沿って，左から右へ水平に動くように見え出すのである．横に長いという窓枠の形が，よほど強力に斜辺の運動方向感を規定するようである．このような見え方は，網膜情報からは起こり得ないはずである．

　繰り返し述べるが，Rockの主張に従えば，網膜上での物理的事実に反する知覚は起こらない．このことは，Rockの問題解決論の基本要件である．にもかかわらず，それに反する知覚が起ころうとしている．そこで，われわれの知覚系は，左から右への斜線の運動方向と，網膜上で起こっている黒点の動き方との矛盾を合理的に解決しようとする．そして，そのつじつま合わせがうまくいけば，それに沿う見え方が生じるのである．客観的事実は，斜線とその上に載る黒点とは固定関係にある．しかし知覚系は，両者の動きを分離することにより，網膜上で起こっている光学的事実に反することなく，長方形枠によって強力

に導かれる斜線の水平運動感を実現する．図**10-3b**に示すように，右に動く斜線に対し，黒点は斜線上を左斜め下に滑るように動くと知覚される．要するに，固定している斜線上の黒点を，斜線の動きから切り離すのである．

　頭を絞って答えをだせと言われてもなかなか思いつかないこの解決策に，知覚系は，何ら知的思考に頼ることなく到達する．運動全体を，2方向の運動ベクトルに分解することは，これまで何度か登場したが，図**10-3c**に示すように，ここでも見事にベクトル分解が実行されている．

　ベクトルの合成と分解に関する例を，もう1つあげよう．Adelson & Movshon (1982, 1984) の研究である．図**10-4**を見てもらいたい．2つの方向の縞模様が，それぞれの円形窓の中を左斜め上方向と右斜め上方向に動き続けている．客観的には上への動きであっても，円形という窓の形が，それぞれの縞と垂直方向へ

図 10-4．方向の異なる縦縞が丸い窓枠の中をそれぞれ斜め上方向へ動いている．知覚される運動方向はそれぞれの縞との垂直方向である．　　　　　　（Adelson & Movshon, 1982より引用）

の動きを導く．これは，6-4で解説した〈ルール1〉に従う動きである．さて，この2種類の画面を，図**10-5**のように組み合わせてみる．はじめは，2種類の縞

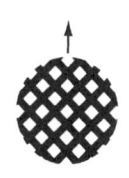

図 10-5．上記の2種類の斜線の動きを重ね合わせると，はじめのうちは別々の運動方向を示すが，やがて直交する格子模様という単一物として，全体が真上に向かって動くように見えるようになる．2つのベクトルは合成されたのである．　（Adelson & Movshon, 1982より引用）

はそれぞれ斜め方向に動いているが，やがて直交する格子模様という単一物として運動するようになる．そのとき，1つにまとまった格子模様の運動方向は，2方向のベクトルを合成した真上方向となる．それに対し，図**10-6**のように，2方向の縞模様が異質であれば，単一模

図 10-6． 2種類の斜線が明らかに異質なものなら，重ね合わせても単一物とはならず，したがって，それぞれの運動方向への動きが別々に知覚される．　　　（Adelson & Movshon, 1982より引用）

様にまとまらず，別方向の運動を続ける．われわれの知覚系は，網膜からの情報に対してさまざまな可能性を模索して，知覚的解決をやってのけるのである．

10-3．"ヒューリスティックス"という考え方

"ヒューリスティックス"という言葉は，最近では心理学のさまざまな領域で耳にするようになったが，その意味内容は，いまひとつ捉えづらい．ここでは，この言葉が知覚領域で用いられるとき，どのような考え方を指すのかを中心に，見ていきたい．Braunstein (1976) は，運動と奥行知覚の関係を論じた著書の結論の章で，「知覚におけるヒューリスティックスの過程」を検討している．本節では，Braunsteinの解説を取り入れて進めていく．彼の著書の最終章は，知覚を問題解決過程と見なすことから始められている．

"ヒューリスティックス"という考え方は，Polya (1945) が，定理の証明という文脈で用い始めたそうである．ヒューリスティックな推論とは，最終的で厳密な推論ではなく，暫定的でもっともらしさを求め

る推論である．その目的は，現前の個別的問題への解答を(確証するのではなく)発見することにある．

知覚過程がヒューリスティックスであるとは，知覚がいつも正しい判断に至るとは限らないことを意味する．"錯視"は，その好例である．"Amesの窓"を例に考えていこう．図 **10-7** に示した窓は，とても窓の正面図とは思えず，長方形の窓を奥行方向に回転させたところのように見える．しかし実際には，台形の紙に描かれた窓の絵を正面から見た(前額平行面内で見た)ところである．わざと奥行方向に回転しているように描かれている(裏面にも同じ図柄が描かれている)．さて，台形の厚紙に描かれたこの絵の中央下部に回転棒を取りつけ，それをゆっくりと一周，回転させる．その様子を単眼視で観察すると，とても360度回転し

図 10-7．Amesの窓．本当はこの窓枠は紙面に平行なのだが，明らかに右側が奥まって見える．そのため，この窓枠を切り取って，下につけた棒をゆっくり回転させて単眼で観察すると，奇妙なことに，回転ではなく往復運動のように知覚される．

たとは見えず，往復運動するように見える．このような誤った知覚には，実は次のようなヒューリスティックスが作用している．

> 対象物が水平に回転する場合は，横幅が短くなれば，それは前額平行面から遠ざかる方向への回転を意味する．

このようなヒューリスティックスを使うと，もし，いま見ているのが長方形の窓ならば，回転方向は正しく(veridicalに)知覚できる．しか

し，台形であるにもかかわらず，それを長方形窓と捉えている場合には，あたかも往復運動しているような錯視が生じる．どちらの場合も，上に示した同じヒューリスティックスが使われている．

　ここまでの説明で理解できたと思うが，問題解決にせよヒューリスティックスにせよ，それらは，ただやみくもに推理力を働かせているのではなく，合理的推論を進めるための方針をもち，それを刺激事態に当てはめようとするのである．ただし，そこで用いられる方針を"法則"と呼ぶことは適切でない．なぜなら，その方針のもとに進められた推論が網膜上の映像と矛盾したり，他にさらに適切な解決が見つかる可能性があれば，それまでの方針を放棄するからである．この点が，ゲシュタルトの考え方と異なっている．"問題解決"という観点に立てば，ヒューリスティックとは，解決空間の探索範囲を限定し，有効な解決にすばやくたどり着く可能性を高める推論法ということになる．

10-4. ヒューリスティックスに対するGibsonとJohansson

Braunstein（1976）は，ヒューリスティックスに対するGibsonやJohanssonのスタンスについても言及している．単純な図式を描けば，これら2人の知覚心理学者は，"直接知覚論"に立つことから，ヒューリスティックスというtop-down情報を投入する間接知覚論とは正反対に位置づけられるべきである．しかし，ここでもそのような単純な対立図式は成り立たない．GibsonにしろJohanssonにしろ，ヒューリスティックスの考え方に沿う面を持ち合わせているからである．

　まず，Gibsonから検討しよう．Gibsonとヒューリスティックスの共通点は，光学配列の中に含まれる情報の重要性を強調する点である．すなわち，ともに光学配列情報に基づく説明を目指している．2つ目の共通点は，高次変数を強調する点である．よく知られているように，Gibsonにあっては，1950年に著した最初の著作(Gibson, 1950)から一貫して，高次網膜像情報(すなわち網膜像を孤立した視覚刺激と見なすのではなく，網膜全体に広がる映像の関係性)を重視する．ヒューリスティックスにあっても，そのような豊かで現実的な情報をもたらす

高次変数を重視する．3つ目の共通点は，有機体の知覚能力の決定にあたって，順応という長いスパンのダイナミックな変化をともに重視している点である．

　それに対し，Gibsonとヒューリスティックスの相違点の第1は，Gibsonの知覚論は，おもに正しい(veridicalな)知覚の説明を目指すための理論であり，錯視など知覚の誤りを説明するには，別に補足的過程を必要とすると考えている点である(Gibson, 1966, p.287)．それに対し，ヒューリスティックスでは，正しい知覚も誤った知覚も，同じプロセスで説明されるべきだと考える．相違点の第2は，Gibsonは不変項の利用は正しい知覚へ導くとしているのに対し，ヒューリスティックスでは，不変項は誤った知覚に導かれるときにも機能していると考える点である．

　それでは，Johanssonとヒューリスティックスの関係はどうなのか．Johanssonのアプローチは，近刺激情報が視覚系に提示する情報が計算可能である点を強調する．このことは，5-5でも解説したとおり，Johanssonの運動視研究の出発点が，ベクトルの分解と合成であったことを思い起こせば，納得できるだろう．ベクトル分析というスタイルを貫こうとしたJohonssonに対し，ヒューリスティックスもある程度まではその方向性をもつが，そこまで徹底して近刺激情報からの機械的プログラム(bottom-up処理)を知覚の成立要件とは考えない．基本的に間接知覚論の立場をとるからである．

　同じく"直接知覚論"の立場に立った2人であるが，GibsonとJohanssonのあいだにも相違点はある．Gibson(1966)の生態光学を批判するJohansson(1970)は，視覚系が近刺激を分析する点を強調する(この点では，Rockに近い)．それに対しGibsonは，外界とそれに関して利用可能な目の中の情報との関係をともかく強調した．Johanssonは，一連のルールのあてはめ，あるいは機械的に進行する"解号原理"を想定していた．その意味では，ゲシュタルト心理学への親近感も強かったはずである．

　以上見てきたように，直接知覚論と間接知覚論は正反対の立場であ

211

るとの単純な対立図式も，GibsonやJohanssonはヒューリスティックスとは相容れないとの対立図式も成り立たない．考えてみれば，それは当然と言えよう．知覚，特に運動現象の本質を真剣に見つめてきた優れた知覚論者たちが，同じ現象に対して共通する見解に達することは多いはずである．対立点だけを強調した図式は，以上のことから適切とは言えない．

10-5. 知覚と思考

同じことは，知覚と思考の関係をめぐって対立的議論を展開した，RockとKanizsaにもあてはまる．まず最初に断言しておくべきことは，知覚と思考は，明らかに異なる心理過程だという点である．「知覚は問題解決過程」とするRockと言えども，知覚と思考は異なる心理過程だとしている．この点を大前提に，RockとKanizsaの「知覚と思考」をめぐる考え方の共通点と相違点を見つめていきたい．

Kanizsa (1979/1985) は，『視覚の文法—ゲシュタルト知覚論—』の冒頭部分で(邦訳書では最終章になっている)，知覚の「一次過程と二次過程」について，次のように論じている．その書き出し部分は，以下のようである．

> 慣れない場所や視界の悪い状況で物を見る場合，私は，自分の見る物を意味づけてみようとする．私は，それが何であるかについて仮説を立て，観察している物の特性を吟味することによって，その仮説を検証する．そして，この検証の結果にもとづいて，行動を予測し，はじめの推論を修正する．この過程は，時間がかかるといっても，数分の1秒のことであるが，それは私の感覚器官が環境から受けとる情報の単なる記録ではなくて，能動的な構成過程である．そこでは，直接的には感知されないが利用可能な情報や知的能力にしたがって，感覚データは，選択され，分析され，仮定，推論，予期された属性と統合される．感覚入力から始まって，私が確実で適切に行動できる意味のあ

る整然とした現象世界にいたる．この過程全体は，これまで「知覚」と呼ばれてきたし，今もそう呼ぶことができる．というのは，この過程では，どこで感覚的な段階が終わり，どこで心的過程が始まるかを決定するのが難しいのであるが，「知覚」という言葉を使えば，視覚と思考の無理な区別を避けることができるからである．（邦訳書, p.247）

ここまで述べていながら，Kanizsaは視覚（知覚）と思考の相違点を重視し，次のように結論する．

知覚と思考との間の関係を研究することは，確かに魅力的であり，認知過程の適切な理論の構築に，発見的な役割を果たすことができる．しかし，それは，同時に，ある種の危険を伴うものである．その中でも，もっとも大きな危険は，二つの過程の間の否定できない類似性に重点を置くことによって，それと同程度に明らかな相違を過小評価してしまうという危険である．こうした立場をとると，私達は，視覚と思考の一方にしか属さないような真の問題を見逃すという危険をおかすことになる．（pp.262-263）

Kanizsaは、両者が異なることの証拠として，"不可能な運動"における知覚と思考の食い違いを指摘する．彼の引いた運動現象例は，本書でも4-4で示した，Musattiの不可能運動である．隙間のないところを通過するという，理屈（思考）では起こり得ないことが，知覚では起こりうる点を相違の根拠とした．Kanizsaはまた，別の例もあげている．図**10-8**を見てほしい．彼の知覚論の中心テーマである"非感性的完結化（amodal completion）"を扱ったデモンストレーションである．左の図は，Bruner & Minturn（1955）が用いたもので，もしこの図が，「12」と「14」のあいだにあれば，われわれはそれを「13」と捉えるであろう．しかし，「A」と「C」のあいだなら，「B」と捉えるに違い

図 10-8. 知覚の文脈依存性と非感性的完結化．左の図が，A と C のあいだにあれば，「B」と捉えられるだろうが，Kanizsa は，それに対し，右図のように，そうした文脈がなくても「B」と知覚できるものを非感性的完結化によるものと見なした．

ない．Bruner らは，これを知覚と見なし，"知覚の文脈依存性"を主張した．しかし，Kanizsa に言わせれば，これは思考であって，知覚とは異なるものである．Kanizsa は，"非感性的完結化"によって，図 **10-8** の右図を「B」と捉えることこそ，知覚だと主張した．こうした例を根拠に，Kanizsa は，知覚と思考は異なるものだとした．ちなみに，Rock（2001）も，Kanizsa と同様，ここに示した 2 つの「B」を "認知的知性" と "知覚的知性" と呼んで区別している．

後年，Kanizsa（1991）はその名もズバリ，『視覚と思考』と題するイタリア語による書物を著した．最近になって，Albertazzi（2003）が英語でこの本に論評を加えている．Kanizsa は，この本の中でも，知覚（視覚）と思考の関係について，前著の主張を繰り返しているそうである．こうした姿勢に対し，Albertazzi は，Benussi から Kanizsa へつながるイタリア知覚心理学の流れの中に，「見ることと考えることの連続性」が底流しているにもかかわらず，Kanizsa の姿勢は煮え切らず，結論を回避していると評している．それほどまでに，Kanizsa は，「知覚と思考の相違点」にこだわったのである．

この問題に対する Rock の見解は，次のようである．思考を要する

1つの問いに対し，われわれはいつも同じ答えを出しているわけではない．人が違えば，同じ問いでも答えは違ってくるし，たとえ同じ人でも，2度3度と考え直すと，違った答えに到達しうる．言うまでもなく，それらはすべて思考である．まして況や，知覚と思考の結果に違いがあるからと言って，「問題解決過程」としての共通性への反証にはならない．

知覚の場合は，確かに見た瞬間，それが何であるかを同定できる場合が多い．しかし，多義図形などでは，いつまでたっても最終的な知覚内容に安定せず，複数の見え方が交替する．また，SKEのように，最終的な見え方に至るまで，いくつかの見え方を経由することもある．その間，知覚系は，近刺激から支持される解決，少なくとも近刺激と矛盾しない解決を求めて問題解決を行っていると，Rockは考えた．

RockとKanizsaは，かつて同一誌上で，視覚と思考について，それぞれの見解を対立的に主張し合った(Rock, 1985; Kanizsa, 1985)．また，Rock (1993) は，『Italian Journal of Psychology』の20周年企画 (Kanizsa記念号) でも，自らの考えをKanizsaと対比させて論じている．しかし，視覚と思考の関係をめぐる2人の立場は，対立ではなく，すれ違いとみるべきである．Kanizsaは，Musattiを通してBerlin学派の流れを背負い続けた (Albertazzi, 2001bやLuccio, 2003を参照)．それに対しRockは，思い切ってゲシュタルトの伝統からの離反を決意した (Rock, 1983)．学的伝統に対する2人の姿勢の対照性が，"すれ違い"を最後まで解消させなかったのかもしれない．Rockは，知覚と思考が問題解決過程としての共通性を有する点を重視した．Kanizsaは，それでもなお，知覚（視覚）は思考と異なる心理過程である点にこだわった．2人の見解は，背反してはおらず，「知覚と思考とは異なる心理過程だが，問題解決過程としての共通性を有する」と結論づけることで，両立しうるのである．

第11章

これまでに紹介できなかった運動現象

11-1. 影の動き
11-2. フィルムの逆回し
11-3. 交差と反発：聴覚とのインターラクションはあるか
11-4. 直角に折れる直線運動の軌跡：Fujii illusion
11-5. マジック
11-6. アニメーション

11章 これまでに紹介できなかった運動現象

これだけでは，本書はまだ終われない．積み残したトピックがいくつかあるからである．もちろん，運動視をめぐる脳内モジュールの解明や計算論モデルの検証のために考案された運動刺激にまで探索範囲を広げると，さらに多くの運動現象が現れてくる．しかし，冒頭で断ったように，それらを本書では守備範囲としない．それらを除いてもなお残っている諸現象を，本章で一気に取り上げたい．トピックごとに1節を割り当て，解説していくことにしよう．

11-1. 影の動き

影の動きの検討は，Wallach & O'Connell（1953）の"KDE"やJohanssonのバイオロジカル・モーションなど，すでにいくつか取り上げた．しかし，このテーマに関する大切な問題で，これまで触れてこなかったトピックがある．それは，実体物をスクリーンに映し出すために用いる光源が，平行光線か点光源かという問題である．

図**11-1**は，光源を下から当てるか上から当てるかによって凹凸が反転して見えるという，よく知られた陰影現象である．出っ張ったものでも，下から光を当てると窪んで見える．あるいは，本を上下逆さにして見ると，凹凸が反転する．これは，光は上から射すものだという「光源上方向仮説」をもって，われわれは影を捉えているからだと考えられている．

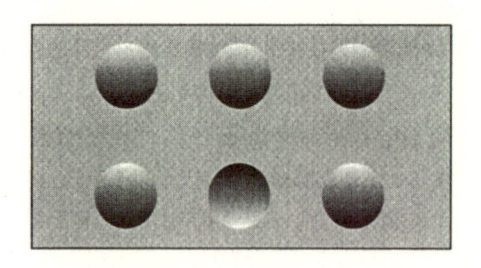

図 11-1. 光源方向によって，出っ張ったものが窪んで見える線形グラデーション．1つだけ窪んで見えるが，これは他の5つと上下を逆にしただけにすぎない．

さて，この現象のデモンストレーションでは，平行光線が用いられることが多い．すなわち，影は，線形グラデーションとなる．月のクレーターの上下反転写真などは，まさに太陽からの平行光線が生み出す見事な凹凸反転である．しかし，われわれが日常経験する光源には，電灯など点光源の場合も多い．そのときには，図**11-2**のように，影は，凸物体に対しては円形グラデーションとなり，凹物体に対してはそれとはまた異なる陰影を描く．そのため，図**11-2**の下方真ん中の図のように，その他の円を上下逆さにしただけでは，必ずしも凹物体のように見えない．

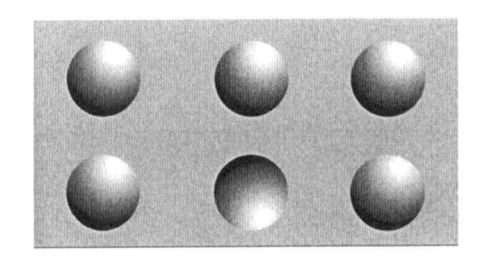

図 11-2．光源が図11-1のときのように平行光線ではなく，点光源になると，凸物体に対する陰影は，円形グラデーションになる．そのため，上下逆さにすることによる凹凸反転が必ずしも明確でなくなる．

上の例は，静止画を用いた影に関するトピックであった．書物という媒体では，動きを実際に表せないので，まず静止画を使って，影の不思議さを理解してもらおうと示したまでである．平行光線か点光源かの違いによって，影の現れ方に違いが生まれ，そのことが対象物の知覚に意外に重大な影響を及ぼすのである．

上の知識を踏まえて，動く物体の影絵の話に進みたい．"ジンステーデンの風車"という，影絵による風車の話が，Boring (1942) に紹介されている．ここでは，どういう"からくり"になっているかを静止画像を使って納得してもらうため，Braunstein (1976) の図を借りること

11章　これまでに紹介できなかった運動現象

にする(図11-3)．(a)と(c)では，風車の向きが違う．しかし，影絵にすると，(b)と(d)のように，区別できなくなる．さて，このような影絵状態で風車をゆっくり回転させると，風車の回転方向が，時計回りと反時計回りのどちらに見えるかが，両義的となる．その理由は，影絵を映し出している風車の構造を(a)と捉えるか，(c)と捉えるかに

図 11-3．シルエットにされることにより，風車の向きが確定できなくなり，どちら向きと捉えるかに応じて，風車の回転方向も反転する．"ジンステーデンの風車"として，古くから知られている運動現象である．　　　（Braunstein, 1976より引用）

よって,回転方向の知覚が違ってくるからである.

さて,ここからが本題である.この風車の影絵をスクリーンに映し出すとき,平行光線で映し出した場合には,上に述べた両義性が生じ,風車の回転方向を尋ねられても,チャンスレベルの正解しかできない.ところが,点光源で映し出した場合には,90パーセントの正答率が得られるのである(Braunstein, 1976).

影の動きをめぐる最近のトピックに,Kersten, Bülthoff, Schwarts, & Kurtz(1992)のチェッカーボード上の球のデモンストレーションがある.図**11-4**がそれである(図には2つの球が描かれているが,これは移動範囲を示しているのであって,実際には1つしか現れない).(a)図を見てもらおう.まず,1の位置に球が見える.その球が対角線に沿って(右奥へ),チェッカーボード上を滑らかに2の位置まで進み,また1に戻ってくる.その動きの繰り返しに同期して,チェッカーボード上の球の影も(a)図のように,行ったり来たりする.そうすると,球は,チェッカーボードから一定の高さを保ちながら,2点間を行ったり来たりするように見える.

次に,Kerstenらは,画像に少しだけ手を加えた.球は,1と2のあ

a　　　　　　　　　　　　　　b

図 11-4. チェッカーボード上を球が左下から右上に向かって進み,戻ってくる.a では,球につけられた影は常に球との位置関係を同じに保っている.それに対し,b では,影は左右に往復する.その結果,b では,球が1から2に向かってチェッカーボードから上昇し,再び 1に向かって下降するように知覚される.影の付け方により,まったく異なる運動が知覚されるのである.

(Kersten et al., 1992より引用)

いだを，先ほどとまったく同じ軌道で滑らかに行ったり来たりするのだが，影の方は，(b) 図に示すように左右の2点間を滑らかに往復する．この場合，球は，画面の右方向に(奥には行かず真横に)向かってしだいに上昇していき，2の位置に達すると，今度は左に向かってもとの位置まで下降してくるように知覚される．影のつけ方の違いが，このようにまるで異なる事象知覚を生むのである．

このデモンストレーションは，影の動きを，大人では，巧みに環境把握の手段として内化させていることを示している．このような能力は，いつごろ，ヒトの知覚系に備わるのだろうか．Spelke et al. (1995) は，生後5ないし8か月齢では，物体が動くとその影もついて動くという捉え方ができず，物体の動きの性質を影の動きにも過大に一般化してしまうという見解を示している．また，DeVries (1987) は，そうした過大な一般化は，児童期まで持ち越されると述べている．

11-2. フィルムの逆回し

スクリーンに映写したまま，16ミリ・フイルムを巻き取ると，ずいぶん滑稽な動きが現れ，クラスのみんなで大うけになる．「時間が逆転するとはこういうことなのか」と，妙に真剣に考え込む人もいる．興味深いことに，逆回しが滑稽な映像を生むこともあれば，まったく自然な動きと変わらないこともある．ものが壊れたり，落ちたり，人が歩いたりする動きは，逆回しにより，楽しめる映像である．こうしたフィルムの逆回しは，ただ滑稽なだけでなく，心理学実験に必要な，刺激の条件統制に役立つことがあることを本節では示したい．

Leslie (1995) は，事象・因果知覚の発達的研究に，逆回しを利用した．図 **11-5** を見てもらいたい．1.5秒間の白丸と黒丸の突き飛ばし事象を逆にすると，突き飛ばすものと突き飛ばされるものの立場が入れ替わり，新奇事象となる，すなわち，Forward 映像に馴化した乳児でも，Backward 映像に，脱馴化を示す．それに対し，両者の接触時に少し静止時間を置いた映像条件では，突き飛ばしという因果事象でなくなるため，主体と客体は入れ替わらない．そのため，逆回ししても

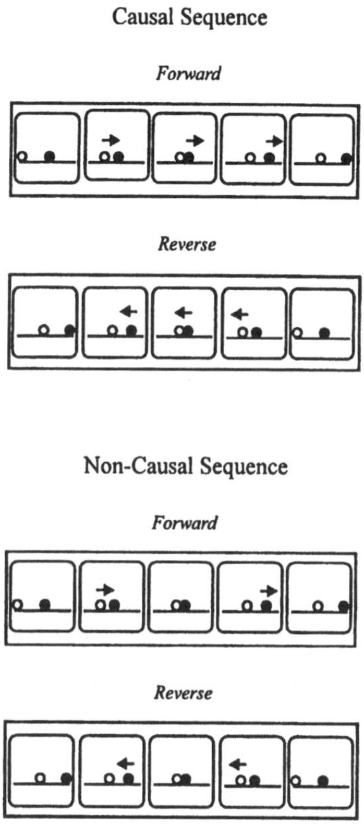

Causal Sequence

Forward

Reverse

Non-Causal Sequence

Forward

Reverse

> 図 11-5. 一連の動きを逆順に提示すると，causal sequence では働きかけの主体と客体が入れ替わるため新奇性のある事象になる．それに対し，non-causal sequence では，正順にならされた乳児にとって新奇な事象とならない．したがって，脱馴化を示さない． （Leslie, 1995より引用）

脱馴化を起こさないと予想できる．Leslie らは，6か月児を対象に，推測どおりの結果を報告している．

正しい回転の映像と逆回し回転の映像は，映写時間も同じなら，登

場する個々の対象物の運動量も等しい．すなわち，Heiderを困らせた(7-6参照)，動画刺激の条件統制の問題をクリアできるのである．動画は，本来，刺激統制が困難な材料である．しかし，逆回しすることにより，時間も運動量もまったく等量化できる．この利点は，2つの刺激映像の効果を比較する際，役に立つ．たとえば，9-3で取り上げたPremack & Premack(1995)の図を，次のように利用することが考えられる(図11-6として再録)．Premackらは，これを右から左への流れと見るように指示しているが，そのときは確かに，灰色が黒を「妨害」する事象となる．興味深いことに，左から右への流れであっても，おそらく妨害事象としての性質をもち続けるようである．しかも，主体と客体(どちらがどちらを妨害するか)も入れ替わらない．しかし，逆

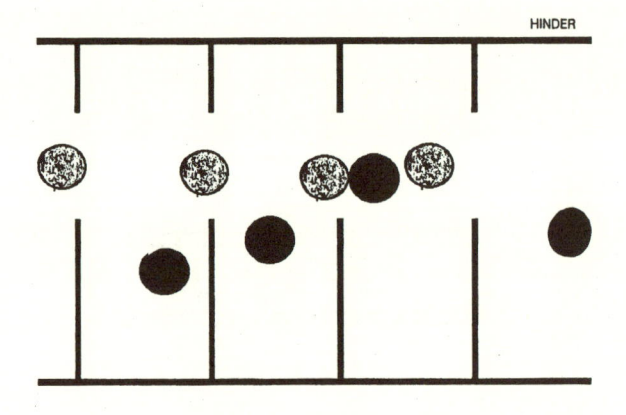

図 11-6．先（図9-5）に示したPremack & Premack (1995)のシークエンスを逆順にしても，"邪魔をする"という意味を失わないばかりか，主体と客体が入れ替わることもない．

回しにより，意味がすっかり変わってしまうシークエンスもあれば，動きの意味を失ってしまうシークエンスもある．このような性質を見極めていくことにより，事象・因果知覚に，新しい研究の可能性が拓けるかもしれない．総量としてまったく同じ物理刺激である点をうま

く利用して,新しい実験パラダイムとして育てていけるように思える.

鷲見(2002)は,日本アニメーション学会誌に,「映画の逆回し」と題する巻頭言を寄せている.この技法を用いた,鷲見自身の研究(鷲見,1995)も紹介されているが,そこに引用されている,映画の逆回しに関する寺田寅彦のエッセーは示唆に富んでいる.

> 宇宙のエントロピーが次第に減少し,世界は平等から差別へ,涅槃から煩悩へとこの世は進展するのである.これは実に驚くべき大事件でなければならない.もっと言葉を変えて言えば,すべての事がらは,現世で確率の大きいと思われるほうから確率の僅少なほうへと進行するから不思議でないわけにはゆかないのである.(小宮編,1947)

11-3. 交差と反発:聴覚とのインターラクションはあるか

Metzger (1934a, b) は,図**11-7**に示す用具を使って,"交差と反発"に関する実験を行っていた(Metzger, 1953/1968 より引用).そこで示された結論は,"よい連続の要因"と"類同の要因"という,ゲシュタルトの主要な法則を,絵に描いたように支持するものであった.すなわち,本来は進行方向をそのまま変えずに進む(よい連続)"交差"が優

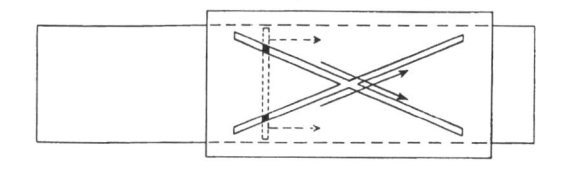

図 11-7. Metzger (1934a, b) の交差と反発の実験に用いられた刺激提示装置.通常は交差と見られやすいが,上半分の軌道上に現れる視標と下半分の軌道に現れる視標の色を変えてやると,反発と見えやすくなる. (Metzger, 1953/1968 より引用)

勢だが，運動物の色を上半分と下半分で変えてやれば，同じ色(類同)方向への進路，すなわち"反発"が優勢となる．

しかし，交差と反発には，このようなゲシュタルト法則で説明できないさまざまな要因が関わることが，やがて判明した．わが国の研究者も，この問題を見つめている．鷲見(鷲見, 1989; Sumi, 1995)は，図**11-8**に示す装置で検討した．2つの円盤を1つの円軌道上で反対方向

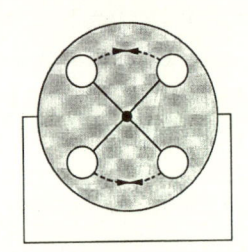

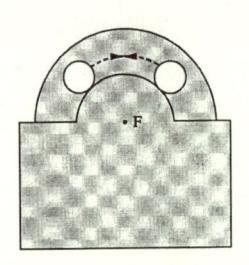

図 11-8. 鷲見（鷲見, 1989; Sumi, 1995）が"交差と反発"実験で用いた刺激提示装置．2つの円盤を 1 つの円軌道上で反対方向に回転させ，下半円部分を隠して，上半円部分の運動を観察させる．

に回転させ，下半円部分を隠して，上半円部分の運動を観察させ，2個の円盤が交差するか反発するかの報告を求めた．結果は，Metzgerが言うほど明快ではなく，2つの円盤の回転速度の相互作用や，観察時の視点，回転物の形・色などが，見え方に複雑に影響を及ぼしたのである．

狩野(Kano, 1995; 狩野, 1997, 1999)は，2点の運動軌道が見えていることや，2点が重なる中央部分の遮蔽が，交差・反発の現れ方に影響を及ぼすことを明らかにした．コンピュータ画面上に，図**11-9**のいずれかの運動映像を提示し，それを交差と見るか反発と見るかの報告を求めた．運動の全工程が見える条件(遮蔽・空白なし)，中央部が黒い正方形で遮蔽される条件(遮蔽)，2点の動きが中央部付近で消える条件(空白)の3条件間で，交差率が比較された．また，点の軌道が見

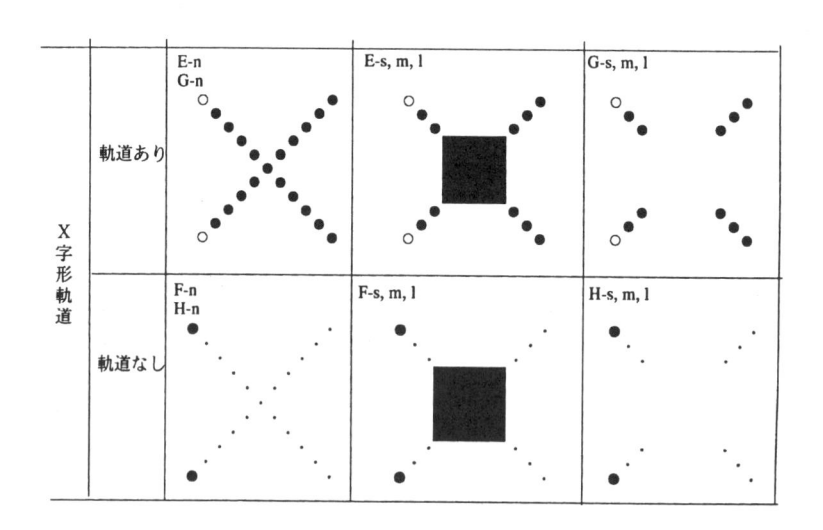

X字形軌道	軌道あり	E-n / G-n … E-s, m, l …	G-s, m, l …
	軌道なし	F-n / H-n … F-s, m, l …	H-s, m, l …

図 11-9. 狩野（Kano, 1995; 狩野, 1997, 1999）が"交差と反発"で用いた刺激条件．軌道の提示の有無と中央の光点付近の可視性が変数とされた．

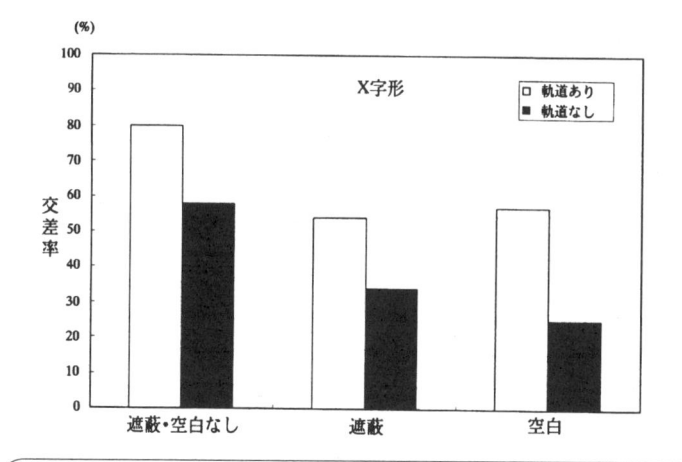

図 11-10. 軌道があらかじめ見えている条件の方が交差率が高く，また交点付近が見えている条件の方が交差率が高かった．

えている条件（軌道あり）と光点のみが見える条件（軌道なし）間での比較も行われた．結果は，図 **11-10** に示したように，2点が重なる中央部付近が見えていれば交差率が上がり，また，移動軌道があらかじめ見えている方が，交差率が高かった．このように，交差と反発の多義性は，Metzger が考えていたほどにはストレートにゲシュタルト法則と対応せず，さまざまな要因が関与していることが明らかとなった．

しかし，何と言っても，交差と反発に関する教訓的知見は，Kanizsa（1979）に登場する「踊るダチョウ」であろう．図 **11-11** では人の脚が示されているが，もとはダチョウの脚でデモンストレーションされたため，この名が与えられた．板片で作った横向きの人形の脚を，1点を軸として人間が歩くときのようにモーターで前後に振り子運動させる．そうすると，2本の脚がすれ違うよ

図 11-11．両脚を交差するように動かし，あたかも歩いている状況を作っても，中央で出会った両脚は交差せず，もとに戻るように見えてしまう．　　　　　　（Kanizsa, 1979/1985より引用）

うに見えることが期待されるが，実際には中央で出会ってもとに戻るように見えた．さらに，図 **11-12** のように，この人形の片方の靴先に白い円を貼りつけて交差させると，2本の脚が（客観的運動どおり）

図 11-12．片方の足先に白丸をつけて交差させても，白丸が途中で一方の脚から他方の足に移るように知覚される．
（Kanizsa, 1979/1985より引用）

交差するように見えやすいと考えられたが，ここでも予想に反し，白円が一方の脚から他方の脚へ跳び移るというアクロバティックな見え方になった．脚は反発し，白円は跳び移るという，およそ考えにくい見え方である．この事実からの教訓は，少々ずさんに作っても，歩行という"top-down 情報があれば，安定して"交差"が知覚されると，"意味のはたらき"を過信してはならないことである．知覚には固有のプロセスがあり，意味性に依存した安易な問題解決論をとってはならないと言える．

こうした教訓を踏まえると，最近，このテーマをめぐって，2点が重なるタイミングでクリック音を与えれば，"反発"と見えやすくなるという，Sekuler, Sekuler, & Lau (1997) の提出した知見に対しても，警戒心を怠ってはならない．"衝突音"という意味性が加われば，あいまいな事象は一気に，意味に合致する方向へ傾くと決めつけるのは危険である．事象知覚は，あくまで知覚なのであって，思考ではない．そこには，知覚独自のシステムが働いている．

11-4. 直角に折れる直線運動の軌跡：Fujii illusion

図 **11-13** を見てもらいたい．これは，Festinger & Easton (1974) に掲げられた図である．オシロスコープ上で，右上の光点が正方形の4辺を，約2秒で一周する．それを見ている観察者は，この素早い折れ曲がり運動を直角に曲がる直線的な動きとは見ずに，図中に破線で示したように，内側に曲がり込んだ曲線的動きと知覚する．Leon Festinger と言えば，"認知的不協和理論"で知られる社会心理学者だが，

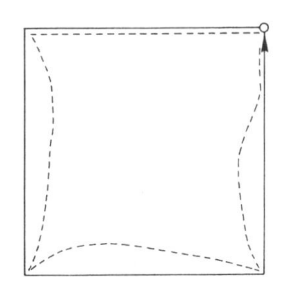

図 11-13. Festinger & Easton (1974) に紹介されている "Fujii illusion"．正方形軌道を素早く一周する光点は，破線で示したように，内側に曲がり込んだ軌跡を描くように知覚される．

11章 これまでに紹介できなかった運動現象

1970年代以降は，眼球運動研究に取り組んだ．このように見える理由を，彼自身は，眼球運動による映像の歪みに求めた．

この現象は，正方形の全軌道を追わなくても，直角に曲がる2辺の運動を見ることで，十分に体験できる．古賀(1991)は，コンピュータ・ディスプレイ上に，直角に折れ曲がる鍵型の素早い動きを提示し，観察者からこの知覚印象を引き出した．古賀はさらに，折れ曲がる位置に，図 **11-14** 右上図のような反射板の役目を果たす短い斜線を加えると，内側への曲がり込みが消失(あるいは減少)することをデモンストレーションした．

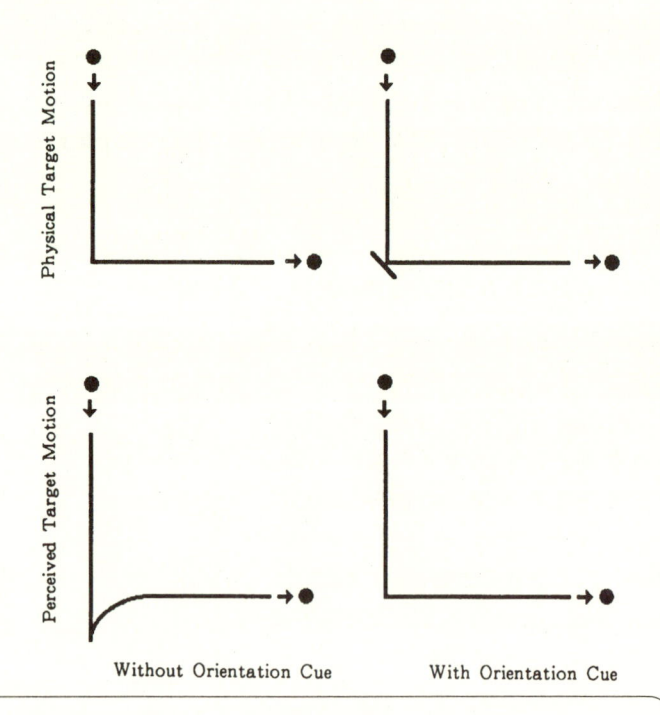

図 11-14. 直角に折れ曲がる軌道を素早く動く点の動きは，折れ曲がったあと，跳ね上がるような曲線軌道に見える．ところが，折れ曲がるところに斜めの線を置いてやると，直角軌道と見えやすくなる．　　　　　　　　　　　　　　　(古賀，1991より引用)

古賀からさかのぼること30年，鷲見(1962)は，金属製の棒の先端につけた光点を実際に動かすことにより，直角に折れ曲がる光点の運動が，内側に曲がり込んで知覚される現象を報告していた．鷲見はこのような現象観察の源流が，小川(1938)にまでさかのぼると指摘しているが，運動軌道が内側に曲がり込むことを直接指摘したのは，藤井(1943)であった．鷲見も，この現象に対する藤井の貢献を指摘しているが，興味深いことに，日本語でしか書かれていない藤井の仕事を，Mack(1984)がレビュー論文の中で取り上げ，"Fujii illusion"と名づけている．藤井は，四角形のような直角に折れる軌道だけでなく，図**11-15**のように，三角形軌道でも内側へ曲がり込むことを報告していた．藤井の用いた装置は，四角形や三角形に彫った溝の中を四角い小箱に封じ込められた豆電球の箱が溝に沿って走り，その様子を鏡に映して2メートル離れた観察者に見せるというものであった．

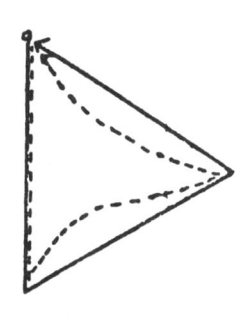

図 11-15．Fujii illusionは，直角に折れる軌道でなく，三角形状の軌道であっても生じる．　　　　　　　（藤井，1943より引用）

　藤井－鷲見－古賀と，三代にわたって，日本の研究者の手により，この現象は3度，発見されたことになる．用いられた装置は，その時代の技術水準を反映して，それぞれ異なるものであった．Festinger & Easton(1974)の用いた，オシロスコープのX軸とY軸に電圧を負荷して光点の動きを制御する方法まで含めると，運動視研究に用いられた装置の歴史の縮図を見る思いがする．

　刺激提示装置の変遷に加えて，3度の発見という事実は，長い歴史をもつ運動視研究の実情を反映しているように思えてならない．心理学は百年間，運動現象と取り組んできた．その間，膨大な運動現象を見出してきた．その文献量の多さにわれわれは圧倒され，発見されて

から十数年のうちに広く知られるようにならなかった現象は，再発見をまつ運命にあると言えそうである．日本語の文献に限っても，昭和とともに始まった『心理学研究』の中に，「こんな現象がすでに扱われていたのか」と驚かされる研究がいくつもある．本書においても，過去の文献を見逃したまま，新しい知見として紹介しているものが少なくないかもしれない．反面教師的だが，それだからこそ，運動現象の全体像を概観する作業が必要なのである．

11-5. マジック

マジックにはタネや仕掛けがあり，それを知ってしまえば，「何だ，そんなことか」と興ざめることが多い．しかし逆に，タネを知ることで，人間の知覚の不思議さに改めて感動することもある．事象に対するわれわれの思い込みや，物理的運動を見抜く力のなさを思い知り，その盲点をつく巧妙さに，改めて感心する．そうした面を見つめ直すことから，運動現象への新たな視点が生まれるかもしれない．

　仕掛けがある以上，マジックは一種の科学現象である．衆目の中で仕掛けを操作するには，観客の注意を仕掛けから引き離さなければならない．それを，"対象の隔離"と言う．見ている人の中には，マジックを見破ってやろうと，マジシャンの誘導に乗らないように努める人もいるわけで，そのような人も含めて，対象から隔離するのが，マジックの真骨頂である．

　自らもマジシャンであるFriedhoffer (1996) は，『マジックと知覚』と題する本の中で，"対象の隔離"を実践する具体例と言ってよい，次のような手の動きを紹介している．図**11-16**のような手の動きを見れば，右手の掌にあったコインは左手に移ったと思うのが，われわれの心の中の"素朴物理学"である．コインの行方を見逃してはならないと意識を集中させている観客は，意味ありげな動きをする"左手の中のコイン"に目を光らせる．しかし，そのときにはまだ，コインは右手に残ったままなのである．見物人は，決してコインが右手から左手に移るのを見たわけではない．"素朴物理学"が，左手に移ったと確

信させたにすぎない．

　マジシャンは，見られては困る部分を，素早く手の動きなどで隠すテクニックをもっている．これを行うには，手の器用さという技術だけではなく，人間の知覚に対するすぐれた洞察力を必要とする．知覚心理学者は，マジシャンから，事象や因果の知覚に関する多くのテクニックを盗みとるべきである．

　保育園など，小さな子どもの前でマジックをすると，まったくうけないことがある．もしそんなマジシャンがいたとすれば，幼い子供たちが，大人の目線の"素朴物理学"を内化させていないという事実を

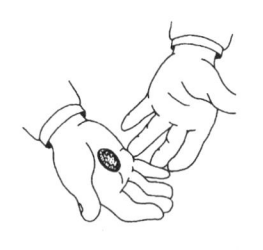

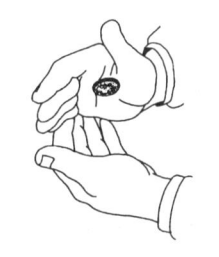

図 11-16．コインを掌に載せた右手を下向きに回転させ，左手で受けるようにすれば，コインは右手から左手に移るのは当然だと信じてしまう．こうしたわれわれの思い込みの盲点をついて，マジックは見る者を欺くのである．　　　　　　（Friedhoffer, 1996より引用）

見落としているのである．そのマジシャンは，テクニックは一流かもしれないが，知覚心理学者としては二流である．

11-6. アニメーション

最後に，最近筆者が研究の重心を置きつつある「アニメーションにおける運動現象」について，知覚心理学の観点から検討を加えたい．

　仮現運動（β運動）の運動軌跡は，最短の直線軌道をとることが通常であるが，必ずしもそうとは限らない．第3章で取り上げたBenussiも，つとにそのことに注目して，関連するいくつかの現象を報告していた．たとえば，3-3で紹介したA運動などは，"オバケ"と呼ばれるアニメーション技法と密接に関わっている．

11章 これまでに紹介できなかった運動現象

"オバケ"とは，素早い動きの臨場感を増し，運動軌道を誘導するための技法で，たとえば，図 **11-17** のようなものである．出発位置と到達位置の2枚の静止画のあいだに，1コマ程度の短い"オバケ"画像を挿入することで，この効果を生み出すことができる．図に描かれた人物は，遠くから手前に瞬時に移動するのではなく，オバケが描かれた軌道に曲線的に引き寄せられて，軽快に移動する．

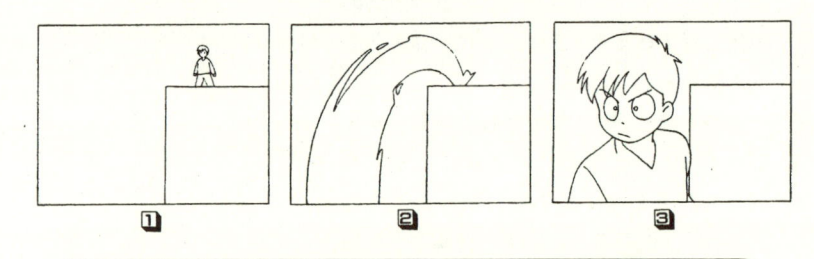

図 11-17．移動前と移動後の静止画のあいだに，わけの分からない"オバケ"のような画像を1コマ程度挿入すると，移動前から移動後までの動きがスムーズで軽快になる．
（代々木アニメーション学院/A.I.C, 1996より引用）

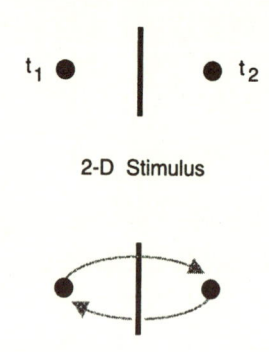

仮現運動（β運動）の場合は，移動軌道上に，図 **11-18** のような障害物が提示されていると，それを避けるかのように，手前や後ろを迂回する曲線軌道をとることが知られている（Kolers & Pomerantz, 1971）．こうしたことを背景として，"オバケ"に直接的に関わる運動現象を，Shepard & Zare (1983) が見出して

図 11-18．軌道上に障害物があれば，仮現運動は最短距離をとらずに迂回することを，Kolers & Pomerantz（1971）が示した．
（Palmer, 1999より引用）

いる．図**11-19**のように，2点の継時提示のあいだに，曲線で示した誘導線の役割を果たす画像を挿入すると，仮現運動の軌道は，その線に沿ったものになる．この図のFには，極端なケースとして，運動の開始点と終了点を同じ点とする条件まで含まれている．その間に，円周状の誘導線を挿入すると，ぐるっと一周する仮現運動が観察されるとSheperdらは言うのである．残念ながら，コンピュータ画面上でこれを追認することは容易なことでない．

そもそも"オバケ"と呼ばれるゆえんは，挿入される画像が，明示的に運動軌道を誘導するのではなく，直線軌道から外れるところに，なにかしらの映像（オバケ）を与えてやれば，画像はそちらに逸れてカーブを描いて動くところにある．たとえば，筆者らは，図**11-20**に

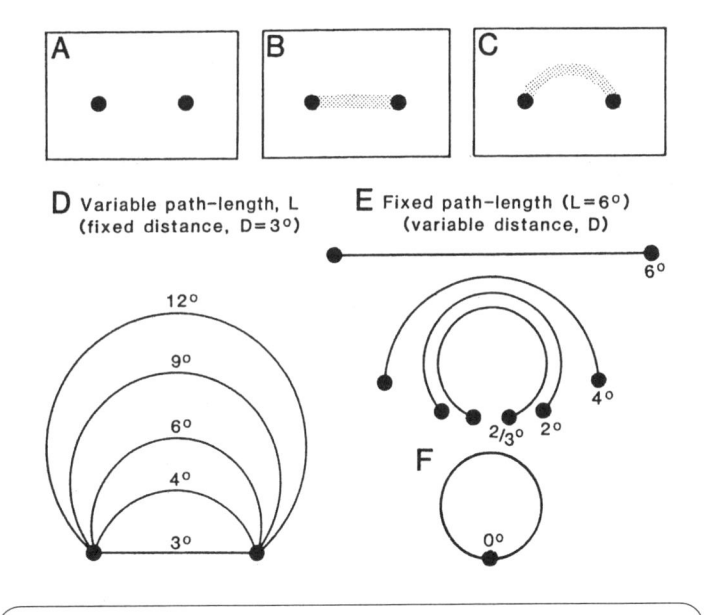

図 11-19. 出発点と到着点のあいだに，2枚目として軌道を誘導する線画像を挿入し，点がその軌道に沿って動くのに十分な時間を確保してやれば，観察者は軌道に沿った点の動きを知覚する．　　　　　　　　　　　　　（Shepard & Zare, 1983より引用）

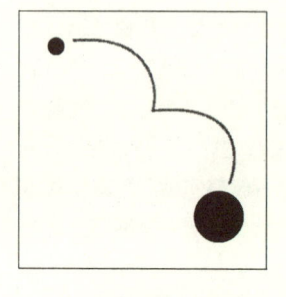

11章 これまでに紹介できなかった運動現象

示すように，短調なカーブではなく，2つの山をもつカーブを挿入してみた．すると，点は短調なカーブの場合と同じく，単一カーブしか描かなかった．このことから，"オバケ"は"誘導線"とは異なると言うべきである．しかし，図 **11-21** のような折れ込んだ線を挿入す

図 11-20．たとえ十分な時間を確保しても，二相性の軌道を単一のオバケで誘導することは難しい．

ると，点はピョンと跳ねるような動きを示し，挿入画像の形態を反映する軌道となった．"オバケの形"の効果をめぐる検討は，アニメーション学と知覚心理学の両面から今後検討を進めるべき興味深い問題と言えそうである．

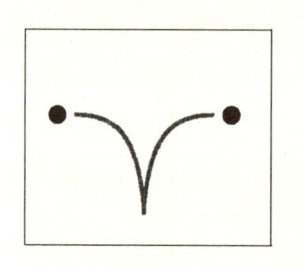

最近のアニメーションでは，モーション・キャプチャーや3Dアニメなど，リアリティを追求する表現が追求されているが，毎秒24コマの不経済さを節約するために使われはじめた2コ

図 11-21．たとえ二相性の動きであっても，ピョンと跳ね返るような動きなら，1枚のオバケで誘導することが可能である．

マ撮り（毎秒12コマ）や3コマ撮り（毎秒8コマ）が，実は毎秒24コマ画像では得られない動きの軽快さを生んでいる面にも注意を向けるべきである．リアリティの高さを追求するだけではなく，デフォルメの知覚的効果を見つめる視点もアニメーションに取り組む運動視研究では大切と言うべきである．

第 12 章

最終章：
運動現象のタキソノミー

12章　最終章：運動現象のタキソノミー

いよいよ，本書を締めくくるときがきた．本書で取り上げたさまざまな運動現象を，2つの基準に従って位置づけよう．それによって，『運動現象のタキソノミー』と題した本書の目的を果たしたい．当然ながら，バラエティ豊かな運動現象を，わずかな基準で整理することには無理がある．多くの基準を投入して，多次元的に位置づけなければ，運動現象の全体像は把握できないであろう．しかし，逆のことも考えるべきである．多くの基準を盛り込んだ分類では，でき上がった配置図が複雑すぎて，有効なタキソノミーとならない．

こうした両面を考慮した上で，最終的に採用することにしたのは，"意味性"と"立体性"という2軸である．これら以外に，候補として検討した軸から，先に披露しておこう．

〈候補1〉剛体性：SKEやKDE，それにバイオロジカル・モーションなどでは，視対象物の剛体性が，運動の見え方を規定する．しかし，これを軸とするには，それに釣り合う非剛体性に重点を置く運動現象も数多く存在しなければならない．残念ながら，その範疇に入れるべきものはわずかしかない．

〈候補2〉自己基準枠組み－視覚基準枠組み：subject-relativeとobject-relativeと言い換えることもできるこの軸には，誘導運動やオプティカル・フローなど，視覚基準枠組みの側に配すべき運動現象がいくつかあった．ベクトルの合成と分解に関わる運動現象も，視覚基準枠組みに含まれると考えてよい．しかし，第5章で扱ったこれらの諸現象以外には，この軸に沿って整理すべき運動現象はあまり見あたらない．ベクトル問題を広く捉えれば，この軸に関連する運動現象は少しは増えるだろうが，それらも視覚基準枠組みの側に偏ってしまい，自己基準枠組みを対極に置く意義は高まらない．

〈候補3〉生物性：事象・因果知覚に関わる諸現象では，生物の動きによるものと見るか，物理法則に従う物体(無生物)の動きと見るかが，重要な分岐点となった．しかし，生物性が本質的に重要なのは，第9章に登場した運動現象に限られ，それ以外のほとんどのトピックは，無生物の動きと見なしうる．ほとんどの運動現象は無生物の側に属し

てしまい，したがって有効な分類基準とならない．

〈候補4〉ゲシュタルト性：知覚心理学において，Gestalt心理学が重要な地位を占めていることから察せられるように，与えられた刺激が個々バラバラの動きとして知覚されるのではなく，相互に関連をもった動きであることが，現象の本質と見なせるものが多い．"体制化"という表現の重要性も，こういった観点を支持している．しかし，ここでもまた，その対極に位置する「単独性」を特徴とする運動現象はほとんど見あたらない．単独性を特徴とする運動現象の典型例は，古くから知られている"自動運動(autokinetic movement)"であろう．真っ暗闇の中の小さな単独光点をしばらく見ていると，やがてその光点は，フラフラとさまようように動き出す．しかし，この現象を，ここで初めて登場させたこと自体，ほとんどの運動現象が，いかに他の視覚刺激との関係で立ち現れているかを裏づけている．圧倒的多数が，"まとまり"や"相互関連性"というゲシュタルト性の側に属してしまう．

以上，見てきたように，これらの尺度は，重要な論点を提供しているものの，多くの運動現象を離散的に配置する有用性をもたない．そうした理由から，これらを分類基準として採用しなかった．

もう1つ，候補としたのは，"実際運動"か"仮現運動"かによる分類である．これについても，圧倒的多数の運動現象が，実際運動にも仮現運動にも当てはまり，弁別力は弱い．wagon-wheel現象のように，仮現運動で特徴的に観察される現象もあるが，実際運動にしか当てはまらない運動現象はほとんど見あたらない．したがって，軸としての有効性をもたない．しかし．これまでの候補軸とは違い，この分類基準は，連続的に分布するものではなく，3つの値，すなわち「実際運動のみに当てはまる」，「仮現運動のみに当てはまる」，「両方の運動に当てはまる」しかもたない．この点を生かして，どのカテゴリーに属するかを，3種類の記号で表し分けることにしたい．

それでは，最終的に採用することになる"意味性"と"立体性"の直交2軸の座標空間に，本書で取り上げたさまざまな運動現象を位置づけてみよう．"意味性"とは，物理的動き以上の意味を帯びた運動現

象,すなわち,「邪魔をする」という意図や目的をもつ動きのことである.○や■という単なる幾何学的図形の動きであっても,その動きから「反発」や「突き飛ばし」などの意味づけが行われる場合も意味性の側に位置づけられる.それに対し,β運動など,額面どおりの物理的動きとして知覚されるものは,低い意味性の側に位置づけられる.また,第2軸である"立体性"に関しては,本来なら紙の上やスクリーン,コンピュータディスプレイなど二次元平面上で動いているにもかかわらず,奥行方向に広がる動きとして知覚されたり,立体物の動きとして知覚されるものが,立体性の側に位置づけられることになる.

　それぞれの現象がプロットされる位置は,おおよその合意が得られる場合もあれば,そうでない場合もあると思う.筆者自身,点ではなく,もっと広がりをもって位置づけたく思うものが少なくなかった.観点を変えれば,別位置にプロットしうるものも多いということである.たとえば,"偏向γ運動"は,この図では「"立体性"がきわめて低い」と位置づけているが,突然の四角形の出現を"急激な接近"と捉えれば,"立体性"の側に配すべき運動現象となる.しかし,この現象の本質的部分は二次元的広がり運動であると判断し,立体性の対極にプロットした.

　また,"バーバーポール錯視"も「"立体性"がきわめて低い」位置に配したが,円柱という三次元物体が引き起こす運動現象であることを考えれば,この位置では不適切かもしれない.しかし,この現象は,平面内で十分に起こりうることなので,低い"立体性"と位置づけた.

　こうして完成させたのが,図**12-1**である.ここにプロットされた諸現象が,結果として平面全体に広がったことは,2つの次元設定が有効であることを意味している.あえて言えば,「"意味性"が高く"立体性"が低い」運動現象が希薄だが.これは,意味性をもった運動現象は,現実空間を反映することが多く,したがって平面的ではなく立体的に立ち現れやすいことを反映している.

　また,"意味性"に関しては,全体的に左に偏っているが,これは,"意味性"を厳しく査定したからで,たとえば"素朴物理学"などを

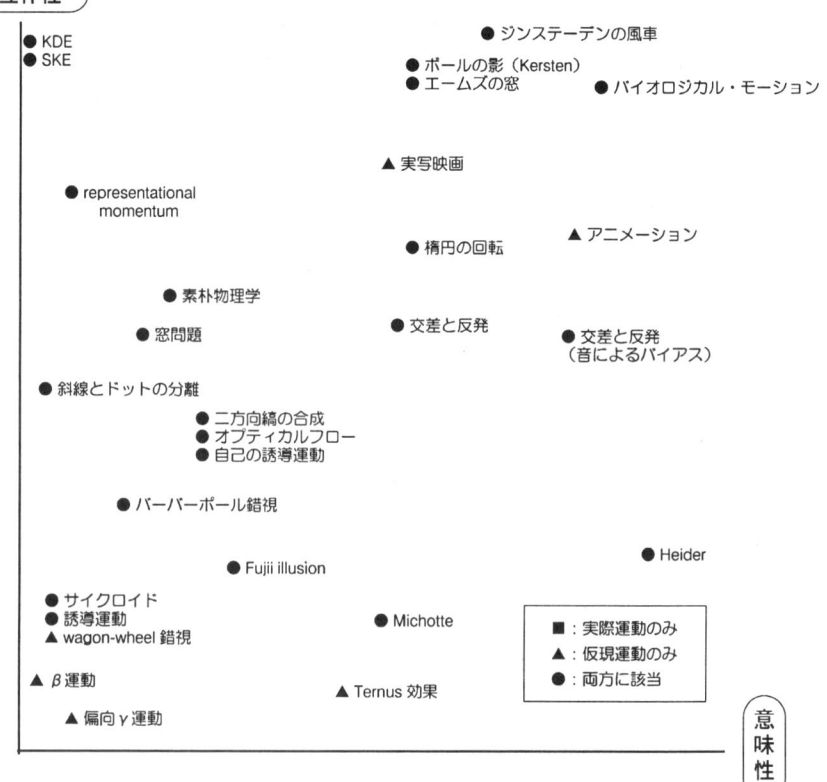

```
立体性
● KDE                              ● ジンステーデンの風車
● SKE                     ● ボールの影（Kersten）
                          ● エームズの窓        ● バイオロジカル・モーション

                              ▲ 実写映画

● representational
  momentum                              ▲ アニメーション
                          ● 楕円の回転

        ● 素朴物理学
    ● 窓問題              ● 交差と反発    ● 交差と反発
                                        （音によるバイアス）
● 斜線とドットの分離
        ● 二方向縞の合成
        ● オプティカルフロー
        ● 自己の誘導運動

    ● バーバーポール錯視
                                                ● Heider
            ● Fujii illusion

● サイクロイド
● 誘導運動              ● Michotte    ■：実際運動のみ
▲ wagon-wheel 錯視                    ▲：仮現運動のみ
                                      ●：両方に該当
▲ β運動              ▲ Ternus 効果
                                                    意
    ▲ 偏向γ運動                                     味
                                                    性
```

図 12-1. 本書で扱った運動現象を，"意味性"と"立体性"で構成する二次元座標上に配した図．必ずしも固定的・確定的な位置づけではないが，心理学がこれまでに扱ってきた広範な運動現象の概略を把握しておくことは，それぞれの研究テーマへの新しい視座を得るためにも有効と考えられる．

"意味性"を強く帯びた運動現象と見なすこともでき，そうなれば，"Michotte"の事象・因果と同様に，より右方向へシフトした位置にプロットされることになる．

12章 最終章:運動現象のタキソノミー

"交差と反発"に代表されるように,本来は"意味性"に関して中程度の運動現象であっても,2つの図形が重なる瞬間に衝突音を同期させることにより「反発」が知覚されやすくなるという現象を加えれば,もっと"意味性"の高い方向へシフトすることになる.

こうした不安定さを抱えてはいるが,心理学が扱ってきた運動現象の広がりを,ここに採用した二次元空間に位置づけることにより,自らが取り組んでいるテーマの,運動現象全体の中での相対的位置を認識できることになる.あるいは,常識的な位置づけにとらわれず,何らかの視点に立って別の位置に移動させれば,そこに新たな研究の切り口が得られるかもしれない.ここに示したタキソノミーが,筆者にとって運動現象全体への見通しを得る羅針盤になるだけでなく,読者の皆さんにも,筆者の思惑を超えたところで意義をもつことを願って,検討を終えることにしたい.

おわりに

　心理学が運動現象を見つめてきた歴史は長い．科学としての心理学は，それぞれの運動現象を，よって立つ理論の後押しとして利用したり，逆に，対立する理論をうち崩す手段として利用してきた．もし，過去百年間のすべての運動に関する研究を，理論から解き放ち，現象として見つめ直すとすれば，そこに新たな価値が生まれるものも少なくないと思う．本書では，そこまで徹底して theory-free な視点はとらなかったが，それぞれの研究文脈の中で，個々の具体的現象がいかなるおもしろさをもつかを伝えようと心がけた．本書でとった姿勢を徹底させ，たとえば昭和とともに始まった日本心理学会が発行する『心理学研究』80 年の中に散りばめられた運動現象を洗い直せば，きっと "Fujii illusion" クラスの運動現象で 1 冊の本を満載できるに違いない．幸運にも "Fujii illusion" は，日本語で書かれたにもかかわらず，Festinger らのフェアプレイのお陰で，英語文献の中に位置を占めることができた．だが，現在のわれわれは，「インターナショナルに取り上げられない運動現象は存在しないに等しい」，すなわち英語で書かなければプライオリティが得られないという学的環境に置かれている．本書でも紹介したように，最近のイタリア知覚心理学は，自分たちの過去を英語で発信する作業を精力的に進めている．わが国においても，まだ（日本語でしか）"存在しない" 過去の運動現象を再発見していく作業は，未来を見つめることに劣らず重要なことのように思う．

　科学としての心理学は，個々の "現象" から，理論構築に貢献する "事実" を引き出すことに努めてきた．そうは言っても，"事実" は "現象" から始まるのである．科学の俎上にあげられ，"事実" へと精錬されてきた無数の現象のうち，歴史の試練に耐えるものは，theory-free な現象だと思う．第 3 章で取り上げた Benussi の運動現象への取り組みも，百年近い時の経過にもかかわらず，理論的枠組みに組み込まれていない "現象" としての価値をもつゆえに，本書において 1 つの章を費やすことになったのだと思う．

おわりに

　わが国においては，山田・増田(1991)が，"現象"を見つめることの大切さとそのための具体的な姿を，われわれに問うている．そこには，"科学的データ"という加工品を扱うこととは異なるリアリティがある．そうした未加工品の価値を評価するには，鑑識眼が要求されるが，その鑑識眼を個々の研究者の職人技に頼るのではなく，"鑑識眼の定式化"を目指すことも，現象を重視する科学的態度と言うべきかもしれない．

　こうした言い方をすると，"データ"や"理論"を軽視していると読み取られるかもしれない．しかし，理論に到達することこそ，科学の目標である．ただ，拙速であってはならない．たとえば，「知覚は問題解決過程」というグランド・セオリーが先にあり，現象の1つ1つを，その枠組みに入れ込むことに専心すれば，そのために都合よい現象ばかりを集めることになる．そのような姿勢に，疑問を投げかけたいのである．そうした短絡的姿勢をとれば，"現象"が本来もっている価値は歪められてしまう．theory-freeな価値をもつ現象を蓄積していくことこそが，theoryの浮沈に左右されない，頑健なデータを導くことになるはずである．

　本書の草稿を書き終えてから上梓するまで，1年以上を要した．その間，多くの方々から，草稿に対する貴重なコメントを頂いた．最後に，そうした方々へ感謝の意を表して，本書の結びとしたい．第1章の画像工学に関する記述では，東京工科大学工学部通信工学科吹抜敬彦先生とNHK放送技術研究所栗田泰市郎先生から，また，事象・因果知覚に関する章に対しては，北星学園大学短期大学部中村浩先生から，議論を組み立てるのに必要な貴重な情報を頂いた．帝京平成大学鷲見成正先生には草稿全体に目を通していただいた上，勇気づけられるコメントを頂戴した．本書の草稿をテキストに用いた2005年度慶應義塾大学社会学研究科の授業では，受講している院生諸君から，さまざまな意見を頂戴した．特に，新井哲也君と寺地洋了君には，鋭い指摘を数多く頂いた．本書で取り上げた運動現象は，実際にどのような現れ方をするのかをコンピュータ画面上で確認するように心がけた．

その作業を，HSPというフリーウェアのソフトを使って実現してくれたのは，法政大学卒業後，首都大学東京の大学院に進学した千田明君であった．取り上げた運動の中には，提案者の主張どおりの現れ方を確認することが必ずしも容易でないものもいくつかあった．コンピュータの特性を利用して，提示時間や時間間隔を微細に変更して，かろうじて確認できたものもあった．それでも，千田君と著者とのあいだで，現象が立ち現れる時相が一致しないことも多かった．そうした作業を通して，現象観察の楽しさを味わう一方で，難しさも思い知らされることになった．第1章で力説した，表示デバイスの特性に制約される面も強いのだと思う．

　以上のように，本書を上梓するにあたって，さまざまな方々から援助を頂いた．そのことに対し，心よりお礼申し上げたい．最後に，本書の出版を著者の希望するスタイルで実現していただいたナカニシヤ出版の皆さん，特に編集部の宍倉由高氏に感謝の意を表して，本書を終えることにしたい．

2005年12月
著者記す

引用文献

Adelson, E.H. & Movshon, J.A. 1982 Phenomenal coherence of moving visual patterns. *Nature*, **300**, 523-525.

Adelson, E.H. & Movshon, J.A. 1984 Binocular disparity and the computation of two-dimensional motion. *Journal of the Optical Society of America, A*, **1**, 1266.

Albertazzi, L. 2001a Vittorio Benussi (1878-1927). In L. Albertazzi, D. Jacquette, & R. Poli (Eds.) *The school of Alexius Meinong*. Aldershot: Ashgate. pp. 99-133.

Albertazzi, L. 2001b The legacy of the Graz psychologists. In L. Albertazzi, D. Jacquette, & R. Poli (Eds.) *The school of Alexius Meinong*. Aldershot: Ashgate. pp. 321-345.

Albertazzi, L. 2003 From Kanizsa back to Benussi: Varieties of intentional reference. *Axiomathes*, **13**, 239-259.

Albertazzi, L., Jacquette, D., & Poli, R. (Eds.) 2001 *The school of Alexius Meinong*. Aldershot: Ashgate.

安西祐一郎　1985　問題解決の心理学　中公新書

Arnheim, R. 1954 *Art and visual perception: A psychology of the creative eye*. Los Angels: University of California Press. 波多野完治・関計夫（訳）　1964　美術と視覚―美と創造の心理学（下）　美術出版社

Baillargeon, R. & DeVos, J. 1991 Object permanence in young infants: Further evidence. *Child Development*, **62**, 1227-1246.

Bates, E., Benigni, L., Bretherton, I., Camaioni, L., & Volterra, V. 1979 *The emergence of symbols: Cognition and communication in infancy*. New York: Academic Press.

Beardsworth, T. & Buckner, T. 1981 The ability to recognize oneself from a video recording of one's movements without seeing one's body. *Bulletin of the Psychonomic Society*, **18**, 19-22.

Bertamini, M. 2002 Representational momentum, internalised dynamics, and perceptual adaptation. *Visual Cognition*, **9**, 195-216.

Boorstin, D.J. 1992 *The creators. A history of heroes of the imagination.* New York: Random House.

Boring, E.G. 1942 *Sensation and perception in the history of experimental psychology.* New York: Appleton Century Crofts.

Braunstein, M.L. 1976 *Depth perception through motion.* New York: Academic Press.

Bressan, P. 1991 A context-dependent illusion in the perception of velocity. *Vision Research*, **31**, 333-336.

Bruner, J. & Minturn, A. 1955 Perceptual identification and perceptual organization. *Journal of General Psychology*, **53**, 21-28.

Burt, P. & Sperling, G. 1981 Time, distance, and feature trade-offs in visual apparent motion. *Psychological Review*, **88**, 171-195.

Cabanne, P. 1967 *Entretiens avec Marcel Duchamp.* (デュシャン, M.・カバンヌ, P. 岩佐鉄男・小林康夫(訳)1999 デュシャンは語る ちくま学芸文庫)

Caramazza, A., McCloskey, M., & Green, B. 1981 Naive belief in "sophisticated" subjects: Misconceptions about trajectories of objects. *Cognition*, **9**, 117-123.

Cooper, L.A. & Munger, M.P. 1993 Extrapolating and remembering positions along cognitive trajectories: Uses and limitations of analogies to physical motion. In N.Eilan, R.McCarthy, &

B.Brewer(Eds.) *Spatial representations: Problems in philosophy and psychology*. Cambridge, MA: Blackwell. pp.112-131.

Costall, A. 1985 The intentionality of perception and the perception of intentionality: The background to Michotte's experimental phenomenology. *Revised version of a paper presented to the Third International Conference on Event Perception and Action* (Sweden: Uppsala).

Cutting, J.E. 1978 Generation of synthetic male and female walkers through manipulation of a biomechanical invariant. *Perception*, **7**, 393-405.

Cutting, J.E. 1982 Blowing in the wind: Percieving structure in trees and bushes. *Cognition*, **12**, 25-44.

Cutting, J.E. & Proffitt, D.R. 1982 The minimum principle and the perception of absolute, common, and relative motions. *Cognitive Psychology*, **14**, 211-246.

Cutting, J.E., Proffitt, D.R., & Kozlowski, L.T. 1978 A biomechanical invariant for gait perception. *Journal of Experimental Psychology: Human Perception and Performance*, **4**, 357-372.

DeVries, R. 1987 Children's conceptions of shadow phenomena. *Genetic Psychology Monographs*, **112**, 479-530.

D'Harnoncourt, A. & NcShine, K. (Eds.) 1973 *Marcel Duchamp*. New York: The Museum of Modern Art.

Duncker, K 1929/1937 Induced motion. In W.D.Ellis (Ed.) *A sourcebook of Gestalt psychology*. London: Routledge & Kagan Paul. pp.161-172.

Duncker, K. 1935 *Zur Psycholgie des Produktiven Denkens*. Berlin: Verlag von Julius Springer. (ドゥンカー, K. 小見山栄一(訳) 1952 問題解決の心理 金子書房)

引用文献

Exner, S. 1875 Über das Sehen von Bewegungen und die Theorie des zusammengensetzen Auges. *Sitzungsberichte der Akademie der Wissenschaften in Wien, Mathematisch-Naturwissenschaftliche Klasse, Abteilung 3.* **72**, 156-190.

Festinger, L. & Easton, A.M. 1974 Inferences about the efferent system based on a perceptual illusion produced by eye movements. *Psychological Review*, **81**, 44-58.

Fleming, D.G., Vossius, G.W., Bowman, G., & Johnson, E.L. 1969 Adaptive properties of the eye-tracking system as revealed by moving-head and open-loop studies. *Annals New York Academy of Sciences*, **156**, 825-850.

Freyd, J.J. 1983 The mental representation of movement when static stimuli are viewed. *Perception and Psychophysics*, **33**, 575-581.

Freyd, J.J. & Finke, R.A. 1984 Representational momentum. *Journal of Experimental Psychology: Learning, Memory, and Cognition*, **10**, 126-132.

Freyd, J.J. & Pantzer, T.M. 1995 Static patterns moving in the mind. In: S.M.Smith & T.B.Ward (Eds.) *Creative cognition approach*. Cambridge, MA: MIT Press. pp. 181-204.

Friedhoffer, B. 1996 *Magic and perception: The art and science of fooling the senses*. New York: Franklin Watts.

Frost, B.J. 1982 Mechnisms for discriminating object motion from self-induced motion. In D.J.Ingle, M.A.Goodale, & R.J.W. Mansfield (Eds.) *Analysis of visual behavior*. Cambridge, MA: MIT Press. pp. 177-196.

藤井悦雄　1943　光点の運動による図形の形成について　心理学研究，**18**, 196-232.

吹抜敬彦　2002　電子情報通信レクチャーシリーズ C-7　画像・メ

ディア光学　コロナ社

Gelman, R., Durgin, F., & Kaufman, L. 1995 Distinguishing between animates and inanimates: not by motion alone. In D.Sperber, D.Premack & A.J.Premack (Eds.) *Causal cognition: A multidisciplinary debate.* Oxford: Oxford University Press. pp.150-184.

Gibson, J.J. 1950 *The perception of the visual world.* Boston: Houghton Mifflin.

Gibson, J.J. 1964 Introduction. In I.Kohler (Translated by H.Fiss) The formation and transformation of the perceptual world. *Psychological Issues,* **3(4)**, pp. 5-13.

Gibson, J. J. 1966 *The senses considered as perceptual system.* Boston: Houghton Mifflin.

Gilchrist, A.L. 1977 Perceiving lightness depends on perceived spatial arrangement. *Science,* **195**, 185-187.

Gilden, D.L. & Proffitt, D.R. 1989 Understanding collision dynamics. *Journal of Experimental Psychology: Human Perception & Performance,* **15**, 372-383.

Hains, S.M., Rehkopf, B., & Case, A. 1992 Facial orientation of parents and elicited smiling by infants. *Infant Behavior and Development,* **15**, 444.

林部敬吉　2004　3次元視研究の展開　酒井書店

Hayes, A.E. & Freyd, J.J. 2002 Representational momentum when attention is divided. *Visual Cognition,* **9**, 8-27.

Heider, F. 1967 On social cognition. *American Psychologist,* **22**, 25-31.

引用文献

Heider, F. 1983 *The life of a psychologist: An autobiography*. Lawrence, KS: University Press of Kansas.（ハイダー, F. 堀端孝治（訳） 1988 ある心理学者の生涯 協同出版）

Heider, F. & Simmel, M. 1944 An experimental study of apparent behavior. *American Journal of Psychology*, **57**, 243-259.

Herrnstein, R. & Boring, E.G. 1966 Max Wertheimer on the phi phenomenon as an example of nativism in perception, 1912. In R.Herrnstein & E.G.Boring (Eds.) *A sourcebook in the history of psychology*. Cambridge, MA: Harvard University Press. pp.163-168.

Hikosaka, O., Miyauchi, S., & Shimojo, S. 1993a Focal visual attention produces illusory temporal order and motion sensation. *Vision Research*, **33**, 1219-1240.

Hikosaka, O., Miyauchi, S., & Shimojo, S. 1993b Voluntary and stimulus-induced attention detected as motion sensation. *Perception*, **22**, 517-526.

Hoffman, D.D. 1998 *Visual intelligence: How we creat what we see*. New York: Norton & Company.（ホフマン, D.D. 原淳子・望月弘子（訳） 2003 視覚の文法：脳が物を見る法則 紀伊国屋書店）

池田進・梅津倫子 2003 衝突事象の知覚－自由報告の分類と実験的分析 関西大学社会学部紀要, **34**, 39-91.

石黒秀一・栗田泰市郎 1996 8倍速CRTによるホールド発光型ディスプレイの動画質に関する検討 信学技報, **EID96-4**, 19-26.

Johansson, G. 1950 *Configuration in event perception*. Uppsala, Sweden: Almqvist & Wiksell.

Johansson, G. 1964 Perception of motion and changing form. *Scandinavian Journal of Psychology*, **5**, 181-208.

Johansson ,G. 1975 Visual motion perception. *Scientific American*, **235(6)**, 76-88.（ヨハンソン，G. 河内十郎（訳）1975 人は動くものをどう見る 日経サイエンス，8月号，72-81.）

Johansson, G. 1977 Spatial constancy and motion in visual perception. In W.Epstein (Ed.) *Stability and constancy in visual perception: Mechanisms and processes*. New York: John Wiley & Sons. pp.375-419.

Kaiser, M.K. & Proffitt, D.R. 1984 The development of sensitivity to causally relevant dynamic information. *Child Development*, **55**, 1614-1624.

Kaiser, M.K. & Proffitt, D.R. 1987 Observers' sensitivity to dynamic anomalies in collisions. *Perception & Psychophysics*, **42**, 275-280.

Kanizsa, G. 1979 *Organization in vision: Essays on gestalt perception*. New York: Praeger Publishers. （カニッツァ, G. 野口薫（監訳）1985 視覚の文法―ゲシュタルト知覚論― サイエンス社）

Kanizsa, G. 1985 *Seeing and thinking. Acta Psychologica*, **59**, 23-33.

Kanizsa, G. 1991 *Vedere* e *pensare*. Bologna: Il Mulino.

Kano, C. 1995 The perceived paths of apparent movements: Phenomeral cross or rebound. *Japanese Psychological Research*, **37**, 189-194.

狩野千鶴 1997 仮現運動の交差,反発現象について 慶應義塾大学日吉紀要自然科学, **22**, 16-25.

狩野千鶴 1999 仮現運動における交差・反発現象の規定要因 慶應義塾大学日吉紀要自然科学, **26**, 27-36.

Kahneman, D. & Tversky, A. 1972 Subjective probability. A judgment of representativeness. *Cognitive Psychology*, **2**, 430-454.

Kenkel, F. 1913 Untersuchungen über den Zusammenhang zwischen Erscheinungsgrosse und Erscheinungsbeweung bei einigen sogennanten optischen tauschungen. *Zeitschrift für Psychologie*, **67**, 358-449.

Kersten, D., Bülthoff, H.H., Schwarts, B.L., & Kurtz, K.J. 1992 Interaction between transparency and structure from motion. *Neural Computation*, **4**, 573-589.

King, D.B. & Wertheimer, M. 2005 *Max Wertheimer & Gestalt theory*. London: Transaction Publishers.

古賀一男　1991　眼球運動が運動視に果たす重要な役割　心理学評論, **34**, 93-121.

Kohler, I. 1964 The formation and transformation of the perceptual world. *Psychological Issues*, **3(4)**, 1-173.

Kolers, P.A. 1972 *Aspects of motion perception*. Oxford: Pergamon Press.

Kolers, P.A. & Pomerantz, J.R. 1971 Figure change in apparent motion. *Journal of Experimental Psychology*, **87**, 99-108.

小松英海　2002　運動視の研究者たち　境敦史・曽我重司・小松英海　ギブソン心理学の核心　勁草書房　pp.51-76.

小松英海・増田直衛　2001　運動対象群の体制化についての一研究(2)—トンネル効果と因果知覚—　慶應義塾大学日吉紀要自然科学, **30**, 1-21.

小宮豊隆(編)　1947　寺田寅彦随筆集　第二巻　岩波書店

Krauss, R. 1988 In H. Foster(Ed.) *Vision and visuality*. Seattle: Bay Press.（クラウス, R. 榑沼範久(訳) 2000　見る衝動／見させるパルス　H. フォスター(編) 視覚論　平凡社　pp. 75-107.）

栗田泰市郎　2002　ディスプレイの時間応答と動画の高画質化　信学技報, **EID2001-84**, 13-18.

Lee, D.N. 1976 A theory of visual control of blaking based on information about time-to-collision. *Perception*, **5** 437-459.

Lee, D.N. 1980 Visuo-motor coordination in space-time. In G.E.Stelmach & J.Requin (Eds.) *Tutorials in motor behavior.* Amsterdam: North Holand. pp. 281-295.

Lee, D.N. & Young, D.S. 1985 Visual timing of interceptive action. In D.Ingle, M.Jeannerod, & D.N.Lee (Eds.) *Brain mechanisms and spatial vision*. Dordrecht, Netherlands: Martinus Nijhoff. pp. 1-30.

Leslie, A.M. 1995 A theory of agency. In D.Sperber, D.Premack, & A.J.Premack (Eds.)　*Causal cognition: A Multidisciplinary debate.* Oxford: Oxford University Press. pp.121-149.

Luccio, R. 2003 The emergence of Pragnanz: Gaetano Kanizsa's legacies. *Axiomathes*, **13**, 365-387.

Mack, A. 1984 Perceptual aspects of motion in the frontal plane. In K.R.Boff, L.Kaufman, & J.P.Thomas (Eds.) *Handbook of perception and human performance. vol.1.* New York: John Wiley. Chapter 17.

Mack, A., Hill, J., & Kahn, S. 1989 Motion aftereffects and retinal motion. *Perception*, **18**, 649-655.

増田直衛　1994　形の不変性　大山正・今井省吾・和気典二（編）　新編感覚・知覚ハンドブック　誠信書房　pp. 633-642.

McCloskey, M. 1983 Intuitive physics. *Scientific American*, **248 (4)**, 122-130.（マックロスキー, M.　1983　直観と物理学　日経サイエンス, 6月号, 112）

McCloskey, M., Caramazza, A., & Green, B. 1980 Curvilinear motion in the absence of external forces: Naive beliefs about the motion of objects. *Science*, **210**, 1139-1141.

Meltzoff, A.N. & Moore, M.K. 1992 Early imitation within a functional framework: The importance of person identity, movement, and development. *Infant Behavior and Development*, **15**, 479-505.

Metelli, F. 1982 Some characteristics of Gestalt-oriented research in perception. In J.Beck (Ed.) *Organization and representation in perception.* Hillsdale, NJ: Lawrence Erlbaum Associates. pp.219-249.

Metzger, W. 1934a Beobachtungen uber phanomenale Identitat. *Psychologische Forschung*, **19**, 1-49.

Metzger, W. 1934b Tiefenerscheinungen in optischen Bewegungsfeldern. *Psychologische Forschung*, **20**, 195-260.

Metzger, W. 1953 *Gesetze des Sehens*. Frankfurt: Waldemar Kramer. (メッツガー, W. 盛永四郎(訳) 1968 視覚の法則 岩波書店)

Michotte, A. (Translated by T.R. Miles & E.Miles) 1963 *The perception of causality*. London: Methuen. (原著第2版, 1954)

Michotte, A. 1991 The emotions regarded as functional connections. In G.Thinès, A.Costall, & G.Butterworth (Eds.) *Michotte's experimental phenomenology of perception.* Hillsdale, NJ: Lawrence Erlbaum Associates. pp. 103-116.

Miles, W.R. 1931 Movement interpretation of the silhouette of a revolving fan. *American Journal of Psychology*, **43**, 392-405.

宮内哲 1995 注意を見る 宮下保司・下條信輔(編) 脳から心へ―高次脳機能の解明に挑む― 岩波書店 pp.107-117.（初出, 1994）

Monaco, J. 1981 *How to read a film. 2nd version.* New York: Oxford University Press. (モナコ, J. 岩本憲児・内山一樹・杉山昭夫・宮本高晴(訳) 1993 映画の教科書 フィルムアート社)

Musatti, C. L. 1924 Sui fenomeni stereocinetici. *Archivio Italiano di Psicologia*, **3**, 105-120.

中島義明 1987 直観物理学―運動軌道の認知― 大阪大学人間科学部紀要, **13**, 79-107.

中村浩 1991 2物体の衝突事象知覚研究における力学的枠組みの有効性 心理学評論, **34**, 213-235.

Natsoulas, T. 1961 Principles of movement and kinetic energy in the perception of causality. *American Journal of Psychology*, **74**, 394-402.

Navon, D. 1976 Irrelevance of figural identity for resolving ambiguities in apparent motion. *Journal of Experimental Psychology: Human Perception & Performance*, **2**, 130-138.

日本放送協会(編) 1989 NHKテレビ技術教科書 (上) 日本放送協会

西久保靖彦 2003 よくわかる最新ディスプレイ技術の基本と仕組み 秀和システムズ

小川隆 1938 運動軌跡の視知覚的変容 心理学研究, **13**, 307-334.

長田佳久 1977 運動物体の相対速度と大きさが因果知覚の亜種に及ぼす影響 立教大学心理学研究年報, **20**, 69-78.

Palmer, S. E. 1999 *Vision science.* Cambridge, MA: MIT Press.

Pantle, A.J. & Picciano, L. 1976 A multistable dysplay: Evidence for two separate motion system in human vision. *Science*, **193**, 500-502.

Parks, T.E. 1965 Post-retinal visual storage. *American Journal of Psychology*, **78**, 145-147.

Polya, G. 1945 *How to solve it*. Princeton: Princeton University Press.

Premack, D. 1990 The infant's theory of self-propelled objects. *Cognition*, **36**, 1-16.

Premack, D. & Premack, A.J. 1995 Intention as psychological cause. In D.Sperber, D.Premack, & A.J.Premack (Eds.) *Causal cognition: A Multidisciplinary debate*. Oxford: Oxford University Press. pp.185-199.

Purves, D., Paydarfar, J.A., & Andrews, T.J. 1996 The wagon wheel illusion in movies and reality. *Proceedings of Natural Academic Science of the USA*, **93**, 3693-3697.

Ramachandran, V.S. & Anstis, S.M. 1983 Extrapolation of motion path in human visual perception. *Vision Research*, **23**, 83-86.

Ramachandran, V.S. & Anstis, S.M. 1986 The perception of apparent motion. *Scientific American*, **254(6)**, 102-109.（ラマチャンドラン，V.S.・アンスティス，S.M. 大山正．渡辺武郎(訳)1986 人は見かけの運動をどう知覚するか 別冊サイエンス 特集：視覚の心理学Ⅲ 色・運動イメージ, 84-94.）

Reber, A.S. 1995 *Penguin dictionary of psychology*. London: Penguin Books.

Reed, E.S. 1988 *James J. Gibson and the psychology of perception*. New Heaven: Yale University Press.

Rock, I. 1968 The basis of position-constancy during passive movement. *American Journal of Psychology*, **81**, 262-265.

Rock, I. 1975 *An introduction to perception*. New York: Academic Press.

Rock, I. 1981 Anorthoscopic perception. *Scientific Amreican*, **244(3)**, 145-153.（ロック, I. 大山正(訳) 1981 スリットを横切る図形の知覚 日経サイエンス, 5月号, 106-116.）

Rock, I. 1983 *The logic of perception.* Cambridge, MA: MIT Press.

Rock, I. 1985 Perceeption and knowledge. *Acta Psychologica*, **59**, 3-22.

Rock, I. 1993 The logic of "The logic of perception." *The Italian Journal of Psychology*, **20**, 841-867.

Rock, I. 2001 Stupid perception? In T.E.Parks(Ed.) *Looking at looking: An introduction to the intelligence of vision.* London: Sage Publications. pp.3-29.

Runeson, S. 1977 On visual perception of dynamic events. *Doctoral dessertation at the Faculty of Social Sciences, University of Uppsala.*

境敦史 2002 二人の「アメリカ人」 境敦史・曽我重司・小松英海 ギブソン心理学の核心 勁草書房 pp.107-142.

佐久間鼎 1933 運動の知覚 内田老鶴圃

Sekuler, R. 1996 Motion perception: A modern view of Wertheimer's 1912 monograph. *Perception*, **25**, 1243-1258.

Sekuler, R., Sekuler, A.B., & Lau, R. 1997 Sound alters visual motion perception. *Nature*, **385**, 308.

Shepard, R.N. & Zare, S.L. 1983 Path-guided apparent motion. *Science*, **220**, 632-634.

Shipley. T. (Ed.) 1961 *Classics in psychology.* New York: Philosophical Library.

引用文献

Spelke, E.S., Phillips, A., & Woodward, A.L. 1995 Infants' knowledge of object motion and human action. In D.Sperber, D.Premack, & A.J.Premack (Eds.) *Causal cognition: A Multidiscciplinary debate*. Oxford: Oxford University Press. pp.44-78.

Spelke, E.S. & Van de Walle, G. 1993 Perceiving and reasoning about objects: Insights from infants. In N.Eilan, W.Brewer, & R.McCarthy (Eds.) *Spatial representation*. New York: Blackwell. pp.132-161.

Sperber, D., Premack, D., & Premack, A.J. (Eds.) 1995 *Causal cognition: A Multidiscciplinary debate*. Oxford: Oxford University Press.

鷲見成正　1962　2光点の運動軌道　心理学研究, **33**, 31-36.

鷲見成正　1989　運動視知覚における交差と反発　テレビジョン学会技術報告, **13**, 37-41.

鷲見成正　1991　ミショット―実験心理学者の歩んだ道―　慶應義塾大学日吉紀要自然科学, **9**, 91-111.

鷲見成正　1995　変化する刺激の知覚的分岐と事物の恒常　心理学評論, **34**, 171-189.

Sumi, S. 1995 Bounce effect seen in opposite motions. *Japanese Psychological Research*, **37**, 195-200.

鷲見成正　2002　映画の逆回し　アニメーション研究，**2A(3)**, 2-4.

Ternus, J. 1926 Experimentelle Untersuchungen uberphanomenale Identitat. *Psychologische Forschung*, **7**, 81-136.(Ternus, J. 1938 The problem of phenomenal identity. In W.D.Ellis (Ed.) *A source book of gestalt psychology*. London: Routledge & Kagan Paul. pp.149-160.)

Thinès, G., Costall, A., & Butterworth, G. (Eds.) 1991 *Michotte's experimental phenomenology of perception.* Hillsdale,NJ: Lawrence Erlbaum Associates.

Thornton, I.M. & Hubbard, T.L. 2002 Representational momentum: New findings, new derections. *Visual Cognition*, **9**, 1-7.

Thornton, I.M. & Hubbard, T.L. (Eds.) 2002 Special Issue Representational momentum: New findings, new derections. *Visual Cognition*, **9**, 1-269.

Todd, J.T. & Warren, W.H. 1982 Visual perception of relative mass in dynamic events. *Perception*, **11**, 325-335.

東野芳明　1977　マルセル・デュシャン　美術出版社

Tronick, E., Als, H., Adamson,L., Wise, S., & Brazelton, T.B. 1978 The infant's response to entrapment between contradictory messages in face-to-face interaction. *Journal of the American Academy of Child Psychiatry*, **17**, 1-13.

上村保子　1994　ゲシュタルト心理学　梅本堯夫・大山正(編)　心理学史への招待　サイエンス社　pp.203-218.

Ullman, S. 1979 *The interpretation of visual motion.* Camridge, MA: MIT Press.

フェルストラーテン, F.A.J.・蘆田宏　1997　注意と運動視機構の関係(Verstraten, F.A.J. & Ashida,H. The relation between attention and motion systems)　信学技報, **HIP96-40**, 7-12.

Vicario, G.B. 1994 Gaetano Kanizsa: The scientist and the man. *Japanese Psychological Research*, **36**, 126-137.

Wallch, H. 1935 Über visuell Wahrgenommene Bewegungsrichtung. *Psychologische Forschung*, **20**, 325-380.

Wallach, H. & Centrella, N. M. 1990 Identity imposition and its role in a stereokinetic effect. *Perception & Psychophysics*, **48**, 535-542.

Wallach, H. & O'Connell, D. N. 1953 The kinetic depth effect. *Journal of Experimental Psychology*, **45**, 205-217.

Wallach, H., Weisz, A., & Adams, P. A. 1956 Circles and derived figures in rotation. *American Journal of Psychology*, **69**, 48-59.

Watson, A.B., Ahumada, Jr. A.J., & Farrell, J.E. 1986 Window of visibility: A psychohysical theory of fidelity in time-sampled visual motion displays. *Journal of the Optical Society of America A*, **3**, 300-307.

Wertheimer, M. 1912 Experimentelle Studien über das Sehen von Bewegung. *Zeitschrigt für Psychologie*, **61**, 161-265.

Wertheimer, M. 1945 *Productive thinking*. New York: Harper. (ウェルトハイマー, M. 矢田部達郎(訳)1952 生産的思考 岩波書店)

Woodward, A.L., Phillips, A., & Spelke, E.S. 1993 Infants' expectations about the motion of animate versus inanimate abjects. *Proceedings of the Fifteenth Annual Meeting of the Cognitive Science Society, Boulder, CO*, pp.1087-1091.

山田亘・増田直衛 1991 運動視における現象観察的方法試論 心理学研究, **34**, 475-496.

吉村浩一 1979a 環境としての視空間 京都大学教育学部紀要 **25**, 172-182.

吉村浩一 1979b ヒトの眼球-頭部協調運動の諸特性—その年齢差と制御機構— 人間工学, **15**, 265-270

吉村浩一 2001 知覚は問題解決過程—アーヴィン・ロックの認知心理学— ナカニシヤ出版

吉村浩一　2002　単純化された要素図形の動き―無生物としての動き―　明星大学心理学年報, **20**, 41-58.

吉村浩一・清水裕文　2002　アーヴィン・ロックの運動知覚論―動画によるプレゼンテーションを輻輳させて―　基礎心理学研究, **20**, 115-129.

吉村浩一・和田有史　2003　安倍三郎の時間知覚研究とその今日的意義―"S効果"の発見を中心に―　明星大学研究紀要―人文学部―, **38**, 107-118.

代々木アニメーション学院/A.I.C 1996　アニメの描き方　グラフィックス社

Zihl, J., Cramon, D.von, & Mai, N., 1983　Selective disturbance of movement vision after bilateral brain damage. *Brain*, **106**, 313-340.

Zihl, J., Cramon, D.von, Mai, N., & Schmid, C., 1991　Disturbance of movement after bilateral brain damage. Further evidence and follow up observations. *Brain*, **114**, 2235-2252.

索　引

ア行

identity imposition　92
圧縮　143
アナログとデジタル　20
アニメーション　233
アニメ現場の経験則　90
アノーソスコーピック現象　16
aperture problem　123
apparent quiet　88
apparent movement　2
apparent rest　88
アフォーダンス　149
安倍三郎　68
Amenic cinema　83
amodal completion　213
Albertazzi, L.　69, 74, 214, 215
Arnheim, R.　167
安西祐一郎　154
暗示　70
池田進　143
石黒秀一　32
isomorphism　52
位置の恒常性　1
意図　183
意図性　146, 188
糸巻き問題　154
意味性　145, 229, 238, 239
色われ　32
陰影現象　218
因果性　188
因果知覚　14, 138
インターレース方式　27
induced motion　96
インパルス型　29

window of visibility　33, 41, 118
上村保子　11
Wertheimer, M.　4, 11, 36, 170, 182
動きぼけ　31
Woodward, A.L.　178
打つ　151
Ullman, S.　196
運動奥行効果　80, 83, 134
運動学的要因　151, 163
運動牽引　64
運動力学　16
運動量保存の法則　149, 151
運搬　142
A運動　64
映画　2, 23, 118, 147
Agent　186
Adelson, E.H.　207
Amesの窓　209
液晶ディスプレイ　29
Exner, S.　37
SKE　71, 80, 136, 238
S効果　68
NTSC方式　26
M運動　63
円形グラデーション　219
遠刺激　1
Entraining　142
エントロピー　225
円盤法　14, 141, 149
凹凸反転　218
大きさ比の効果　164
岡部望　91
小川隆　231
長田佳久　164
押し出し　15, 142
オシロスコープ　19

踊るダチョウ 228
驚き盤 11
オバケ 233
オプティカル・フロー 102, 238
音声トラック 25

カ行

Kersten, D. 221
Kaiser, M.K. 150
回転運動 4
回転ガラス板 80
回転半球 81
回転レリーフ 82
拡大と縮小 164
影の動き 218
仮現運動
　　2, 37, 172, 204, 233, 239
Cutting, J.E. 106, 194
κ(カッパ)効果 68
Kanizsa, G.
　　4, 45, 74, 89, 157, 212, 228
狩野千鶴 226
Cabanne, P. 82
Caramazza, A. 156
ガルバノ・メーター 21
眼球運動 38
眼球運動説 38
眼球-頭部協調運動 1
間欠運動 25
観察態度 63
感情(emotion) 181
慣性 51, 162, 169, 172, 173
慣性の法則 15
関節 197
間接知覚 6, 104

間接知覚論 211
γ運動 44
機械的相互作用 139
擬人化 145, 178, 183
北岡明佳 167
kinetic-depth effect 80
kinetic factors 151
kinematic factors 151
機能的関連 146
Gibson, J.J.
　　3, 80, 102, 149, 191, 210
catch-trials 49
休止時間 62, 116
共通運動 106
共通運動成分 105
Gilchrist, A.L. 201
Gilden, D.L. 150
King, D.B. 13
近刺激 2
近接の要因 144, 172, 201
緊張 167
Cooper, L.A. 152, 162, 166
空気抵抗 162
偶然の一致という解決の拒否 203
駆動力 178
雲間の月 97
Graz学派 60, 69, 74
Krauss, R. 80
栗田泰市郎 29, 42
Clobbering heuristic 151
群化の要因 204
KDE 80, 134, 238
Köhler, W. 11
牽引 142
蛍光灯の照明下 118
ゲシュタルト質 38

ゲシュタルト心理学
  4, 51, 91, 127, 172, 201
ゲシュタルト性　239
ゲシュタルト法則　113, 225
結合(cohesion)　175, 178
Gelman, R.　183
Kenkel, F.　44
現象的近接　201
Kohler, I.　192
光学配列　210
光源　202, 218
光源上方向仮説　218
交差と反発　225
交差率　226
高次網膜像情報　103, 210
恒常性　1
剛体性　73, 90, 129, 238
剛体性の知覚　190, 196
剛体定理　195
公転　89
古賀一男　230
Costall, A.　140
古典的物理学　151
Koffka, K.　11, 74
個別的観察　61
小松英海　191, 193
小宮豊隆　225
コミュニケーション　181
固有運動成分　106
Kolers, P.A.　36, 113, 234
コリメータ　20
コンピュータ画面　4, 10

サ行

サイクロイド　107

最小変化の法則　113
最適時相　43, 51
cite-to-read ratio　36
催眠誘導　70
境敦史　204
逆さめがねの世界　192
saccadic suppression　1
錯視　1, 211
佐久間鼎　60
サブフィールド法　31
三角形　162, 166
残光時間　27
3コマ撮り　92
残像　39
3点同士の対応　115
CRTディスプレイ　26
C形チューブ問題　154
Zihl, J.　52
Shepard, R.N.　234
視覚基準枠組み　238
視覚の文法　45
視覚枠組み基準　5
時間と距離のトレード・オフ　116
刺激提示装置　10
刺激布置　38, 91
自己基準枠組み　238
自己駆動力　6, 157, 180, 186
自己の誘導運動　101
自己枠組み基準　5
磁石の引きつけ問題　157
事象・因果知覚　183
事象・因果知覚の発達的研究　222
事象知覚　14, 138
持続的観察　61, 63
舌出し反応　182
実際運動　239, 10, 41
質量　149, 162

自転　89
自動運動　239
自動車　178, 183
Thinès, G.　140
Shipley, T.　36
社会システム　188
社会的応答性　180
社会的相互作用　181
社会的知覚　5, 147
シャッター　25
邪魔をする　188, 240
思惟経済の原理　132
Schumann, F.　11
Schumannのタキストスコープ　13
重力(gravity)　180, 188
受動的注意　48
馴化　174, 178, 222
順次走査　28
純粋φ　43, 62
上下逆さ　218
衝突音　229
衝突事象　150
触覚的運動印象　61
新奇さ　180
伸縮するような知覚　129
ジンステーデンの風車　219
Simmel, M.　147
随伴性　181
推論理論　104
Stewart, J.　183
stereokinetic effect　71
ストロボ効果　118
ストロボ式回転計測器　122
ストロボスコープ　11
Spelke, E.S.　173, 175, 178, 222
スプロケット・ホイール　23
滑り込み　144

Sperber, D.　175
鷲見成正　140, 143, 1
　　　45, 191, 225, 226, 231
生態学的アプローチ　3, 104, 149
生態光学　211
制動　164
生物性　238
生物の動き　6, 178
生物の動きに固有の原理　181
精密さの光学　80
Sekuler, R.　36, 229
接触(contact)　175, 178
接触(衝突)するまでの時間　103
線形グラデーション　219
選好注視法　173
全体運動と部分運動　67
ゾートロープ　12
Thornton, I.M.　158
相対運動　106
速度比の効果　164
速度文脈効果　99
素朴物理学
　　5, 139, 173, 178, 232, 154

タ行

Ternus, J.　115
Ternus効果　115
ターンテーブル　80, 90, 136
対応点が多数ある場合　129
対応問題　5, 112
対象の隔離　232
体制化　55, 91, 200, 239
dynamic factors　151
対比効果　99
time-sampling　41

time-to-contact 103
DirectX 10
τ関数 103
τ(タウ)効果 68
楕円の回転 90
楕円は回せない 91
脱馴化 174, 222
男女の弁別 194
単独性 239
知覚的慣性 49
知覚的体制化 55
知覚的知性 214
知覚と思考 212
知覚の文脈依存性 214
注意 46, 94
注視 179
直接知覚 6, 102, 149
直接知覚論 210
直観物理学 139, 154
直交する格子模様 208
ちらつき感 25
突き飛ばし
　　　14, 141, 163, 183, 222
月のクレーター 219
連れにいく 15
DeVries, R. 222
寺田寅彦 225
テレビ 118
点光源 218
点滅感 47
投影機法 17
同化効果 100
動画偽輪郭妨害(DFC) 32
統計的連合の結果 139
同型論 41, 51
東野芳明 80
Tronick, E. 181

Duncker, K. 97, 99, 182
解き放ち 164
Todd, J.T. 150
top-down情報 186, 229
飛び降り 165
Triggering 142, 164

ナ行

ナイフの進行とパンの切断 140
中島義明 157
中村浩 150, 151
Natsoulas, T. 163
2コマ撮り 92
西久保靖彦 34
2点間の対応 112
Newtonの運動法則 183
認知的知性 214
Navon, D. 113
脳生理 51

ハ行

Parks, T.E. 16
Parksのラクダ 16
Bertamini, M. 167
Burt, P. 116
バーバーポール錯視 129, 240
パーフォレーション 23
Purves, D. 42
Palmer, S.E.
　　2, 103, 134, 150, 170, 193
Herrnstein, R. 36
バイオロジカル・モーション
　　　　　　6, 178, 193, 238
Heider, F. 5, 75, 147, 224

269

Viperlib　167
8倍速CRT　42, 32
ハトの歩行　108
Padua大学　69
跳ね返り　151
反省　138
Pantle, A.J.　116
反発　225
非感性的完結化　213
引き金を引くこと　142
ヒステリシス　21, 49
Vicario, G.B.　74
ビデオ・モニタ　10
Hume, D.　138
ヒューリスティックス
　　　6, 104, 151, 200, 208
表象的慣性　154
表象的惰性　154
Hikosaka, O.　48
Boorstin, D.J.　37
フィールドとフレーム　28
フィルムの逆回し　222
Festinger, L.　229
phenomenal permanence　144
Verstraten, F.A.J.　170
不可能な運動　213
吹抜敬彦　28
Fujii illusion　229
藤井悦雄　231
物体の動き　180
部分運動　43, 67
不変項　190, 211
Braunstein, M.L.　208, 219
プラズマ・ディスプレイ　29
フラットディスプレイ　29
Friedhoffer, B.　232
振り子問題　156

フリッカー　25
Bruner, J.　213
ブレーキ　164
フレーム　28
Freyd, J.J.　152, 158, 165
Bressan, P.　99
Premack, D.　187, 224
プログレッシブ走査　28
Frost, B.J.　108
Flock, H.R.　71, 80, 192
β運動　37, 233
Beardsworth, T.　194
平行光線　218
Hayes, A.E.　164
Bates, E.　182
Baillargeon, R.　174
Hains, S.M.　181
ベクトル　65, 104, 195
ベクトル成分の入れ替え　133
ベクトルの合成　131
ベクトルの合成と分解　207, 238
Benussi, V.　4, 60, 68, 75, 214
BenussiのM運動　63
veridical　1
veridicalな知覚　104
Bertamini, M.　164
Berlin学派　74
velocity constancy　2
偏向γ運動　45, 240
Boring, E.G.　12, 36, 219
ホールド型　29
Polya, G.　208
包囲光　3
妨害　224
歩行　191
position constancy　1
bottom-up情報　7

Hoffman, D.D. 52, 196, 202
ホムンクルス論 202

マ行

Meinong, A. 60
Miles, W.R. 86
マジック 232
増田直衞 71
Mack, A. 114, 231
窓問題 5, 123, 205
幻の棒 196
マルテーズ・クローズ機構 23
見かけの静止 88
Michotte, A.
  5, 17, 138, 146, 149, 157, 191
movie 38
Musatti, C.L. 69, 71, 80, 83, 192
無生物の動き 183
Metzger, W. 13, 19,
  85, 90, 113, 127, 136, 225
Metelli, F. 74, 88, 156
Meltzoff, A.N. 181
motion constancy 2
モーターの回転 169
目的指向性 181
目的指向的な動き 188
Monaco, J. 23
模倣行動 181
問題解決 200

ヤ行

矢印 166
U字型の仮現運動 172
誘導運動 96, 238

誘導線 236
unique-point 127, 206
弓形運動 61
よい連続の要因 172, 225
吉村浩一 1, 68, 93, 178, 200
Johansson, G. 6, 19, 104,
  149, 178, 190, 193, 210, 211

ラ行

Ramachandran, V.S. 51, 171
嵐電 167
Reed, E.S. 193
Reber, A.S. 49
力学的要因 151, 162
Ricochet heuristic 151
rejection of coincidence 203
立体運動効果 71, 83
立体性 238, 240
representational momentum
  5, 152, 154, 164
履歴現象 51
類同の要因 225
Luccio, L. 215
Leslie, A.M. 138, 189, 222
連続(continuity) 175, 178
law of prior entry 49
Rotorelief 82
Launching 14, 141
Roget, P. 37
Rock, I.
  5, 17, 97, 102, 200, 203, 212

ワ行

Y字だけの回転 88

wagon-wheel 錯視　42, 118, 239
Watson, A.B.　41
Wallach, H.
　　　4, 72, 80, 83, 92, 125, 134

著者紹介

よしむら ひろかず
吉村 浩一

1951年大阪市に生まれる．京都大学および同大学院で知覚・認知心理学を専攻する．博士課程修了後，京都大学教養部心理学教室助手，金沢大学文学部助教授，明星大学人文学部教授を経て，現在，法政大学文学部教授．教育学博士（京都大学）．

主要著書に，「心理学と出会う」「特殊事例がひらく心の世界」「3つの逆さめがね［改訂版］」「図的に心理学」「逆さめがねが街をゆく」「知覚は問題解決過程—アーヴィン・ロックの認知心理学」「逆さめがねの左右学」「鏡の中の左利き—鏡像反転の謎—」（いずれもナカニシヤ出版），「心のことば—心理学の言語・会話データ」（培風館）がある．

http://www.i.hosei.ac.jp/~yosimura/main.html
e-mail yosimura@i.hosei.ac.jp

運動現象のタキソノミー
—心理学は"動き"をどう捉えてきたか—

2006年2月20日 第1版第1刷発行	定価はカヴァーに表示してあります	

著　者　吉村浩一
出版者　中西健夫
出版社　株式会社ナカニシヤ出版
〒606-8316　京都市左京区一乗寺木ノ本町15番地
　　　　　　Telephone　075-723-0111
　　　　　　Facsimile　075-723-0095
　　　　　　Website http://www.nakanishiya.co.jp/
　　　　　　Email iihon-ippai@nakanishiya.co.jp
　　　　　　郵便振替　01030-0-13128
装幀：枡岡千恵美／印刷＝創栄図書印刷株式会社／製本：兼文堂

Printed in Japan
Copyright ©2006 by H. YOSHIMURA
ISBN 4-7795-0035-4

心理学と出会う　　　　　　　　吉村浩一・吉村順子著

認知を中心とする基礎心理学と，パーソナリティや発達など臨床心理学につながる応用心理学の両面を捉え，両者のよき連関づけを目指した概論テキスト

特殊事例がひらく心の世界　　　吉村浩一・吉村順子著

心理学が出会った珠玉の稀少事例を広領域から10編収録し，事例内容とそこから発展する心理学的問題をビビッドに解説した事例研究による心理学入門書

3つの逆さめがね［改訂版］　　　　　　　吉村浩一著

著者自らが着用した3種類の逆さめがね実験でのデータを中心に，逆さめがねの世界を詳述した専門書．1994年の初版を全面的に書き直した改訂版

図的に心理学―視聴覚教育への視座―　　　吉村浩一著

心理学の学習・研究プロセスを材料に，図的思考の有効性を解説したユニークな入門書．図的思考する学習者の理解を通して視聴覚教育に視座を与える

逆さめがねが街をゆく
―上下逆さの不思議生活―　　吉村浩一・川辺千恵美著

15日間の着用中に起こった不思議な出来事や知覚印象に，着用者自ら工夫して描いた絵を組み合わせた，インスピレーション満載のピクチャーブック

知覚は問題解決過程
―アーヴィン・ロックの認知心理学―　　　吉村浩一著

知覚には知性の働きが本質的に必要だとするロックの考え方を体系的に見据えたわが国初の解説書．ギブソン知覚論と対照させ，知覚の多面的理解を促す

逆さめがねの左右学　　　　　　　　　　　吉村浩一著

自然科学や文化論的左右論とは一線を画し，自己と環境を知覚・認知する心の働きに関わる左右問題を，広い角度から浮かび上がらせた楽しめる左右学

鏡の中の左利き　―鏡像反転の謎―　　　　吉村浩一著

鏡に関する古来の謎を，左右反転しているとは見えない場合の説明まで取り込んで，座標系の共用－個別化という単一理論で解明した意欲的な新説書